本项研究与著作撰写出版得到了中原发展研究基金会、河南机场集团、河南省重点智库河南中原经济发展研究院、河南省高等学校人文社会科学重点研究基地中原发展研究院、新型城镇化与中原经济区建设协同创新中心等的支持。

航空经济

AVIATION ECONOMY

理论思考与实践探索

THEORETICAL THINKING
AND PRACTICAL EXPLORATION

耿明斋　张大卫　等　著

社会科学文献出版社
SOCIAL SCIENCES ACADEMIC PRESS (CHINA)

航空经济的发展及业态创新
（代序言）

一 全球化和信息化加速航空经济时代的到来

2015 年，我们在撰写《航空经济概论》一书时，曾对航空经济理论与实践的内涵进行了挖掘和讨论。航空经济是伴随航空运输的繁荣发展而逐步形成的一种新经济形态，它渗透于经济活动的整个空间，影响经济社会活动的各个方面和各个环节。就像历史上轮船、火车、汽车等运输工具和运输方式对特定时代经济活动产生深刻影响一样，航空经济的形成与发展，也意味着经济进入了一个新的发展阶段。这和定义为在机场附近聚集适航产业的"临空经济"概念，已具有根本的差异。如今六年过去了，虽经历中美贸易摩擦与逆全球化危机、新冠肺炎疫情和全球供应链断裂冲击，但航空经济发展仍蒸蒸日上。比如作为首个航空经济综合实验区重要支点的郑州机场，航空货邮运输量持续高增长，从2011 年突破 10 万吨，到 2013 年、2014 年、2015 年、2017 年、2020 年和 2021 年连续突破 20 万吨、30 万吨、40 万吨、50 万吨、60 万吨和 70万吨大关，10 年间增长了 6 倍，年均增长约 21%，行业位次由全国第

20 位提升至第 6 位。与此同时，郑州航空经济的发展还引致了很多经济形态的创新，比如，以国际货运和全货机运输为主导，形成以品牌生产供应链物流、生鲜冷链物流、跨境电商物流为重点的集疏分拨中心；将航空港作为河南省经济的重要增长极，带动周边产业融入全球供应链体系，进而撬动全省产业结构深刻调整；以航空经济发展带动全省开放和郑州国家中心城市建设；等等。特别是郑州空港和卢森堡空港联合建设联结中欧的"双枢纽"，这一做法被习近平总书记誉为"空中丝绸之路"。应该讲，郑州的实践为习近平总书记关于机场要成为国家与区域发展新动力源的理念做出了非常生动的诠释。当年名不见经传的郑州航空港，如今已成为国际重要的航空货运枢纽机场之一，而其独特的发展模式，也为国内很多空港枢纽城市和临空经济区发展起到了重要的示范作用。我们已经看到，成都、深圳等城市正在制定自己雄心勃勃的规划。

随着中国经济结构的不断调整升级和产业向全球供应链中高端的迈进，中国的航空运输量会进入一个快速增长期。这种增长表象的背后是生产、交换、流通、消费等经济活动各个环节的深刻变化。在这一进程中，从市场组织形式到参与主体的行为方式，很多变化都是颠覆性的。驱动这种变化的当然首先是技术进步。现在回过头来重新审视，技术进步带来的不仅仅是速度更快、承载量更大、续航里程更远的飞机及航空运输效率的提升，更是因信息化和互联网应用而产生的整体经济活动效率的巨大提升。除了技术进步，世界经济体系的全球化制度变革，也是航空经济发展的重要推手。航空运输在技术上保证了要素在全球范围内的快速流动，满足了时间效率的需要；经济全球化破掉了要素国际流动的很多制度壁垒，为航空和信息技术发展造就的时间效率增加了推力；信息处理技术进步则是全方位改变了经济活动组织方式，推动市场持续大幅度增加对航空运输的需求。总之，经济全球化和信息处理技术进步凸显航空运输的重要性，航空运输反过来又对生产生活产生越来越大的影响，并引起经济活动形态急剧变化和演进。可以说，航空运输、信息处理技术和经济全球化三者相互支撑、相互成就，共同塑造了现代航空经济形态，驱动了航空经济时代的快速到来。

二 全球生产体系的形成是航空经济发展的重要动力

信息化、经济全球化和现代物流共同塑造了新的全球生产体系。

分工是效率的源泉。分工持续演进是现代生产体系的重要特征，它推动着各经济部门循着从产业之间到产业内部行业之间、从行业之间到行业内部企业之间、从企业之间到企业内部持续裂变，层层深化、细化和专业化。从制造业角度看，具有主导性的形态是产品内分工，即同一产品的不同零部件甚至同一零部件的不同环节都分解为不同的独立生产单元，由不同的企业单独生产，再由一个企业汇集组装为成品推向市场和最终用户。这和同一产品全部零部件及所有生产环节都在一个企业内部完成，从而只存在企业内部分工的传统生产组织形式是完全不同的生产体系，它的学术概念被称为"垂直分工体系"。

垂直分工体系中的不同企业在空间分布上，往往有疏有密。密的可以拥挤在数平方公里的开发区内，或至多是在一个市域行政区范围内，这就是通常我们所能观察到的产业集群形态。疏的可以在非常广大的地域空间，散布在全国乃至全球范围内。这种疏朗的空间布局，使人们有时只能想象而无法直接感知到某一产品的完整生产体系和垂直分工形态是如何存在的。垂直分工体系的疏密程度，既取决于不同地域空间配套生产的比较优势，更取决于对信息传递和物流速度及时间效率的要求。一些高技术含量、高附加值的装备制造和终端消费产品对此有比较高的要求，而航空运输和现代信息处理技术则能够满足这种要求。所以，此类产品就更适合于由全球广域空间垂直分工体系来供给。

在这种垂直分工体系中，传统的"比较优势"理论仍然发挥着作用，比如市场容量、人力资源、制造业能力、基础设施、能源与资源保障、交通的便利程度等。航空经济的核心特征是，连接这些优势的物流手段不再是其他单一交通工具，而是以航空运输为主组合起来的综合运输体系。也只有它，才能与高效连接生产和消费的互联网平台相匹配。

苹果手机是典型的全球垂直分工体系产品，它的一端在美国硅谷苹果公司总部，另一端在中国郑州和深圳富士康生产厂区，零部件生产厂商则遍布韩国、日本、中国台湾等世界各地。苹果公司的硅谷总部负责研发设计和产品销售，下达传输各种与质量数量相关的指令，世界各地配套厂商负责提供零部件，郑州和深圳富士康负责完成组装，并根据苹果公司指令将产成品发往指定市场。这种全球垂直分工体系无疑得益于航空运输和信息传递的高效率。这种高效率，促进了贸易和物流业态的变革，产生了被称为"中间品贸易"和"供应链物流"的交易活动。现在汽车、IT产品、生物医药、高端设备制造、生鲜冷链等产品的生产，已越来越依赖于航空运输与互联网平台结成的现代化物流体系。反过来它也持续给后者注入日益增大的流量，支撑了航空运输和信息技术领域其他相关产业的发展。

全球垂直分工体系不但突破了产业组织的地域限制，把产品生产链条拉长到了全球任一空间，也改变了产业组织的规模结构，使寡头垄断现象更为突出，头部企业对整个体系的影响力更大、控制力更强。比如，苹果公司市值已突破3万亿美元，成为智能手机行业甚至整个企业家族中的巨无霸，这也是航空经济时代特有的现象之一。

由航空快速物流和信息处理高效率孕育的另一类企业形态的代表是Zara。它以品牌时尚服装为主业，以全流程控制和快速更新迭代为特色，生产经营活动触角覆盖到全球各个角落。Zara总部在西班牙，门店遍布全球近百个国家和地区，除了设在西班牙和葡萄牙的核心生产基地之外，还在全球各地拥有数百家代工厂。它之所以能在激烈竞争的服装市场中胜出，靠的是频繁出入纽约、巴黎、东京等时尚服装发布会的庞大设计师群体，以及由快速的信息传输和航空物流体系联结成的高效率的全球供应链系统。分布在全球各大时尚都市的设计师，每天都向总部提供大量的服装样式。总部把这些设计样式输入系统，供分布在全球各地的门店选择，门店则将订货信息传输到总部，总部再据此安排生产和供货。比如郑州作为 Zara 设在中国的分拨中心，其承接和向全国输送的服装可能出自上海甚至东京的设计师之手，制造商可能是在西班牙和葡萄牙，也可能在越南和印度。这样的设计、生产和供货模式及高效的选货、订货、信息传输和物流体系，保证了快速更新迭代，迎合了时尚消费潮流。如今，像 Zara 一样的企业正在快速崛起，传奇一般的中国企业 Shein 就是典型代表。它们引领了时尚品和快消品的市场消费潮流，利用信息化平台把产业互联网和消费互联网打通，利用航空运输构建起产品的物流网络。它们颠覆了传统上层层分拨的物流模式，配之以线上进行的金融交易支付和各种商务中介服务，形成了一种分布于全球、聚集于网上、联结于航空运输的全新的产业生态系统。

"保税维修"又被称为"跑道尾产业"，它也是因航空运输而发展起来的一种新业态。一些用户遍布全球的高价值设备仪器和用品，需要通过简单的维修来延长使用寿命。为保证既能得到专业化的维修服务，又能尽量缩短维修时间和提高通关监管效率，于是，就诞生了维修工厂设在机场附近的所谓"跑道尾产业"业态，这也是航空经济的前沿形态之一。

谈新形态，就不得不说跨境电商这一国际贸易新模式。大量的互联网撮合与交易，产生了需要在全球跨境邮递的快递小包。这种碎片化的、海量的邮包初期主要以万国邮联制度安排下的航空运输等方式进行寄递，但这种模式不利于海关监管且容易造成国家关税漏征和产品流通信息缺失，长此以往，会同时对消费者、国家和从事跨境贸易的电商造成损害。

中国政府的监管创新改变了这种状况，以海关监管代码"1210"为称谓的保税备货模式解决了上述难点，它极大地促进了跨境进口电商的发展，为中国正在迅速成长的消费市场带来了强劲的活力，在促进网易考拉、小红书、唯品会等一批跨境电商快速发展的同时，也强力推动了航空经济的发展。近年来，国家又创新了"9710""9810"等跨境电商出口模式，这为航空运输带来了新的货源，也推动了C2C、微商、海外仓等业态的发展，使跨境电商生态系统更为繁茂。我们可以预期，未来跨境电商、生鲜冷链、全球化供应链产品（B2B）物流和产业，会更多地向国际航空物流条件好的空港区域集中，能深刻理解并着力发展航空经济的城市将从中获益，其在全球供应链网络中的地位也会得到提升。

三 发展航空经济有助于构建安全、可靠、稳定的全球供应链体系

党中央、国务院高度重视产业链、供应链安全问题。近年来，习近平总书记反复强调，要确保国民经济循环的畅通，着力打通生产、分配、流通、消费各环节，统筹推进现代流通体系建设，逐步形成以国内大循环为主体、国内国际双循环相互促进的新发展格局。

现代物流体系是现代流通的重要组成部分，它一头连着制造，一头连着消费，在经济和社会发展中发挥着重要的基础性作用。高效的现代物流体系能凭借先进的运输工具和互联网、物联网等信息化平台，运用现代化的管理理念与技术手段，把生产、服务和需求市场强有力地联系起来，不断扩大交易范围，细化社会分工，优化资源配置，提高生产效率。因而，现代物流是经济社会发展的传动轴和增强器。

现代物流体系是产业链、供应链的载体。其中产业链通常是一个链式的、线性的结构，在制造业那里，更多表现为上下游企业之间的供需

与合作关系。联结它们的业态有采购、物流、加工、销售等。而供应链则是一个网状结构，它包括从生产制造到市场消费的全过程，除了上面讲的产业链特征外，它还包括交易的全过程、金融和商品的流通、客户消费行为和为这一过程顺畅运转而产生的各种服务（如技术、工艺、设计、营销、教育培训、商务中介等），当然也包括制度、政策、监管等政府行为。可以说，它是一个内部庞杂但又相互依存、相互提供能量支持的生态系统。信息技术的发展，使它也成为组成供应链的核心要素之一。我们现在讲的供应链，实际是商品流、信息流、资金流和人的行为流的集合运行状态。

我们国家长期重视产业链问题，这主要和我们的产业链发育不完善、不成熟有关。我国虽然是世界上产业体系最完备的经济体，但偏重于初级加工和中间品贸易，这也和我国总体的技术水平、消费水平、发展水平相关。

国际社会往往只讲"供应链"，因为任何一个国家都没有像中国这样完备的产业（特别是制造业）体系，也不可能具有形成全产业链的能力。经济全球化较好地解决了这一矛盾，通过全球贸易市场形成的产业分工，成本更低、效率更高。需要强调的是，流通是供应链的灵魂，它用资金、信息、商品的流动和各种交易行为，联通了不同产业部门和不同国家市场。它在这一过程中所起到的组织作用，是任何业态都不能替代的。而这其中，起着最基础作用的还是物流，因为它是商品物质交换和价值实现的主要渠道和载体。

经济全球化、自由贸易的发展和跨国公司在全球配置资源的行为，推动了国际产业的垂直分工并形成了全球供应链体系。

我国改革开放，特别是2001年加入世界贸易组织（WTO）后，深度参与国际产业分工，融入经济全球化，使我国的经济基础、产业结构、市场体系发生了重大变化，在推动我国经济实力与竞争力快速提升的同时，也深刻地改变了全球供应链的格局。

在全球供应链顺畅运转的状态下，国际分工细化，中间品贸易增多，各个国家和地区在供应链的不同价值位上分享经济全球化的红利。随着在供应链上地位的不断提升，中国日益成为世界经济增长的发动机。而由于市场力和供应链组织能力的不断增强，中国对全球供应链的影响力也越来越大。

当前全球供应链运行遇到了很大的困难、挑战和冲击。主要体现在以下方面。

第一，全球经济治理体系无法有效解决供应链运行中的深刻矛盾。

第二，全球供应链负效应外溢，导致地区发展不平衡，资源、环境、劳动力资源配置不平等加剧，形成了技术与市场的垄断，产业资本＋金融资本对市场及资源强大的支配能力限制了中小微企业的发展活力与空间。

第三，单边主义、贸易保护主义、地缘政治、民粹主义的抬头和流行破坏了全球供应链的正常运行和自我修复能力。

第四，新冠肺炎疫情的冲击，暴露了一些行业（如汽车零部件、医疗卫生产品）供应链过长的短板和可靠性、稳定性不足的问题，更充分暴露了全球供应链的脆弱性。事实上，全球供应链中断事件发生频率很高，但没有哪一次事件像新冠肺炎疫情造成的这次这么严重：停工停产、订单取消、物流与交通阻滞、各国政策的变化等，使全球供应链陷入困境。

这次疫情也成为全球供应链改革的催化剂。人们开始反思并广泛讨论供应链的安全性和稳定性问题。

讨论中有两个问题特别引人注目。一是市场对全球供应链具有很强的依赖性，而供应链的完整性和韧性是它自身发展的内在要求，"那些有中国企业深入参与的全球供应链往往更具弹性"（德国基尔世界经济研究所），而"将专业、互联的全球供应链分割并进行区域化，尽管能降低运输成本与脆弱性，但会阻碍企业有效配置稀缺资源、提高生产率及兑现发展潜力"。二是航空运输表现突出，特别是防疫和卫生健康物资运输。这几年，尽管很多航空公司为应对客运困难而纷纷进行"客改货"，但航空货运仍然面临运力严重不足问题。实际上，支撑航空货运量增长的除了防疫和卫生医药物品，更多的是邮包、跨境电商出口产品、供应链（B2B）中间品。当海运因洛杉矶长滩港、苏伊士运河堵塞和一些港口因疫情管制出现严重阻滞时，航空运输的优势发挥出来了，它为全球供应链的安全稳定做出了重要贡献。

航空货运作用的凸显，表明承载全球供应链运转的国际物流格局正在发生变化。对这种变化我们应该有更多的准备。十年前，当我们说要把发展航空经济的着力点放在融入全球供应链体系上时，这个观点可能还不易被人理解，但它确实是航空经济与临空经济的本质区别所在。实际上，现今国际物流企业的十强中，有 5 家是主要从事国际速递业务的大型物流集成商和供应链管理商，它们的主业是航空运输。

目前，航空经济的业态越来越丰富，航空物流作为现代物流体系的重要组成部分也在不断变革和演进。它更注重建立起自主管控、自主运营与国际合作、跨界合作相结合的国际物流网络节点（如海外仓、区域集疏分拨平台）和信息数据、交易支付、金融服务平台；更注重深耕已经信息化和被日益细分了的物流市场，特别是在开展门到门、端到端、仓到仓的服务方面，正是这种从接单到终端配送全流程解决方案的设计与介入，使更多的企业、更多的运输方式参与到了航空物流的业态之中。不仅如此，航空物流正敞开胸怀迎接和创造许多新的业态：采购揽货、货运代理、国际承运、包机服务、国际中转、集疏分拨、仓储管理、多式联运、关务服务等供应链管理和物流集成服务，以及数字贸易、交易撮合、信保服务、征信服务、保税维修、教育培训、业态培训、科技应用、文化会展、咨询服务、政策研究等。航空经济发展依托的技术基础、产业逻辑和市场前景，决定了它的包容性和前沿性。它属于未来，它仍在发展之中，面对已经枝繁叶茂的产业发展实践，从理论上把它的概念、特征、性质、原理与作用推演和概括清楚就显得十分必要。感谢耿明斋教授领导的团队对航空经济理论与实践持续十年的研究。

最后再梳理一下自己的基本观点。

其一，航空经济的发展是新时代的产物，它支撑着国家一系列重大战略的展开，其自身也已成为这些战略的重要组成部分，特别是在构建"双循环"新发展格局的进程中，它的作用是不可替代的。

其二，航空经济的发展得益于经济全球化和自由贸易，它对全球供应链体系的安全、健康和稳定，发挥着越来越重要的作用。

其三，航空经济是科技创新和技术进步的产物，它与快速迭代的现代信息技术特别是互联网、物联网及其他数字技术的融合程度，远高于其他产业部门和经济形态，它自身也在不断创新发展。

其四，航空经济对广域空间经济结构调整、升级有很强的推动作用，发展航空经济的关键，还是要放在构建全球供应链的重要节点上，打造能带动国家或区域发展的"动力源"。这势必成为今后区域竞争的一个重要内容，它决定着谁才能真正承担起"双循环"新发展格局的战略责任。

其五，航空经济潜力的发挥，还取决于我们要有更多的制度创新。在通关便利化、航空货运市场管制、数字贸易与数据资源开发利用、业态整合与市场并购重组等方面，国际社会特别是各国政府还需要在监管创新上做出更多的努力。

张大卫

2022 年春节

目 录

导论 │ 把握航空经济时代
现代化演进的正确方向

一 航空经济是内涵丰富的现代化前沿经济形态

说到航空经济，人们总会提到美国北卡罗来纳大学卡萨达（John D. Kasarda）教授的名言——第五冲击波[①]。这是以交通工具和交通运输方式来划分经济发展阶段或经济时代，并认识经济活动形态特点的方法。船舶和内河水运时代适应的是农耕与手工业经济形态；大航海时代构造了将远距离相互孤立的空间经济活动连接起来的国际贸易经济形态；火车和铁路运输时代是机器大工业的产物，塑造了将不同地域空间的各种经济活动紧密联系起来的国家及区域经济体，并与大规模广泛分工协作的经济形态相适应；汽车和公路运输时代是效率和流水线生产组织方式的产物，推动了大规模的产业化，重塑了要素聚集的空间形态，并与疏密有序、自由活动半径持续扩大的城市经济形态相适应；飞机和航空运输时代是多领域多种类综合科学技术进步的产物，它大大缩短了

[①] 约翰·卡萨达（John D. Kasarda）、格雷格·林赛（Greg Lindsay）等：《航空大都市：我们未来的生活方式》，曹允春、沈丹阳译，河南科学技术出版社，2013。

经济活动的时间周期和空间距离，催生了全球化和地球村概念，并与深度充分分工和高度自由化个性化的经济活动方式相适应。

以交通工具和交通运输方式来划分的不同发展阶段或不同时代，虽然是前后递进的，但并不是截然分开和完全替代的，而是紧密连接和高度包容的。每一种后来的交通工具和运输方式，都只是交通工具和运输方式的新增量，并意味着占据引领地位。每一个后来的阶段或时代，都只是增加了经济活动的新内涵，是对原有内涵的吸纳，是在原来阶段或时代基础上的丰富和提升。所以，越是近的阶段或时代，其经济形态的内涵就越丰富、越高级。航空经济吸纳包容了此前所有阶段或时代元素的精华，并在此基础上注入了现当代所有科学技术和人类文明成果，是一种新型经济形态，无疑也是内涵最丰富的现代化前沿经济形态。

在前一本研究航空经济理论的著作《航空经济概论》中，我们提出了技术、组织和效率的概念，并阐述了三者之间相互作用形成特定经济形态的机制[①]。效率是目的和原动力，技术是手段和杠杆，组织是经济活动的外在社会形态。技术是杠杆的支点，一端连着效率，另一端连着组织，效率诉求推动技术进步，新的技术要求新的组织，产生新的经济形态。在现实中，这种由效率和技术驱动的微观层面经济形态演化案例比比皆是：最典型的是互联网技术对传统百货店式商业业态的改造，以及电商的诞生；滴滴共享经济模式也是对传统出租车组织运营形态的某种替代；智能化无人工厂更是对传统车间班组式企业生产组织形态的替代。

效率和技术对组织形态的影响不是单向的，而是相互的和双向的，不仅是效率推动技术，技术决定效率，效率和技术诞生并决定组织，而且是组织也决定技术和效率。在技术不变的情况下，单纯的组织变革就

---

① 耿明斋、张大卫等：《航空经济概论》，人民出版社，2015。

能驱动技术进步和效率提升。在这方面，古老的案例是亚当·斯密在《国富论》中讲的制针过程，多人在多道工序上的专业化分工组织形式的效率，是单人完成全过程制针方式效率的数十倍，而且分工导致熟能生巧，从而带来发明创造和技术进步①。现在我们都能看得到和感受到的案例是中国的改革，只是由生产队集体劳动及再分配成果的组织形式，改变为农户家庭劳动直接获取成果的组织形式，不需要技术上的任何改变，农业经济活动效率就成倍提高，农户采用新技术的积极性也远非生产队组织能比。

　　总之，经济形态是效率、技术和组织三要素相互作用的过程与状态，也是三者相互作用的结果，虽然外在显性形态是组织方式，内在元素却是三者俱全。当然，由于技术是杠杆的支点，在人们的视野中，技术总是处在决定性的地位。② 因此，人们又根据某项技术对经济活动影响渗透的普遍性及广度和深度，将 18 世纪下半叶英国产业革命以来的现代化过程，分成机械化、电气化和信息化三个时代。18 世纪蒸汽机技术在生产过程中的广泛应用，用机械力代替了人力和畜力，将零星分散的生产活动组织成了相互具有内在联系的有机整体，由一个动力中心支撑并带动运转的工厂成为典型的生产组织形式。19 世纪发电机、电动机和电力传输技术在生产生活中的广泛应用，电力代替机械力成为最普遍、最重要的动力来源，将全社会各种完全不同的生产过程联结成一个整体，也将生产和生活联结在一起，生产生活高度依赖发电厂动力源和输变电网络系统，要素高密度聚集的城镇体系成为生产生活组织的典型形态。20 世纪计算机的发明和信息处理技术的快速进步，以及几乎在所有经济社会活动领域的广泛应用与彻底渗透，人手的创造物不仅替

---

① 亚当·斯密：《国富论》，杨敬年译，陕西人民出版社，2011。
② 马克思说的"手推磨产生的是封建主的社会，蒸汽机产生的是工业资本家的社会"，就是这种认识的形象表达。

代了人手，也开始越来越多地替代人脑。密度越来越大的信息处理端点和信息传输网络，实现了对地球上几乎所有人类活动空间的全覆盖。将所有经济社会活动联结成一个有机整体，万物互联、高度聚集和高度个性化并存，成为信息化时代经济社会组织体系的最突出特征。这也正是航空经济形态的丰富内涵所在。

二 航空经济时代面临的挑战

由信息化支撑的航空经济形态，将现代化推到了最前沿，也带来了一系列新挑战。

1. 收入差距扩大的挑战

作为资本（土地）和劳动共同产品的物质财富如何在二者之间进行分配，始终是经济学理论体系中争论的焦点之一，从亚当·斯密和大卫·李嘉图的古典学派，到现代主流经济学的新古典综合派，其一直都是充满争议的中心议题。资本（土地）所有者作为生产活动的组织者，在成果分配比例的确定上显然具有更大的话语权。从保持社会财富持续增长的角度来看，似乎资本占有较大比例也符合逻辑，因为资本占比越大，其剩余和积累就会越多，再生产过程就会由于资本比例增大而有更高的效率，从而就会获得更多的财富增量。但是，分配比例不仅涉及利益冲突，也影响宏观消费需求。劳动占比过低，不仅会引起劳动者不满，爆发罢工冲突，影响财富生产效率，而且会使消费需求萎缩，造成产品过剩滞销，弱化财富效应，严重的甚至导致整个经济的崩盘。对此，马克思曾做过深入分析，并得出了会导致资本主义灭亡的结论：劳动工资总是被压低到劳动者生存需求边界上，生产总是会被无限扩张，消费需求增长总是跟不上产品增长，过剩危机必然发生，并且会越来越频繁，程度会越来越深，直至这种内在逻辑消失，也就是资本主义灭亡。后来，凯恩斯对此开出了需求管理药方，被认为是拯救了资本主义，但随即就发生了货币发行过多和政府干预过多而导致的滞胀问题，从而催生了 20 世纪 80 年代初的里根—撒切尔主义，经济理论随经济实践再次向自由市场回归。

由于分配向资本倾斜被认为符合效率原则，向劳动倾斜被认为符合公平原则。所以，财富在资本和劳动之间分配比例的纠结，在经济理论体系中又被认为是效率和公平问题。无论是从经济实践过程看，还是从经济理论演化过程看，劳资分配比例或者说效率和公平问题，都像钟摆一样，一个时期向左边荡去，另一个时期又向右边荡去，不停地摆来摆去。

在信息化和航空经济时代到来之前的时期，一方面是由于工会势力与资本势力争锋达成的均衡，以及政府出于社会稳定和持续增长目的进行的调节，另一方面发展还处在投资驱动和资源依赖阶段，财富的基本形态还是物质产品，财富的创造与分配过程大致上均在本地，财富在劳动和资本之间的分割比例大致稳定，社会收入差距相对较小。信息化和航空经济时代到来之后，创新和技术进步速度加快，新产品、新业态、新产业等新经济形态大量涌现，财富形态也由前一时期的钢铁、水泥、汽车、住房等大型、笨重、不便移动的物质产品，变成计算机、半导体元器件、操作系统软件、产品设计或问题解决方案等十分便于移动的产品或服务，它们物理体积极小，价值很大甚至极大，移动极其方便，用飞机运输 24 小时可以到达地球的任一空间点，用网络传输则可瞬间到达。

为了适应这种新经济形态的需要，由效率驱动、覆盖全球的垂直分工体系迅速发展起来，一个技术含量极高、体积极小的产品，被分解成数量极多的零部件单元，按照资源禀赋决定的生产效率比较优势，分散到全球众多国家的不同地点生产，然后通过飞机运输汇集到一处或几处组装成最终产品，再由飞机运输送达市场。苹果智能终端就是最典型的案例，它的创意设计和市场销售分拨枢纽在美国加州硅谷苹果公司总部，组装在中国河南郑州富士康，各种零部件分散在中国台湾、韩国、日本、印度以及中国国内各地各种不同的企业，零配件和成品运输均以航空为通道。而像微软、谷歌等企业，产品只是操作系统和问题解决方案，属于信息集成，基本上没有物质形态，传输只需要网络通道，根本不需要飞机运输产品，飞机需要运输的只是穿梭于其公司总部及全球各研发机构和市场服务机构网络体系中的人员。这种全球化垂直分工体系带来的一个结果是，剩余财富从全球流向母国，并聚集在技术精英和资本精英口袋中，就业则大量从母国流出，分散在全球各地。苹果类产品拥有实体形态的公司如此，微软、谷歌等产品不拥有实体形态的公司，由于推行在地化雇用政策，也是如此。结果就是，一方面，因传统物质形态产品行业萎缩而分流出来的失业大军，无法在新经济行业找到就业岗位，另一方面，少量能够在新经济行业低端岗位获得再就业机会的人员，因为就业竞争激烈，薪水会被压低。于是，社会成员收入差距急剧拉大，两极分化日趋严重。法国经济学家托马斯·皮凯蒂所著《21世纪资本论》受到追捧①，应该是这种社会问题在经济理论和社会思潮中的反映。

由于美国处于创新和技术进步龙头地位，新经济最为发达，传统经济萎缩最为彻底，所以，美国也是两极分化最为突出、矛盾冲突最为剧烈的国家之一。特朗普上台，社会严重撕裂，并将源于国内的冲突波及全球，就是这一结果的集中体现。需要指出的是，这种由创新和技术依赖引领的新经济形态，对于资源依赖投资驱动的传统经济形态替代过

---

① 托马斯·皮凯蒂（Thomas Piketty）：《21世纪资本论》（*Capital in the Twenty-First Century*），巴曙松等译，中信出版社，2014。该书阐述的基本观点是，增量财富中总是资本占比不断增大，劳动占比不断缩小。

程，所引发的社会成员收入差距扩大，在迈向信息化和航空经济时代的国家，是具有共性的问题，不同国家之间的差别只是出现先后和程度不同而已。

2. 逆全球化挑战

如前所述，生产过程和就业大规模全球化外溢，是技术进步、垂直分工、效率诉求和资本逐利的结果。而且自20世纪80年代以来信息处理技术的快速进步及互联网的迅速普及，在时间上恰好与里根—撒切尔主义倡导的自由市场思潮重合，再加上90年代初苏联解体和冷战结束，世界一片祥和，新一轮全球化浪潮乘势而起也是顺理成章的事。美国无疑是这一轮全球化浪潮的第一推手和主导者，也是最大的获益者。只是经历2008年的金融危机冲击，由此引发的社会矛盾逐步显现出来以后，这辆战车才开始逆向行驶，并把种种国内矛盾归咎于中国。

中国无疑也是这场全球化盛宴的最大受益者之一。中国自20世纪70年代末开启的改革开放进程，在时间上也正好与上述技术进步和自由市场回归两种趋势契合。随着中国国门越开越大，市场化程度越来越深，与国际规则充分对接越来越广泛，以美国为代表的外来技术和资本进入中国的通道越来越多，流量越来越大，其借助中国日益完善的市场化制度，激发起了巨大活力，推动经济高速增长。跨入21世纪门槛时，中国已经彻底解决了温饱，迈入全面小康社会建设的大道，巨量廉价劳动力、超大规模市场，甚至数量不菲受过良好教育的高技能人才队伍等优势进一步凸显，对境外资本产生了更大的吸引力。中国加入世界贸易组织，意味着与世界经济全方位对接和深度融入，美国互联网新经济大规模涌入，中国外贸进出口规模快速扩张。这不仅推动中国迅速成长为全球第二大经济体、第一大商品进出口国和最大的外汇储备国，更是迅速地推动了中国互联网新经济崛起，从而改变了中国的经济结构。

当前的"逆全球化"浪潮，以 2008 年全球金融危机为开端，与发展中国家的外汇储备不断下降、发达国家资本不断回流、全球贸易低增速相伴，以 2016 年的英国脱欧、美国特朗普当选、意大利修宪公投失败为标志。西方发达经济体纷纷向区域主义、贸易保护主义转变，关税总水平上升。加之疫情冲击，使以 WTO 为代表的既有多边贸易框架遭受重创，加剧了全球市场的碎片化和全球供应链的断裂，给基于经济全球化的航空经济的发展蒙上了阴影。世界第一、第二两大经济体之间的贸易摩擦也为全球经济的稳定增长带来不确定性。如何推动中美关系回归正常轨道，避免"修昔底德陷阱"，是信息化和航空经济时代世界面临的重大挑战。

3. 区域发展不平衡加剧了挑战

如前所述，在信息化和航空经济时代，中国是技术进步和全球化的最大受益者之一。但是，中国也有自己的问题，即信息化和航空经济时代到来，在时间上正好与经济内在趋势性的阶段转换重合。结果是除了社会成员收入差距居高不下之外，更为突出的是区域发展不平衡加剧。

改革开放以来，中国区域发展不平衡一直存在。但进入 21 世纪以来，通过实施西部大开发、中部崛起等区域平衡发展战略，国家区域经济演化格局，从东、中、西部三大区域比较来看，差距有持续缩小趋势。然而，南、北两大区域①比较，差距则呈现先缩小后扩大的趋势，而且 2013 年经济进入新常态以后南北差距逐渐扩大，其形态如图 0 - 1、图 0 - 2、图 0 - 3 所示。

图 0 - 1 解释的是南北增速差异。可以看出，不论是柱状图还是折

---

① 此处南北方的界定如下：北方包括北京、天津、内蒙古、新疆、河北、甘肃、宁夏、山西、陕西、青海、山东、河南、安徽、辽宁、吉林、黑龙江 16 个省份；南方包括江苏、浙江、上海、湖北、湖南、四川、重庆、贵州、云南、广西、江西、福建、广东、海南、西藏 15 个省份。

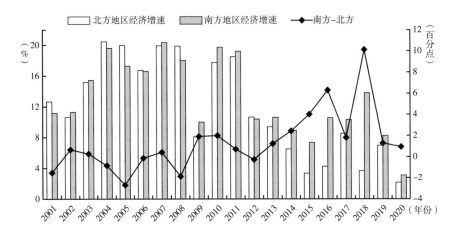

图 0 - 1　2001～2020 年中国南北经济增速差异

资料来源：国家统计局官网（https：//data. stats. gov. cn/）。

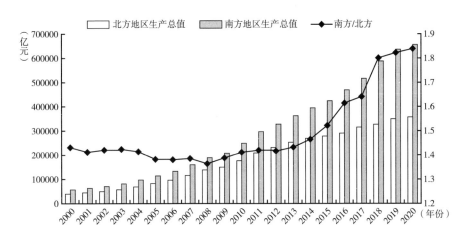

图 0 - 2　2000～2020 年中国南北区域经济总量差异

资料来源：国家统计局官网（https：//data. stats. gov. cn/）。

线图，都清晰地显示出，从 2009 年开始，南方地区 GDP 增速明显大幅度超过北方地区，2013 年后这种差距进一步扩大，2018 年南方地区增速高出北方地区达 10.11 个百分点。

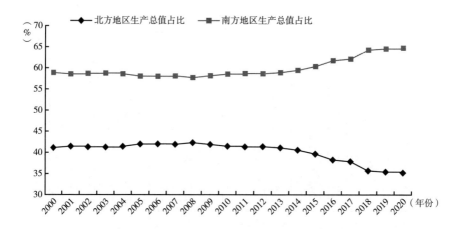

图 0 - 3 2000～2020 年中国南北地区生产总值占比差异

资料来源：国家统计局官网（https://data.stats.gov.cn/）。

图 0 - 2 解释的是南北经济总量差异。可以看出，不论是柱状图还是比值图，南北经济总量差距都呈持续扩大的趋势，也是 2009 年开始扩大，2013 年后迅速扩大。另一个重要的佐证是，2020 年全国 GDP 排在前 10 位的城市中，北方城市只剩北京 1 个，9 个在南方[①]。南方/北方经济总量比值 2020 年已达 1.84，也就是说南方经济总量已是北方经济总量的将近 2 倍。

图 0 - 3 解释的是南北经济总量在全国总量中比重差异。可以看出，2003～2009 年，南北经济在总量中的比重还一度有缩小趋势，2009 年以后比重差距开始扩大，2013 年后快速扩大，2015 年南方比重突破 60%，2020 年已经达 64.78%，北方比重则下降至 35.22%。

南北经济差距的这种演变趋势，显然与中国经济发展阶段转换以及不同区域资源禀赋特点差异有关。2008 年全球金融危机之前，是投资

———————

① 2020 年全国 GDP 排名前 10 位的城市分别是：上海 38700 亿元、北京 36000 亿元、深圳 27600 亿元、广州 25000 亿元、重庆 25000 亿元、苏州 20000 亿元、成都 17700 亿元、杭州 16000 亿元、武汉 15600 亿元、南京 14800 亿元。

驱动和资源依赖发展阶段，北方能源、原材料等自然资源禀赋条件优势凸显，支撑了经济高速增长，导致差距缩小。2008 年全球金融危机之后，是创新驱动和技术依赖发展阶段，南方的创新活力和市场化禀赋优势凸显出来，信息化和航空经济时代最具代表性的互联网新经济，支撑了新一轮快速增长，导致南北差距迅速拉大。

中国已经圆满完成第一个百年全面建成小康社会的目标，并开启了全面建设社会主义现代化国家新征程。作为大国经济体，区域发展不平衡不可避免，但如何遏制南北区域差距快速扩大的趋势，将区域发展不平衡控制在可以容忍的范围，在未来现代化进程中是个不小的挑战。

三　把握航空经济时代现代化演进的正确方向

上述三大挑战，要么本来就属于我们自己，要么与我们密切相关，且都将在未来与中国的现代化进程相伴随，所以，无论从哪个角度说，都无法回避。到底如何选择，从而把握住信息化和航空经济时代现代化演进的正确方向？这是个大而复杂的问题，肯定可以有很多不同的答案，下面阐述的，只是我们的几点粗浅思考。

1. 畅通内循环，用总量非平衡换取人均平衡

发展的起点是城乡循环。现代化是个由工业化驱动、城镇化支撑，工业和城镇不断吸纳农业和农村元素，并最终实现对城乡和所有人群全覆盖的过程。在这个过程中城市元素不断下乡，乡村元素不断进城，城乡循环是该过程的主旋律。现代化初期，由于城乡差距较大，就会形成明显的二元结构。但有时候，人们会通过主动干预，阻滞甚至阻断城乡循环，人为扩大城乡差距，这大体上也是计划经济的后果。改革开放的一个重要举措，是打破城乡壁垒，允许城市工业元素下乡，也允许农业和农村元素进城，重新启动城乡之间的循环，结

果是城市和工业元素对农业和乡村覆盖越来越广，影响越来越深，城市规模急剧膨胀，整个社会现代化步伐加快。这是改革开放以来中国现代化发展的基本逻辑。

城乡循环的同时，还伴随有区域循环。中国是个大国，以工业化城镇化为核心的现代化先在沿海落地，然后再向内陆地区拓展。沿海和内陆地区的现代化过程不仅时序上有先后，水平上也有落差，从而就有了沿海先发地区和内陆后发地区之间的循环。这个过程中，沿海不断将内陆地区的农业剩余劳动力和原材料吸纳进工业化城镇化过程，又通过资金回流和市场拓展、产品甚至资本输出，将工业和城市现代化元素向内陆地区释放，促进内陆地区现代化发展。这是改革开放以来我国区域现代化发展的逻辑。

重要的不是总量差距扩大，而是人均平衡。工业化总是和城镇化相伴随，现代化是要素持续聚集的过程，这也是城市数量越来越多、规模越来越大，同时乡村越来越开阔的原因。与城乡之间的疏密关系类似，区域之间也是这种演化趋势，即先发地区的比较优势会随着发展进程持续增大，吸纳聚集能力越来越强，经济规模也就越来越大。我国京津冀、长三角和粤港澳大湾区三大世界级都市圈，就是基于这种逻辑形成的，南北差距扩大格局也是基于这种逻辑形成的。新一轮技术革命和互联网新经济崛起更加剧了区域之间的发展落差，北方也就显得更为尴尬。

面对这种局面该怎么办？多数人主张应该把缩小南北差距作为区域发展政策的重要目标。问题是能否缩小，如何缩小。对此人们的认识并不清晰。有一点是可以肯定的，就是不能让南方停止发展等待北方赶上来求平衡，只能是通过北方加快发展来求得平衡。但是，依据北方现有的条件，无论是规模效益、结构层次，还是创新能力和制度水平，北方都不可能比南方更有优势，凭什么未来北方就一定能比南方发展更快？

只要不能更快，北方规模就一定无法追上南方，而只能差距更大。因为，即使以同一速度，规模更大的南方1个百分点代表的增量就一定大于规模更小的北方1个百分点代表的增量。我们这里绝不是说北方不需要加快发展，更不是说南北平衡不重要，而是说到底追求什么样的平衡，以及到底该如何加快发展，我们想说的是，总量平衡不是最重要的，也是追不来的，重要的是人均平衡。途径无非两条。一条是进一步打破区域之间要素尤其是人口流动的壁垒，实现自由迁徙，促使更多的北方人口流入南方。这样，会摊薄南方的人均量，同时也会增大北方人均量，从而缩小南北人均差距。另一条是充分利用本地的比较优势，挖掘自身潜力，更多地承接来自南方的资本、人才、市场等元素，提升自身的创新能力和发展能力，通过自身的努力加快发展，扩大增量财富规模，进一步提高人均水平。

"虹吸"是个伪概念。很多人喜欢用"虹吸"来表达城市与乡村、核心城市与次级城市、先发地区与后发地区等之间的关系，似乎前者对后者是个灾难，或者说前者是后者落后的原因。我们想强调的是，发展本身就是要素聚集的过程，"虹吸"不可避免。"虹吸"本质上是要素在更大的区域空间优化配置的过程，是工业和城市等现代化元素向周边扩散并带动周边发展的过程，这一点我们前面的分析已经很充分了，没有必要再重复。试想一下，按照"虹吸"是灾难原因的解读，难道乡村、次级城市、后发地区等发展滞后空间自我封闭起来，就会有更好的发展吗？这是完全与现代化规律相悖的逻辑。当然，有一点是不错的，就是想要自己不被"虹吸"而成为"虹吸"者，只能努力比别人做得更好。

2.加大制度性开放力度，以深度对接反制遏制

开放是现代化的起点，要高质量完成现代化，出路只能是进一步开放。以工业化城镇化为核心的现代化并非中国原创，而是由外部输入

的，从这种意义上说，开放是现代化的起点。最早的开放是被动的开放，① 19 世纪下半叶的洋务运动开放虽然是主动的，但并不成功。迄今中国最成功的开放，还是 20 世纪 70 年代末 80 年代初伴随改革而推进的开放。正是自那时以来持续 40 余年的全方位深度开放，才导致境外资本和技术大规模持续流入，以及市场大规模拓展，不仅经济潜力得以大规模释放，也一直引领着中国改革深化的方向，成就了世界第二大经济体，使中国走到了世界舞台的中央。但也要清醒地看到，我们仍在现代化的半道上，即使由于汇率的原因，2021 年中国人均 GDP 站上 1.2 万美元的高点，也才刚刚迈向世界银行确定的高收入国家门槛，距发达经济体人均 3 万美元的入门标准还很远，更不要说主要发达国家人均 5 万美元的水准了。按照 2035 年基本现代化和 2050 年全面现代化目标，未来 30 年还必须要持续中高速增长，实现这一目标和经济发展态势，进一步开放是毋庸置疑的。

2020 年 7 月 30 日，中共中央政治局会议提出"加快形成以国内大循环为主体、国内国际双循环相互促进的新发展格局"，一时曾被一些人误解为是迫于中美贸易摩擦，以及面对新冠肺炎疫情冲击、供应链断裂压力而做出的开放战略调整，这种认识显然有失偏颇。突出内循环，固然有国际市场环境变化的因素，但更主要的原因还是国内经济发展阶段转换。当人均 GDP 超过 1 万美元以后，中国巨量人口所形成的超大规模市场，必然使经济增长的驱动因素更大程度地向国内需求偏离。在这种情况下，突出内循环、推动国内国际双循环相互促进，就成为中国经济持续增长的内在要求。同时，突出内循环，绝不意味着要闭关自守。这不仅因为开放是改革的另一面，没有开放，改革就没有方向，开

_____

① 1840 年鸦片战争清政府被迫签订《中英南京条约》，除割让香港岛之外，还有"五口通商"条款。

放是 40 多年发展经验证明正确的选择。更因为只有进一步开放，我们才能嵌入世界产业链和价值链体系，与全球经济一起循环，不断接受来自全球的创新元素，也才能在这种循环中有机会进入产业链、技术链和价值链前端。在技术加速迭代更新的当代，不要说闭关锁国，即使稍有收缩，也会被很快甩出世界经济良性运转的轨道，迅速落伍。当代的技术进步绝对离不开国际协作。

应对美国政府恶意脱钩、孤立中国企图的唯一正确方式，是把国门开得更大，是制度性开放，也就是与国际投资贸易规则深度对接。美国脱钩中国的冠冕堂皇理由，是说中国不遵守国际规则，我们反其道而用之，全方位对接国际规则，深度融入国际经济体系，它的理由自然就会失去合法性。[①] 大规模设立自贸区，建立海南这个世界上最大的自贸港，批准多个制度性开放程度更高的自贸拓展片区，就是扩大制度性开放的最好方式。进一步说，扩大制度性开放的意义还在于带动国内市场规则体系的完善。世界市场经济体系经过数百年的实践，各种规则体系已日臻完善，相对来说，中国国内市场经济的历史还不长，而且是从计划经济体制转过来的，计划经济规则的痕迹还很多，成熟度不够，从完善市场经济规则体系的角度说，深化制度性开放也是必需的。

3. 效率优先，在保增长基础上缩小收入差距

2021 年是两个百年的历史交汇期，我们早已明确了第二个百年的发展目标，并踏上了新征程，即 2035 年基本实现现代化和 2050 年全面实现现代化。根据测算，要在未来 30 年内分别实现两个阶段的发展目标，年均 GDP 增速大致要保持在 6% 左右。这注定不会是很轻松的任务，因为在靠资源依赖和投资驱动实现长达 40 余年的超高增长以后，

---

① 长期在新加坡国立大学工作，现任职于香港大学的著名国际政治学者郑永年先生也有类似的观点。参见郑永年的《中国城市的治理危机》一文，文章来源于广州粤港澳大湾区研究院公众号，2022 年 1 月 7 日。

要在转向创新与技术依赖和消费驱动背景下，再实现30年中高速增长，在世界经济现代化演化史上都是绝无仅有的。如何做到这一点？

首先是保证供给端财富生产的效率，从而给予市场主体，尤其是资本和技术拥有者以足够的激励。在初次分配环节不挤压劳动收入比例的前提下，保证其拥有足够的利润，办法是减税降费，压减政府收入比例，降低宏观税负。将政府责任聚焦在满足国民基本公共产品供给需要的限度以内，大幅度压缩生产性投资空间，将政府责任限定在存量国有资本利润营收范围之内。特别是要降低技术和管理精英高收入群体个人所得税，以增强创新激励，避免人才流失。

其次是保证需求端消费规模的持续扩张。因为在越过资源依赖转向创新和技术依赖发展阶段以后，投资对经济增长拉动会持续弱化，消费对经济增长的拉动会持续强化，两者比例呈反向演化，这是全世界各大经济体现代化发展的共同规律。促进消费规模扩张的可靠途径，是大幅度提高普通大众的收入水平，尤其是占有绝对比重的中低收入群体的收入水平。除了提高工资收入之外，更有效的措施是破除城乡壁垒，落实党的十八届三中全会提出的改革目标，建立城乡统一的要素市场，剥离农村居民对土地权益的身份依赖，推动城乡要素的双向流动，实现人口在城乡之间和区域之间的自由迁徙，促进要素权益货币化增值，增加数量最大的农村及候鸟式迁徙人群（非户籍城市人口）的财产性收入。

促进消费扩张的另一个途径是加大二次分配调节力度，办法是加快以间接税为主向直接税为主转换步伐，逐步在降低企业和个人所得税的同时，开征房产税、遗产税、资本利得税等直接税税种，并大幅度提高少数超高收入群体相关税种税率。这样可以使财政有更大的空间提升教育、医疗、养老等保障性支出水平，从而让最大的社会群体较大规模释放消费支出。

至于被热议的第三次分配，倡导慈善捐献，营造良好的社会氛围，其至政府出台激励措施，鼓励慈善捐献，当然是现代文明社会演化的方向。但指望以此作为平抑社会收入差距的手段恐属奢望，用道德绑架或社会运动方式逼富人捐献更不可取。慈善捐献应该完全建立在自觉自愿的基础上，而且一定是个渐进的过程，也是现代文明社会演化的必然。事实上，像曾经的世界首富比尔·盖茨捐出大部分家财用于全世界慈善的案例已经比比皆是，中国也有著名企业家、福耀玻璃董事长曹德旺捐出数百亿元办学的美谈。

4. 打造多个北方支点，遏制区域不平衡过度蔓延

平衡区域差距，除了前述畅通内循环、鼓励人口自由迁徙、把重点放在人均平衡上之外，后发地区也要跟上信息化和航空经济时代的步伐，打造多个支点，遏制以南北差距为代表的区域不平衡过度蔓延。

除了京津冀这个超强支点，山东半岛、辽南及辽东半岛、中原、关中地区等，显然也是重要的支点。

以中原地区为例，十年前，河南从建设以郑州为中心的中原城市群入手，启动"米"字形高铁和郑州航空港经济综合实验区建设，放大枢纽优势，发展信息化和航空经济新形态，目前已呈现良好的支点效应。2020 年，在全国货邮吞吐量大幅下降 6% 的情况下，郑州新郑国际机场逆势上扬，货邮吞吐量达 63.9 万吨，排名升至全国各大机场第 6 位，增速达 22.5%，在全国各大机场增速排名中列第 3 位。2021 年 1～11 月，郑州新郑国际机场完成货邮吞吐量 63.5 万吨，增速达 11.9%，其中国际地区货邮吞吐量为 49.2 万吨，同比增长 23.4%，继续领跑全国各大机场。能力也持续提升，截至 2021 年 11 月底，在郑州新郑国际机场运营的全货运航空公司有 31 家，其中国际地区有 25 家；开通全货机航线 48 条，其中国际地区 38 条。2021 年全年货邮总量突破 70 万吨大关（70.47 万吨）。与此相关，以智能

终端制造和传感器为代表的电子信息产业，也在不到 10 年时间内，几乎在一片空白的基础上，跃居超过万亿元收入的河南第一大产业。这表明，即使在内陆地区，只要认清比较优势，瞄准正确方向，也能在信息化和航空新经济领域大有作为，也能够借此打造出有力阻止区域不平衡蔓延的新的区域增长极。

第一章 | 航空经济时代到来的现实依据与理论基础

人类现代文明演进的过程也是运输方式不断变革与之相适应的过程，因此运输方式结构的演变在一定程度上反映着人类现代文明的发展阶段与时代的巨变。在各种运输方式中，航空无疑是最高级别的运输方式，已经深深地嵌入人类的生产与生活过程中，美国北卡罗来纳大学约翰·卡萨达教授把航空运输对经济社会发展的这种影响称为"第五冲击波"。在第五冲击波的影响下，航空运输业、高端制造业和现代服务业在机场周围不断聚集，并直接促使了以航空枢纽为依托，以现代综合交通运输体系为支撑，以提供高时效、高质量、高附加值产品和服务并参与国际分工为特征的航空经济时代的到来。本章首先对航空运输成为第五冲击波在现实层面的体现进行了归纳梳理，其次在理论上论证了航空运输成为第五冲击波符合运输方式结构演变的一般规律，最后指出了迎接航空经济时代到来面临的挑战。

一　第五冲击波：航空经济到来的现实依据

（一）第五冲击波是航空运输适应航空经济时代到来的必然结果

现代化的核心是工业化，而工业化扩张到什么程度取决于市场规模，在其他条件不变的情况下，市场规模取决于市场半径，而市场半径的扩大是靠运输方式不断的革命来实现的。反过来，随着商品交换规模和市场半径的逐步扩大，出于提高运输效率和降低交易成本的需要，运输方式必然会随之不断优化升级。在特定阶段，占主体地位的运输方式必然会对经济社会产生特有的冲击波，而进入现代文明以后，根据运输方式的不同相继产生了第一、二、三、四、五冲击波，第五冲击波正是航空这一运输方式适应航空经济时代到来的必然结果。

第一冲击波来自海运。早在 15 世纪末 16 世纪初的大航海时代，海运能适应当时欧洲各国探索茫茫未知世界、寻找新的贸易航线和贸易伙伴的需要，其结果是实现了商品和劳务大规模的全球化交换。海运的蓬勃发展使沿海适宜开展国际贸易的地方逐渐形成了世界性港口，并在此基础上诞生了早期的世界性大城市，且延续至今。第一次工业革命之后，蒸汽机开始取代自然和人力成为海运船舶的动力源泉，海运的运输能力、稳定性和抗风险能力大大提高，同时也奠定了沿海城市的重要地位。即使是现在，海运在国际贸易中仍然占据着非常重要的地位，目前大约 80% 的国际贸易货物仍然是通过海运运输的。[①] 由海运引起的经济社会结构的这种变化被称为第一冲击波，海运第一冲击波的影响至今犹在，沿海城市的经济发展水平普遍高于内陆甚至内陆沿江地区都是这一冲击波延续的典型写照。

第二冲击波是由内河尤其是运河航运引起的。蒸汽工业革命后，各个地区的经济交流日益频繁，沿江、沿海城市由于拥有丰富的水资源，工业化率先发展，而在铁路没有大规模兴起之前缺乏天然水道的内陆地区，昂贵的运输成本阻碍了本地的工业化进程。为了降低运输成本，大

---

① 王莉娟、温素霞：《国际贸易常用运输方式的比较》，《科技信息》（学术研究）2008 年第 22 期。

规模地建造运河应运而生。1761 年，英国率先开凿了从曼彻斯特到沃斯利的煤矿之间的运河，结果使曼彻斯特的煤价下降了一半。巨大的经济效益促使开凿运河热潮的产生，相关数据显示，1830 年英格兰的运河长度已高达 1927 英里，苏格兰和北爱尔兰也各有 1000 英里以上。发达的运河网对英国工业化由天然的沿江、沿河地区向内陆地区推进起了很大的促进作用，加速了当时英国内陆地区的工业化进程。内河航运在铁路时代到来之前对工业化的这种推动作用被称为第二冲击波，当然第二冲击波至今也仍然存在，只不过受限于水资源禀赋的差异其在不同地区的冲击程度也不同。

第三冲击波则来自铁路。铁路与火车的搭配使人类的运输方式尤其是内陆城市的运输方式彻底摆脱了过去被自然条件束缚的命运，不沿江、不靠海的广大内陆地区开始逐渐成为商品和服务的生产、交易与配送中心。铁路的出现真正实现了用工业化的思维和技术去大规模地改造自然交通条件，从此人类能够按照事前设计将一个个遥远的、分散的产业和居住空间连接在一起，不仅实现了不同区域之间人和商品的长距离低成本的位移，也使落后地区或内陆地区的资本、劳动、土地、技术乃至包括价值观念在内的各种生产要素都将在与沿海或发达地区的交流过程中得到升华。19 世纪初，铁路最早在英国诞生，每家铁路公司都以格林尼治时间确定自己的火车时刻表，使全体英国人从此有了统一的时间概念。[1]美国是铁路时代的典型代表，从 1830 年全长 21 公里的巴尔的摩—俄亥俄铁路建成通车开始，美国铁路公司数量和里程数呈现爆发性的增长。数据显示，1910 年美国铁路公司数量已经达到 1300 个，1916 年铁路里程达到 40.6 万公里。铁路这一运输方式已经融入美国人们日常的生产与生活中，那时铁路运输承担了美

---

[1]　《中华文化的新活力》，《光明日报》2010 年 12 月 15 日。

国 98% 的客运和 75% 的货运。① 可见，铁路从其诞生那一刻开始就深刻地影响着、重组着、介入着人类社会，从而使人类进入了铁路经济时代。

第四冲击波来自公路。随着工业化和城镇化的不断推进，城市与城市之间、城市内部之间的经济社会联系和日常交流变得更加复杂和密切，能满足这种深度联系且能提供"点对点"运输服务的公路这一中短距离的运输方式开始在人们的日常生产与生活中占据着越来越重要的地位。图 1-1 为 1978~2019 年中国公路货物周转量占比的结构变化，可以看出公路货物周转量比重在 2005 年为 10.83%，而到 2010 年则猛升到 30.59%，2005~2010 年中国正处在工业化、城镇化快速推进的阶段，公路货物周转量的大幅度上升则是这一时期运输方式与之相适应的写照。

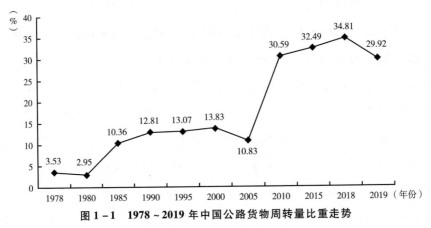

图 1-1　1978~2019 年中国公路货物周转量比重走势

资料来源：根据《中国统计年鉴 2019》和国家统计局《2019 年国民经济和社会发展统计公报》整理得到。

第五冲击波则是来自航空运输。工业化与现代化背后还有结构的变化，随着工业化和城镇化水平的提高，三次产业结构、工业内部结构、居住空间结构乃至社会结构等方面都发生了深刻的变革，经济发展阶段

---

① 《美利坚的铁路运输发展史》，http://www.sohu.com/a/133969785_629144。

经历了从追求数量到追求质量、从追求投资到追求消费的转变，结果使供给端的结构越来越轻、技术含量越来越高，而需求端则呈现小批量、个性化和速度化的特征，因此能满足高质量的商品在更远距离、更高速度上追求更好的运输品质的航空这一运输方式开始成为引领中国高质量转型发展的驱动力，反过来远距离高质量的航空运输服务又推动了经济结构的轻型化和高级化。在这个过程中，能够适应高端航空运输服务需求的产业和要素开始快速在机场周边聚集，并通过强大的辐射带动能力使广大腹地也参与到这种分工体系中来，机场和腹地共同形成了航空经济区，航空经济由此形成。更为重要的是，随着经济全球化步伐的日益加快和信息技术的快速发展，航空经济将会通过航空运输嵌入高水平的全球价值链体系中，并在全球产业链、价值链和供应链加速重构的过程中使落后国家或地区实现赶超。所以，此时的机场特别是大型国际枢纽机场所承担的职能早已突破单一运输功能，也不再仅仅是城市的重要基础设施，而是通过与多种产业的有机结合，形成带动力和辐射力极强的航空经济区，对区域经济社会发展产生强大的辐射效应。在这样的背景下，航空运输逐渐成为经济发展的驱动力，以航空运输枢纽为依托，形成航空经济相关产业的聚集，并在此基础上发展为现代化国际航空经济之都，美国东南部内陆城市孟菲斯是航空运输促使航空经济发展并形成航空大都市的成功典型。孟菲斯以棉花业著称，但随着棉花产业的衰落，其曾经沦为美国"南部最不活跃的城市之一"。但是随着联邦快递的入驻，越来越多的依赖航空运输的企业如电子零售商企业、技术维修企业、整形外科医院甚至是毒枭等都追随联邦快递在孟菲斯布局。

（二）航空运输客运量呈现快速上升趋势

随着收入水平的提高和经济交往程度的加深，人们出行的距离会越来越长，在旅行感受上也会越来越追求舒适度，因此，人们出行的方式必然会越来越高级化。图 1 - 2 列举了 1978~2019 年中国不同运输方式旅客周转量年均增长率数据，该组数据集中体现了上述特点。如图1 - 2 所示，旅客周转总量的年均增长率为 10.20%，而铁路、公路、水运的年均增长速度均低于旅客周转总量的年均增长率，只有民航的年均增长率（21.51%）超过了旅客周转总量的年均增长率。民航旅客周转量较高的增长率使民航旅客周转量的比重在不断上升，民航旅客周转量所占比重从 1978 年的 1.60% 大幅上升至 2019 年的 33.1%。更重要的是，民航的旅客周转量在 2018 年已经超过公路，正在快速地缩小与铁路的差距（见图 1 - 3）。

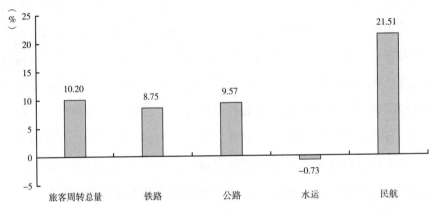

图 1 - 2　1978~2019 年中国不同运输方式旅客周转量年均增长率对比

资料来源：根据《中国统计年鉴 2019》和国家统计局《2019 年国民经济和社会发展统计公报》整理得到。

（三）航空运输货运的高端化特点比较突出

从一般意义上说，特定运输方式运输商品的重量和其价值成反比。以进出口商品货物为例，由于不同运输方式的技术经济特性不同，不同运输方式的进出口商品总值的结构和进出口货运量结构存在很大差距。有数据显示，全球航空运输货运量只占全球贸易总量的 1%，价值却占

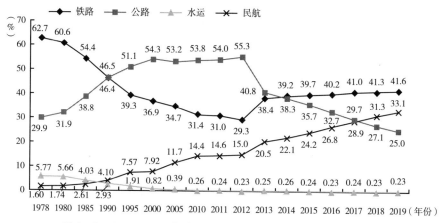

图 1-3 1978~2019 年中国各种运输方式旅客周转量结构对比

资料来源：根据《中国统计年鉴 2019》和国家统计局《2019 年国民经济和社会发展统计公报》整理得到。

到国际贸易商品总价值的 35% 左右。① 而中国航空运输货运量与货运价值的这种反差在表 1-1 中也得到了很好的体现。

表 1-1 2016 年按运输方式划分的中国进出口商品总值及货运量结构

运输方式	进出口商品总值 （亿美元）	比重 （%）	进出口货运量 （万吨）	比重 （%）
水路运输	22736	61.7	334041	83.9
铁路运输	364	1.0	4296	1.1
公路运输	6321	17.2	10656	2.7
航空运输	6962	18.9	1008	0.3
其他运输	437	1.2	47999	12.1
合　计	36856	100.0	398000	100.0

资料来源：进出口货运量合计数据来自中国政府网，"其他运输"的进出口货运量是用进出口总量数据减掉水路运输、铁路运输、公路运输、航空运输四种运输方式的数据得到，除这两个数据以外的其他数据均根据《中国口岸年鉴（2017 年版）》整理得到。

---

① 《一舱难求！这个市场空前火爆！》，https://xueqiu.com/9396125131/192774582。

从表 1-1 的进出口货运量来看，水路运输产生的进出口货运量一家独大，达到了 334041 万吨，占所有运输方式总量的 83.9%；而铁路、公路、航空运输方式产生的进出口货运量分别只有 4296 万吨、10656 万吨和 1008 万吨，所占比重分别只有 1.1%、2.7%、0.3%。值得说明的是，航空运输产生的进出口商品的货运量小到了可以忽略不计的程度。

再来看按运输方式划分的进出口商品总值情况，可以发现，水路运输产生的进出口商品总值仍然是一家独大，进出口商品总值达到了 22736 亿美元，占比高达 61.7%；而铁路运输产生的进出口商品总值为 364 亿美元，占比为 1.0%，铁路运输产生的进出口商品总值的比重与货运量的比重大体相当；公路运输产生的进出口商品总值为 6321 亿美元，占比达到了 17.2%，公路运输产生的进出口商品总值的比重大大高于其产生的货运量的比重；航空运输产生的进出口商品总值达到了 6962 亿美元，所占比重为 18.9%，航空运输产生的进出口商品总值的比重与其产生的货运量的比重的差距比公路运输更甚。

综上所述，从绝对量来看，不论是进出口货运量还是进出口商品总值，国际贸易运输中水路运输仍然一家独大，但由于其运量大、时效慢等技术经济特性，水路运输运送的都是体积大、价值低的能源原材料和大宗工业化产品，最终导致水路运输产生的进出口商品总值的比重要远远低于其产生的货运量比重；而铁路运输在国际贸易中地位并不突出，这主要是由于跨境铁路运输的"国际联运"① 的限制；公路运输和航空运输运量虽然不大，但其运送商品的价值更高，尤其是航空运输以 0.3% 的进出口货运量创造了高达 18.9% 的进出口商品总值。

----

① 国际联运是指在铁路的跨境运输中，一个国家的铁路只对其境内的运输承担责任，货物过境后则转由其他国家的铁路负责。这种传统的铁路国际联运，由于没有一个能够对运输全过程负责到底的经营主体，因而造成承运与中转手续繁杂、运输速度慢、服务不可靠等弊端，已经越来越无法适应市场上的运输需要（见荣朝和、李瑞珠《欧盟铁路丧失货运市场的教训与启示》，《铁道学报》2001 年第 3 期）。

郑州新郑国际机场提供的货运数据也显示了上述特征。目前郑州新郑国际机场的货运体系尤其是国际货运体系基本围绕生鲜、高档服装、高档水果、电子信息、电商等航空指向性产品展开。郑州新郑国际机场是目前国内进口指定口岸数量最多、种类最全的内陆机场，有 7 个指定口岸功能，分别是进口水果、冰鲜水产品、食用水生动物、冰鲜肉类、澳洲活牛、国际邮件经转、药品等。借助安全稳定的航空地面保障能力及覆盖全球主要经济体的航线网络，郑州新郑国际机场成为 Inditex Zara 服装国内第二大物流分拨基地（1.7 万吨），货物种类不断丰富，并逐步发展成为蓝莓、车厘子等高端水果、冰鲜海产品批发交易中心（4200 吨），以苹果手机等品牌为主的全球集散中心（4.04 万吨），奔驰、宝马、奥迪等高端汽车配件分拨中心（1 万余吨），微软公司、联想集团电子产品集散地（1.1 万吨）。同时积极拓展跨境电商业务发展，已吸引亚马逊、顺丰速运等 50 余家跨境电商企业在郑州新郑国际机场开展业务，成为 UPS 全国第三大快件中心（1.2 万吨）和电商业务以及快邮件集散中心（其中国际快邮件 1.9 万吨）等。[①]

（四）航空运输的世界影响力在逐步提高

随着中国经济实力的增强以及与世界经济联系的日益紧密，中国航空运输在世界的比重将会越来越高。表 1－2 列举了 2000 年、2010 年、2018 年三个代表性年份中国、日本、美国航空货物周转量和客运量占世界比重的变化，从中可以看出中国的表现要优于日本和美国：从航空客运量来看，中国航空客运量在世界的比重一直在上升，从 2000 年的 3.70% 上升到 2010 年的 10.13%，进一步上升到 2018 年的 14.45%，而日本和美国的航空客运量占世界的比重在三个年份均不断下降；从空运

---

① 本段括号中的数据均截至 2018 年底。

货物周转量来看，受金融危机影响，2010年美国和日本的空运货物周转量占世界的比重呈大幅下降态势，且2018年的表现也并不如意，其中日本稍微上升，而美国一直在下降。但是中国空运货物周转量2010年时不仅没有下降，反而从2000年3.30%上升到2010年的9.45%，2018年进一步上升到11.44%。

表1-2　代表性年份中国、日本、美国空运货物周转量和客运量对比

单位：%

国家	空运货物周转量比重			客运量比重		
	2000 年	2010 年	2018 年	2000 年	2010 年	2018 年
世界	100.00	100.00	100.00	100.00	100.00	100.00
中国	3.30	9.45	11.44	3.70	10.13	14.45
日本	7.33	4.23	4.27	6.52	4.17	2.99
美国	25.51	21.62	19.48	39.74	27.41	21.00

资料来源：根据《国际统计年鉴2019》整理得到，2010年、2018年的世界空运货物周转量数据有误，笔者根据国际民用航空组织（ICAO）数据库对其进行了修正。

（五）航空运输的发展动力在不断增强

1. 来自产业结构演变的动力

运输方式结构演变与工业化和经济结构演变密切相关，1978年改革开放以来，中国经济结构发生了天翻地覆的变化，第三产业比重在不断上升。第三产业比重的上升带来人们收入水平的提高，进而使人们的消费选择不断多样化，消费层次也不断高级化。这一规律在人们出行方式的选择上就体现为选择航空这一高端出行方式的比重在不断提高，而且随着收入水平提高，人们对航空运输的票价越来越不敏感，这种比重提高的幅度应该会越来越快，图1-4中2012年之后航空旅客周转量比重曲线明显变陡峭就是例证。另外，三次产业结构的变化也会对航空货运产生影响，尤其是改革开放以来民航管理体制改

革红利在数量上的释放促使了 2000 年以前航空货运周转量比重的上升幅度要远远大于同期的第三产业比重的上升幅度。但由于航空运输的技术经济特性决定了其运量占比达到一定程度后再想提升会很困难，2000 年以后航空货运周转量比重没有明显提高就是例证。虽然航空货运周转量比重没有明显提升，但是航空运输在运送货物价值上的体现将会越来越明显，但遗憾的是航空运输货物类别的价值数据获取还比较困难，只能从表 1－1 中航空运输以占 0.3% 的运量创造了18.9% 的价值数据中得到佐证。可见，中国以第三产业比重为代表的经济结构的变化对航空运输提供了最有力的支撑，而且随着工业化和城镇化进程的深入推进，中国的第三产业比重还会进一步上升，航空运输仍将会有巨大的发展空间。

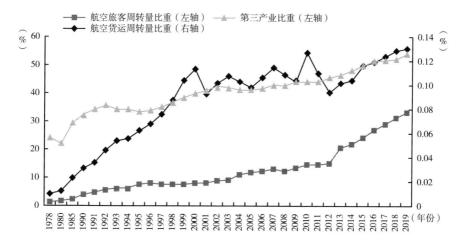

图 1－4 1978～2019 年中国航空旅客、货运周转量与第三产业比重变化对比

资料来源：根据《中国统计年鉴 2019》和国家统计局《2019 年国民经济和社会发展统计公报》整理得到。

2. 来自外贸结构变化的动力

随着经济社会的不断发展，高价值、小批量、强时效性的商品将会在更大空间范围实现优化配置，而航空运输的技术经济特性决定了其在这些商品的远距离运输尤其是国际贸易的运输上具有天然优势，而中国近年来外贸商品结构的演变也为航空运输提供了充足的动力支撑。表1－3列出了2006～2018年中国不同商品类别的进出口总额年均增长率，从中可以看出主要适合航空运输的商品类别的年均增速情况："天然或养殖珍珠、宝石或半宝石、贵金属、包贵金属及其制品；仿首饰；硬币"的年均增速最高，数值高达20.13%；高价值的"车辆、航空器、船舶及有关运输设备"年均增速排第二，数值达到了12.87%；"植物产品"的年均增速排名第四，数值为12.32%；"食品、饮料、酒及醋；烟草及代用品的制品"的年均增速排名第五，数值为11.31%；"活动物；动物产品"的年均增速排名第七，数值为10.71%。可见，适合航空运输的货物类别增速明显，这为国际航空货运的发展奠定了基础。

表1－3　2006～2018年中国按商品类别划分的进出口总额年均增长率

单位：%

商品类别	增长率	商品类别	增长率	商品类别	增长率
天然或养殖珍珠、宝石或半宝石、贵金属、包贵金属及其制品；仿首饰；硬币	20.13	木浆及其他纤维状纤维素浆；纸及纸板的废碎品；纸、纸板及其制品	9.96	动植物油、脂及分解产品；精制食用油脂；动植物蜡	7.94
车辆、航空器、船舶及有关运输设备	12.87	木及木制品；木炭；软木及软木制品；稻草、秸秆、针茅或其他编结材料制品；篮筐及柳条编结品	9.13	贱金属及其制品	7.53
矿产品	12.85			光学、照相、电影、计量、检验、医疗或外科用仪器设备，精密仪器及设备；钟表；乐器；上述物品的零件、附件	6.69
植物产品	12.32				
食品、饮料、酒及醋；烟草及代用品的制品	11.31	塑料及其制品；橡胶及其制品	9.13		
石料石膏水泥石棉云母及类似材料的制品；陶瓷产品；玻璃及其制品	11.04	鞋、帽、伞、杖、鞭及其零件；已加工的羽毛及其制品；人造花；人发制品	8.31	纺织原料及纺织制品	6.58
活动物；动物产品	10.71	机器、机械器具、电气设备及零件；录音机及放声机、电视图像声音的录制和重放设备及零附件	8.99	生皮、皮革、毛皮及制品；鞍具挽具；旅行用品、手提包及类似物品；动物肠线（蚕胶丝除外）制品	5.74
化学工业及其相关工业的产品	10.22				

资料来源：根据2006年和2019年《中国统计年鉴》整理得到，为名义增长率，这并不影响航空运输导向型商品的相对增长位次。

二 第五冲击波：航空经济到来的理论基础

航空运输成为第五冲击波不仅得到了现实层面的支撑，也符合运输方式结构演变与经济发展阶段相适应的一般规律。运输方式结构是各种不同的运输方式以某种组合存在的一种状态，但不同的运输方式有着不同的技术经济特性，因此随着技术经济条件的改变，运输方式结构也会发生相应变化，从而使运输方式结构能够不断适应经济社会发展的需要。

（一）运输方式及其技术经济特性

在经济社会生活中必然会存在"人"和"物"借助一定的运输方式实现空间的位移，而在人类社会漫长的发展过程中共出现了水路运输（包含海运和内河航运）、铁路运输、公路运输、航空运输以及管道运输等五种主要的运输方式。要想全面了解运输方式结构演变的规律，需要对各种运输方式的技术经济特性做一简要概括。

1. 水路运输

水路运输通道能就地取材，利用现有江河湖海或对其稍加改造就能使用，因此其具备运量大（见表 1 - 4）、运距长（见图 1 - 5）、成本低（见图 1 - 6）等显著特点。水路运输的特点决定了其主要的运输货物是大宗工业化产品和能源原材料，而高度加工和个性化产品占比较小。图 1 - 7a 列举了中国沿海港口分货类吞吐量的对比数据，从中可以看出沿海港口货物吞吐量占比排在前五位的货类依次是煤炭及其制品，金属矿石，石油、天然气及其制品，矿建材料，钢铁，占比分别为 18%、17%、10%、7%、4%。

2. 铁路运输

铁路运输是典型的与工业化尤其是重化工业相适应的运输方式，铁

表 1 - 4 水路、铁路、公路、航空货运运量对比

运输方式	运量对比
水路运输	海运少则几千吨最高可达 60 万吨,内河航运则几十吨多达几千吨
铁路运输	一般货车每列 2000 ~ 3500 吨,重载货车每列超过 20000 吨
公路运输	通常载重量在 5 ~ 10 吨
航空运输	波音 747 - 8 货机号称世界上最高效的货机,其有效载荷量为 154 吨

资料来源:根据赵文娟《各种运输方式技术经济特点比较》(《合作经济与科技》2017 年第 3 期) 和咨询相关从业人员得到。

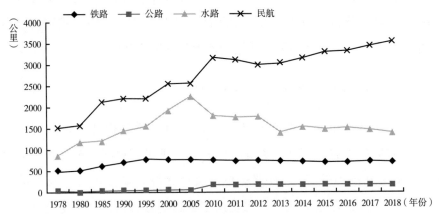

图 1 - 5 1978 ~ 2018 年中国铁路、公路、水路、民航货物运输平均运距

资料来源:根据《中国统计年鉴 2019》整理得到。

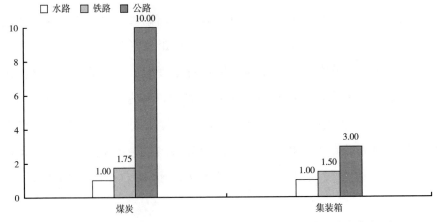

图 1 - 6 水路、铁路、公路理论运输成本对比 (水路运输成本为 1)

资料来源:观研天下。

路运输与水路运输在技术经济特性上相似，也具备运量大、运距长、成本低等典型特点，其最适宜运输的货物也都是像水路运输一样的大宗工业化产品或初级能源原材料，但其与水路运输相比又有速度快和受自然环境影响小等优势。图1-7b列举了中国2017年国家铁路货物运输量的货类结构，从中可以看出铁路运输主要的运输产品和水路运输大体相

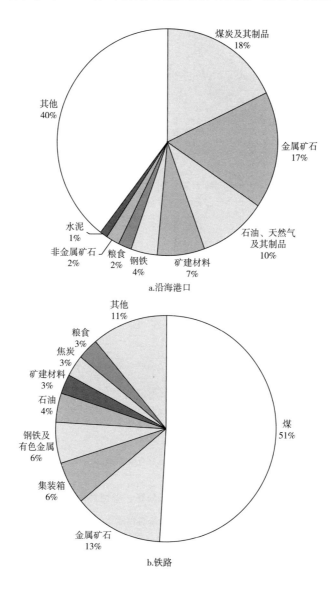

a.沿海港口

b.铁路

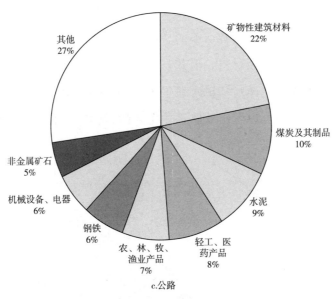

c.公路

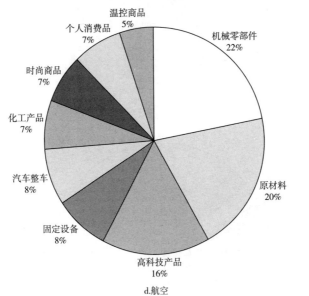

d.航空

图 1-7 2017 年水路、铁路、公路、航空货运量结构对比

资料来源：水路、铁路运输数据来自国家统计局官方网站，公路运输数据来自交通运输部科学研究院；航空运输数据根据 Seabury 全球贸易数据库和分析报告整理得到。

似，但铁路运输品种更加集中，主要集中于煤炭和金属矿石。其中，煤炭的货运量一家独大，占比高达51%，而排在第二位的金属矿石的货运量占比也达到了13%。

3. 公路运输

公路运输作为一种现代化的运输方式是在汽车工业兴起之后，相比其他运输方式，公路运输具有"门到门""点对点"的运输优势，即其他运输方式都不能直接到达供求者手中，在货物运输的两端都需要依赖于公路运输作为辅助和补充才能完成。因此，公路运输货运量会比较大，货类结构也比较杂，区域之间工业品的交换是其重要的组成部分。图1-7c显示了我国公路运输货运量分货类结构情况，从中可以看出，货运量占比前三位的依次是矿物性建筑材料、煤炭及其制品、水泥，三者的比重分别为22%、10%、9%，而矿物性建筑材料所占比重远远高于其他货物类别，这在一定程度上反映了全国各地快速推进的城镇化对建筑材料的巨大需求。但也要看到，除了矿物性建筑材料和煤炭及其制品之外，轻工、医药产品，农、林、牧、渔业产品，机械设备、电器等也占有相当比重，这在一定程度上也反映了公路运输在中短途货物集散运转上机动灵活的特性，这也是公路运输与铁路运输、水路运输的重大区别所在。

4. 航空运输

飞机的商业性运输始于1909年的法国，先从客运开始，随后扩展到邮件和军用物资运输，但航空运输作为一般性的货物运输方式尤其是国际贸易货物运输方式直到"二战"后才出现。[1] 航空运输的优点是显而易见的，速度快、运距长，时效性能得到满足。但其缺点也是显而易见的，运量小、运费贵，不适宜低附加值货物的运输。因此，航空运输适合运输价值大、体积小、生鲜、易腐、时效性强的商品，全球航空运

---

① 《航空物流的发展概况》，http://www.gzhd56.com/wuliuzhishi/2762.html。

输的货类结构大体上能反映上述特征（见图 1 - 7d）。具体来看，排在前三位的依次是机械零部件、原材料和高科技产品，三者所占比重分别为 22%、20%、16%。需要特别说明的是，汽车整车、时尚商品、个人消费品和温控商品也占有相当的比重，这在较大程度上反映出航空运输在满足时效、时尚、时鲜上无与伦比的优势。

5. 管道运输

管道运输是用特殊管道运送特殊物品的特殊运输方式，主要运送石油和天然气。除此之外，运送煤、铁精矿、铜精矿、磷精矿、石灰石、铝土矿等的浆体管道在世界上已经得到广泛应用，我国早在 20 世纪 80 年代就有学者提出要通过管道把晋煤外运以缓解晋煤运力的不足。[①] 但是，由于本书关注的是通过运输方式结构演变来看航空运输的发展前景，而管道运输与航空运输两种运输方式并不存在竞争关系，两者也基本不需要相互衔接，因此管道运输在本部分余下内容的叙述中不再重点提及。

（二）运输方式结构演变的一般性特征

由于自然条件和资源禀赋的不同，各国运输方式结构虽不尽相同，但现有文献大多认为运输方式结构演变有一定的共性特征。[②] 随着时间的推移，水路运输和铁路运输这两种大宗货物运输方式的运量比重呈现一定程度的下降，而公路运输这一中短途运输方式的运量比重则在上升，航空运输和管道运输的运量比重呈现快速增长态势，但运量太低可以忽略不计。因此，运输方式结构的变化主要还是水路运输、铁路运输与公路运输此消彼长的过程。

---

① 钱笑公：《管道输煤与晋煤外运》，《煤炭加工与综合利用》1987 年第 1 期。
② 李伟达：《交通运输结构发展演变规律的理论分析》，《水运管理》2000 年第 7 期。

　　但是，从运输量角度来看，运输方式结构演变存在明显的问题，即仅仅考虑了运输量，没有考虑到运送货物的经济价值。在追求时效和个性化的今天，忽略货物的经济价值意味着航空运输这一运输方式的重要性将会被严重低估。幸运的是，以萨维和伯纳姆[①]等为代表的学者开始注意到这种问题，并试图把所运货物的价值因素补充进去以弥补单纯考虑运量的不足，本部分也试图在这方面做出努力。

（三）工业化是推动运输方式结构演变的根本驱动力

　　工业化的过程也是商品交换不断高级化的过程，主要体现在商品交换的种类不断丰富、规模不断扩大以及空间范围不断拓展。而商品交换是需要借助一定的载体即运输方式来实现的，不同的商品交换层次需要不同的运输方式与之相匹配，运输方式结构随着商品交换的高级化其自身也在经历不断高级化的过程。可以说，运输方式结构演变与经济社会发展之间存在着一种复杂的双向作用机制。[②]

　　1. 在前工业化阶段，运输方式结构呈现自然化的特征

　　在人类还没有开启工业化进程之前，技术和生产力水平比较低下，商品交换的种类和空间范围都非常有限，主要是各地之间的农产品、手工业品以及皮毛和香料等商品之间的交换。商品交换必然会借助特定的交通运输方式，而在人类技术水平没有根本性突破的前工业化阶段，交通运输方式无非是以自然力为主的水路运输和以人力、畜力为主的陆路运输两种。而那时陆路运输的道路大多是沙石或泥土路，且主要依靠牛马等牲畜为动力，道路修建与维护难度较大，通勤效率较低。水路运输通道能就地取材，利用现有江河湖海或对其稍加改造就能使用，因此能

---

①　萨维、伯纳姆：《货物运输与现代经济》，王建伟、付鑫译，人民交通出版社，2016。
②　唐建桥：《区域运输结构优化研究》，西南交通大学博士学位论文，2007。

最大限度利用自然力的水路运输方式明显更具有时代竞争力。因此，在前工业化阶段，自然而然就形成了以水路运输为主的运输方式结构，以人力、畜力为主要动力的陆路运输长期处于水路运输的附属地位。水路运输又分为内河航运和海运，在前工业化阶段，从全球范围来看，内河航运对经济社会的贡献远远没有海运大，尤其是在大航海时代海运对那时全球国际贸易和城市的形成都具有重要影响，这是海运作为第一冲击波的体现并延续至今（见图1-8）。

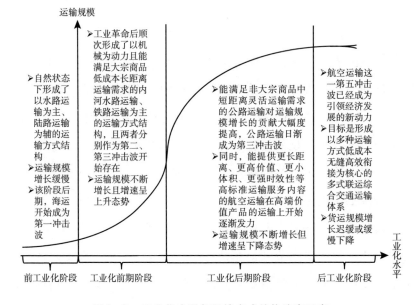

图1-8 工业化水平与运输方式结构演变示意

资料来源：笔者绘制。

2. 在工业化前期阶段，运输方式结构呈现规模化的特征

工业革命之后，人类进入了以工业化实现现代化的历史进程，各地经济交往联系日益加强，空间联系也日益紧密，交换的商品也逐渐从农业产品和手工业产品向更高级的、工业化的大宗商品和高加工度产品转移。该阶段的特征是对能源原材料如煤炭、铁矿石等以及大宗工业化产

品如钢铁、化工产品等的需求呈现爆发式增长，在当时快速形成了所谓的"资源密集型产业"，相应的运输需求呈现运距长、运量大、成本低、不受或少受自然因素影响等特点。工业革命后依靠机械动力牵引的内河（运河）水路运输和铁路运输就自然而然成为当时主要的运输方式，在此基础上分别形成了第二和第三冲击波。

3. 在工业化后期阶段，运输方式结构呈现规模化与灵活性并存的特征

随着工业化进程的不断推进，尤其是第二次工业革命之后，原材料工业增长的瓶颈开始凸显。与此同时，电气与电力革命使工业化的产品开始进入人们的日常生活，工业化从原材料工业进入机械加工工业或精加工工业。在该阶段下，运输总量也在不断提高，水路运输和铁路运输尤其是铁路运输仍然处在最基础的运输地位。但是，运输需求已经开始呈现多样化，机械化产品的运输要求呈现批量更小、速度更快和质量更高的特点。[①] 因此，该阶段除了运输总量在缓慢提高之外，公路运输这一能满足"门到门""点对点"灵活性运输需求的运输方式呈现快速膨胀态势，结果造成公路货运量在货运总量中的比重快速提升，这是公路运输作为第三冲击波的体现。

与此同时，随着工业化进程的推进和生活水平的提高，人们对商品尤其是终端消费品的需求越来越多样化、高级化，中小批量尤其是小批量的高端商品在更广范围、更长距离上开始构筑其市场半径。而水路运输、铁路运输的中长距离大宗商品的运输特性以及公路运输的中短距离中小批量的运输特性很明显不能有效适应这种更高标准的多样化运输需求，而能提供更长距离、更高价值、更小体积、更强时效性等高标准运输服务内容的航空运输在高端价值产品的运输上开始逐渐发力。

---

① 荣朝和：《交通运输：重新认识与发展构想》，《经济研究》1988 年第 4 期。

4. 在后工业化阶段，运输方式结构呈现多式联运的综合运输特征

经济发展的动力机制在后工业化阶段已经彻底改变，三次产业结构中第二产业的重要性大幅度降低，相应的第三产业的重要性快速上升，而第三产业对运量具有明显的替代效应。同时，由于第三次工业革命的影响，第二产业的内部结构也发生了重大转变，所谓的"高新技术密集型产业"的重要性日益突出，而"高新技术密集型产业"的最终产品体积更小、价值更大，其对运量的替代效应也比较大。因此，在后工业化阶段，运输总量的增长比较平缓，甚至呈现负增长。

在其他条件不变的情况下，三次产业结构与第二产业内部结构的变化除了对运输总量存在替代效应之外，运输需求也必然会越来越多样。尤其是随着全球经济交往的加深和消费结构的不断升级，企业全球配置市场和居民全球购买商品越来越成为未来的发展趋势。在这样的背景下，小运量、长距离的航空运输方式能最大限度满足时效、时尚、时鲜等高质量的运输要求而日益得到重视，航空运输以及以此为基础的航空经济逐渐成为引领经济发展的新动力。但从运输方式本身来看，由于辐射半径较长，航空运输需要借助多种运输方式的联合才能发挥最大效用。因此，该阶段的运输方式结构并不是单纯的各种运输方式的此消彼长，而是应该打造以航空运输为核心，包括空空、空铁、空公、空水等在内的各种运输方式低成本无缝高效衔接的多式联运体系，这是航空运输作为第五冲击波的具体体现。

值得说明的是，上述运输方式结构演变只是理论上的抽象分析，一个地区选择何种交通运输方式以及形成何种运输方式结构是多种因素作用的结果，在现实生活中还要受制于国土面积、资源禀赋状况、产业结构等经济和非经济因素的影响。

三　第五冲击波：迎接航空经济到来面临的挑战

由以上两部分可知，航空运输成为经济社会发展的第五冲击波已经得到现实和理论两个层面的支撑，但也要清醒地认识到，由于技术和非技术进步带来的影响，原有的运输方式尤其是同样适合长距离运输的铁路运输这一运输方式会出现自我革新，在一定程度上对航空运输提出了挑战。另外，航空运输成为第五冲击波还依赖于其他运输方式的配合，而以航空运输为核心的多式联运在现实操作层面还面临诸多体制和非体制因素的掣肘。

（一）高速铁路对航空运输的影响

高速铁路对航空客运量的影响。在普铁时代，铁路运行效率较低，旅行体验的满足感也较差。但是高速铁路在这些方面有了较大程度的改进，甚至在某些方面超过了航空，目前高速铁路已经成为我国铁路客运运输的主力军。表1-5列举出2008~2018年全国高速铁路建设与运营情况，从中可以看出，高速铁路营业里程从2008年的672公里一路蹿升至2018年底的29904公里，增长了43.5倍，而相应的高速铁路营业里程占铁路营业里程的比重从0.8%大幅提高至22.7%。从客运量来看成绩更加喜人，2008年高速铁路客运量仅有734万人次，而2018年底客运量已经突破20亿人次，增长幅度更是高达278.9倍。相应地，高速铁路占铁路客运量的比重从2008年的0.5%猛增到2018年的60.9%，占到整个铁路客运量的六成以上。可见，高速铁路在客运方面取得的成绩是喜人的，已经彻底扭转了普铁时代的出行生态。由于高速铁路时速在300公里左右，其在出行方面与其他交通运输方式的衔接效率又高于民航，因此高铁在客运方面对航空运输提出了较大挑战。而大多数文献也认为高铁对民航的影响显著且作用为负，如刘璐通过实证研究就认为，高铁速度在 250～300 公里/小时范围内，其与航空主要的竞争运距为 500～1350 公里。[①]

表 1-5 2008～2018 年全国高速铁路建设与运营情况

年份	营业里程（公里）	占铁路营业里程比重（%）	客运量（万人次）	占铁路客运量比重（%）
2008	672	0.8	734	0.5
2009	2699	3.2	4651	3.1
2010	5133	5.6	13323	8.0
2011	6601	7.1	28552	15.8
2012	9356	9.6	38815	20.5
2013	11028	10.7	52962	25.1
2014	16456	14.7	70378	30.5
2015	19838	16.4	96139	37.9
2016	22980	18.5	122128	43.4
2017	25164	19.8	175216	56.8
2018	29904	22.7	205430	60.9

资料来源：根据《中国统计年鉴 2019》整理得到。

高速铁路对航空货运量的潜在影响。高速铁路设计之初主要是满足旅客运输的需求，较少或没有考虑货运情况。但是随着高铁建设理念的不断演进，借助于发达的干线网络，高速铁路货运也将迎来可期的明天。这种理念首先从政策层面开始转变，2017 年 8 月 7 日，国务院办公厅印发了《国务院办公厅关于进一步推进物流降本增效促进实体经济发展的意见》（国办发〔2017〕73 号），其中明确提出要"探索发展高铁快运物流，支持高铁、快递联动发展"。在政策支持下，高速铁路货运在实践层面开始迈出步伐。2017 年中铁快运与顺丰首次推出能满

---

① 刘璐：《我国高速铁路对民航客运的影响研究》，北京交通大学硕士学位论文，2018。

足紧急寄递需求的"高铁极速达"运输服务，能实现当日寄、当日达，目前该业务正在快速铺开。除了顺丰以外，京东也积极尝试高铁物流，2018 年 2 月和 7 月中铁快运与京东物流分别推出了"高铁京尊达"和"高铁生鲜递"等高品质快递服务。更有甚者，2018 年 8 月中铁快运与顺丰共同组建了中铁顺丰国际快运有限公司，开始系统性进行高铁物流研发、销售与运营等产业链活动。可见，高速铁路货运未来可期，而其运输的物品和航空货运物品有很大部分重合，高速铁路抢完客运抢货运的倾向日益明显，航空运输未来货运量的增长压力可见一斑。

（二）国际铁路联运对航空运输的影响

在长距离运输方式中，海运注重"量"，航空运输注重"质"，两者在国际贸易运输中长期发挥着重要作用。受限于不同国家的政治风险以及轨距、集装箱、通关、检验检疫等技术标准不统一造成的低效率①等因素，同样能满足长距离运输需求的铁路运输在国际运输体系中长期居于辅助地位。但是，随着国际合作程度的加深和区域经济一体化的推进，尤其是"一带一路"倡议下中国与沿线国家迎来了合作共赢的新时代。在这样的大背景下，中国陆地对外贸易运输方式采用国际铁路联运模式面临的政治风险大大降低。同时，由于技术进步和管理水平的提高，应对轨距、集装箱、通关、检验检疫等技术标准不统一的能力大大提升，如中欧班列中哈边境换轨和清关耗时从起初的 3～4 天已经大幅

---

① 中国和大多数欧洲国家采用的是 1435mm 的标准轨，而苏联和大多数东欧国家采用 1520mm 的宽轨，从新疆阿拉山口出境的中欧班列需要在哈萨克斯坦、波兰两次换轨，而运输线路最长、途经国家最多、国内穿过省份最多的"义新欧"中欧班列（从义乌到马德里）除了以上两次换轨外，还需要在法国与西班牙接壤的地方换轨（西班牙大部分的轨距为更宽的 1674mm），沿线国家铁路的轨距不一致必然会导致换轨效率损失。另外，集装箱、通关、检验检疫标准不统一也必然会造成列车运行效率损失，结果使铁路相较于海运的竞争优势并不是那么突出。

压缩至 3 小时左右。[①]

在各种利好的条件下，国际铁路联运的运行效率和竞争力在快速提高，以铁路为载体的国际贸易量迅速增长，辐射范围也在逐步扩大。在中国的国际铁路联运路线中，代表中欧贸易的中欧班列取得的成绩是最具代表性的。从中欧班列的运行数量来看，2011 年全年仅正式运行 17 列，2017 年已经猛增到 3673 列，且 2017 年开行的列车数量超过了前六年的总和，2018 年更是比 2017 年几乎翻倍达到了 6300 多列。[②] 从中欧班列的辐射范围来看，中欧班列穿越欧亚腹地的主要区域，对接欧洲 15 个国家的 50 个城市。[③] 从中欧班列运输效率来看，运输时间较开行之初整体缩短了约 30%，而运输成本则下降了近 40%。[④] 运输效率的提高使以中欧班列为代表的国际铁路联运与海运比时间、与空运比成本的竞争力得到一定程度的提升。表 1-6 为 "义新欧" 中欧班列与相应海运、空运的运输效率对比，可以看出其运行时间仅为海运的 60%，而运输费用仅是航空的 22.8%。

表 1-6　"义新欧" 中欧班列与海运、空运在时间和费用上的对比

运输方式	时间（天）	费用（美元/货柜）	特点
铁路运输	21	13000	政策风险大、技术标准难统一、成本与时间居中
海运	35	3000	成本最低、时间最长
航空运输	4～5	57000	成本最高、时间最短

资料来源：《"义新欧" 铁路性价比高不高？》，http://www.ccpittex.com/fzzx/gnzx_new/60353.html。

---

① 《多国接力　一路换轨　解密中欧班列如何 "飞起来"》，https://hzdaily.hangzhou.com.cn/hzrb/html/2016-09/07/content_2355947.htm。

② 袁博：《一带一路倡议下的中欧班列——"飞了起来"》，http://news.tielu.cn/pinglun/2019-03-27/185090.html。

③ 袁博：《一带一路倡议下的中欧班列——"飞了起来"》，http://news.tielu.cn/pinglun/2019-03-27/185090.html。

④ 《中欧班列整体运输时间缩短约 30% 成本下降近 40%》，http://field.10jqka.com.cn/20180206/c602867047.shtml。

可见，以中欧班列为代表的国际铁路联运市场增长越来越快，辐射范围越来越广，运输效率也越来越高，且列车运行的密度在不断增加，尤其是重庆、成都、武汉、郑州、西安等主要城市已基本实现了"日行一班"，这比大部分海运和全货运航班更加频繁。另外，中欧班列的货物种类和层次都非常丰富，不仅包括适合传统铁路运输的服装鞋帽、汽车及配件、粮食、葡萄酒、咖啡豆、木材、化工品、机械设备、纸浆等，也包括适合航空运输的手机、电脑等高科技产品。[①] 因此，国际铁路联运对航空货运必然会造成一定程度的冲击，且这种冲击程度可能还在逐步增强。

（三）以航空枢纽为核心的综合交通运输体系的打造还有很大空间

航空运输的技术经济特性决定了其服务半径比较长，课题组在郑州新郑国际机场调研时就碰到了远至湖南、江西甚至深圳的客商，这就要求与航空运输相配套的两端的运输方式要与之低成本地高效衔接，因此以航空枢纽为核心的综合交通运输体系的打造就显得至关重要。而综合交通运输体系所涉及的宏观规划、设施建设等必须形成全国一张网、一盘棋，这就要求在宏观上有一个统一的交通运输行业管理机构来组织实施。我国于 2013 年建立大部制的交通运输部的初衷就在于此，交通运输部官方网站显示的主要职责就包括"统筹规划铁路、公路、水路、民航以及邮政行业发展，建立与综合交通运输体系相适应的制度体制机制，优化交通运输主要通道和重要枢纽节点布局，促进各种交通运输方式融合"等。但也要看到，由于历史遗留和体制机制等因素的影响，国家铁路局和中国民用航空局虽然归属交通运输部管理，但目前两者的

---

① 《中欧班列 2018 最新数据报告：开行量已突破 7600 列》，https://www.sohu.com/a/227255071_100069396。

独立性仍比较大，交通运输部对民航、铁路的业务融合、指导能力还很不足。比如，国家铁路局行政级别为副部级，而其具体监管和行业指导的对象——中国国家铁路集团有限公司属于正部级，监管者与监管对象行政级别的尴尬地位会极大削弱监管的有效性和严肃性。再比如，从最基础的反映交通运输行业发展变化的统计数据编制来看，公路水运、铁路、民航三个细分行业的统计数据编制和发布是分主体的。交通运输部负责编制和发布不包括铁路和民航数据在内的《中国交通运输统计年鉴》，中国铁路总公司负责编制和发布《中国铁道年鉴》，中国民用航空局负责编制和发布《从统计看民航》，统计数据是综合交通运输体系运行的结果，而数据的割裂在一定程度上也说明了交通运输部和国家铁路局、中国民用航空局三者之间具体事务性工作的融合还有很大提升空间。诸如此类的问题都说明，中国实质性的综合运输体制机制尚未真正建立，交通运输部这一责任主体还未真正建立起来。[①]

（四）以航空运输为引领的多式联运模式是未来的发展方向

早在 2015 年，国家层面就已经认识到多式联运在降低物流成本上的重要性，交通运输部与国家发改委联合下发了《关于开展多式联运示范工程的通知》（交运发〔2015〕107 号），开始着手从政策层面进行推动。2017 年 1 月 14 日，交通运输部等 18 个部门联合印发了《关于进一步鼓励开展多式联运工作的通知》，该通知标志着多式联运正式上升为国家战略。但不可否认的是，作为对单一运输方式的创新和突破，其在推行过程中必然会面临众多困难，多式联运在我国还处在发展的初级阶段。课题组认为其困难主要有三点：第一，由于运输工具的多样性，不同运输方式的运输装备、法律法规、信息结构等方面的标准并不

---

① 荣朝和：《对运输化阶段划分进行必要调整的思考》，《北京交通大学学报》2016 年第 4 期。

统一，多式联运客观上需要在运输的相关标准上进行统一或衔接；第二，由于运输方式长期的自然分割，传统运输主体在某一运输领域的长期经营积攒了大量的客户群体、运营经验等，多式联运可能会使其在既有领域的优势丧失从而在竞争中处于不利地位，导致运输主体缺乏参与多式联运的主动性；第三，多式联运涉及不同运输方式在不同时间、不同运行区间的搭配以最大限度地降低运输成本，这就需要有更高的运输组织水平与之相匹配，而现实中满足这样要求的组织方或发起方明显不足。正是由于以上三个难点的存在，我国多式联运仍存在联动机制不顺畅、物流信息共享不足、发展水平不高等问题。[①]

如果说中国的多式联运还处在发展的初级阶段，而以航空运输为引领的多式联运更是处于初级阶段的初级阶段，前文所述多式联运的难点在空陆联运模式下体现得更明显。因此，为了推动空陆联运模式发展，2018 年 12 月 3 日交通运输部向社会公开征求《空陆联运集装货物转运操作规范》等行业标准意见，意味着空陆联运模式即将产生标准化的实施方案。实际上，相关各方在现实层面上对空陆联运模式进行了有益的探索，如川航物流联合顺丰推出"空铁联运"、公路运输龙头企业传化集团与顺丰共同推出"空公联运"等，[②] 但这种探索还是个案，并不具备普遍意义。因此，以航空运输为引领的多式联运模式在未来将会有较大发展空间，相关行业主管部门要通过政策引导和示范引领，鼓励各种运输组织模式的创新，力争使以航空运输为引领的多式联运模式在中国高质量发展过程中发挥更重要的作用。

---

① 《新形势下航空物流发展现状及思考》，http：//news. carnoc. com/list/431/431767. html。

② 在客运方面，2015 年中国民用航空局在一次会议上就提出了以京津冀为试点，统筹协调各部门政策对接，探索推行航班、列车一站式购票的"空陆联运—票通"模式，旨在打通机场、火车站目前的分割运营模式，提高运行效率。但这种模式并未在现实层面实施，详见刘清波《京津冀将试点空陆联运—票通》，http：//bj. people. com. cn/n2/2015/1228/c82840 - 27413888. html。

第二章 | 航空制造与航空维修：发展态势、空间演化与政策启示

一 引言

正如第一章所述，随着经济全球化的不断深入，航空运输已成为继海运、河运、铁路运输、公路运输之后的"第五冲击波"，不少航空运输业发达的国家或地区航空旅客周转量占总旅客周转量的比重已经超过50%，[①] 航空经济正在成为一种新的经济形态并在一个国家或地区的经济发展过程中扮演越来越重要的角色。深化航空经济的研究自然离不开对航空制造业以及航空维修业研究的深入。首先，对航空经济未来整体发展趋势的研判，需建立在对航空制造业发展态势的研究基础上。毕竟是航空制造业的发展才使航空运输的市场价值不断凸显，促进航空成为继海运、河运等运输方式之后最为重要的运输方式之一，并在经济全球化进程中扮演了越来越重要的角色，航空经济得以成为引人瞩目的一种新的经济形态。其次，即使我们仅仅关注特定空间上的航空经济问题，也需要对航空制造业的研究。熟悉航空经济的读者多数会对爱尔兰香农

---

① 旅客周转量通常以亿人公里计算。截至 2017 年我国由航空运输业完成的旅客周转量占总旅客周转量的比重为 28.9%。详见《中国统计年鉴 2018》，中国统计出版社，2018。

机场有所了解。香农机场原本是为欧洲与北美之间通航的飞机提供中途加油需要而兴建的，但喷气式飞机的研发成功与普及，使香农机场丧失了原本的功能和定位。由此不难看出航空制造业的发展会对特定空间航空经济的发展方式和路径产生巨大的影响。① 最后，航空制造业被誉为工业之花，是一个对国家国防安全有重大影响，对经济和科技发展有重大推动作用的典型的战略产业。且不说一个国家航空制造业的发展对该国工业技术的巨大溢出效应，以及对一个国家国防建设的重要价值，仅航空制造业本身的市场价值就极为可观。2018 年波音公司的年营业额超过 1000 亿美元。② 同年，波音公司发布的民航飞机市场需求预测表明，未来 20 年将有超过 4 万架飞机的需求，催生 15 万亿美元的市场总需求，而以中国为主的亚太市场将是发展最为迅速的区域，将会占据 40% 的市场份额。此外，航空维修服务的市场规模也将达到 2.3 万亿美元。③

二　航空制造业发展历史简述

（一）人类对飞行的向往：航空制造业发展的原动力

升空飞行是人类最古老、最美好的愿望之一。几千年来中国、希腊、埃及流传着许许多多关于人类渴望飞行、征服天空的故事。我国西

---

① 香农机场（香农航空经济区）原本是爱尔兰西部的香农河河口湾北岸一个小村庄，而如今已发展成为欧洲市场上最重要的高科技产品的生产地。欧洲 43% 的计算机、60% 的配套软件都是在爱尔兰生产的，而这些企业又多在香农航空经济区。由此，爱尔兰赢得了"欧洲软件之都""新的硅谷""软件王国""有活力的高技术国家""欧洲高科技中心"等美誉。具体见耿明斋、张大卫等《航空经济概论》，人民出版社，2015。

② 《2018 年波音销售额首破千亿美元》，http：//www.caacnews.com.cn/1/88/201902/t20190201_1266412.html.

③ 《波音预测未来 20 年市场需求总价值达 15 万亿美元》，http：//news.carnoc.com/list/454/454621.html.

汉刘安《淮南子·览冥训》和晋朝干宝的《搜神记》中记述了"嫦娥奔月"的神话。而明确把升空飞行的希望寄托在运输工具上的神话则出现在《山海经·海外西经》和《博物志·外国》两书中关于奇肱之国人制造"飞车"的故事中。① 在阿拉伯神话《天方夜谭》里，飞行工具成了随心所欲的"飞毯"。古代关于飞行的各种神话，深刻影响了人类的生活、思想各个方面，进而激发了人们制造飞行器的兴趣。

早期认真研究飞行问题的科学探索者中有中国晋代的葛洪，他正确阐明了鸟翱翔的实质，说鸟舒展双翼，不扑不扇是依靠所谓"罡飞"（上升飞流）盘旋上升的。中国明朝的万户（原名陶成道）则是最早利用火箭进行飞行的人，被誉为人类航天第一人。意大利画家莱奥纳多·达芬奇则根据鸟飞行的特点设计出一个扑翼机。② 在人们逐渐认识到简单模仿鸟类的扑翼飞行方式并不能使人升空之后，在近乎偶然发现的情况下，人们开始转向轻于空气的航空器的研制。中国早在五代的时候就出现了孔明灯。英国的罗格·培根（Roger Bacon）则在1250年提出了用轻气体充气通过气球实现飞行的设想。但由于科学技术发展的限制，早期的飞行探索一直处于盲目的冒险和无尽的幻想阶段。可用于载人飞行的飞行器直到18世纪才真正出现，从而使人类进入飞行的气球、飞艇时代。

（二）人类飞行的气球、飞艇时代：航空制造业的初始阶段

18世纪气球的诞生，实现了人类飞行的梦想。但气球飞行受天气的影

---

① 原文是这样写的："奇肱之国在其北，其人一臂三目，有阴有阳，乘文马。有鸟焉，两头，赤黄色，在其旁。""奇肱民善为拭扛，以杀百禽，能为飞车，从风远行。汤时西风至，吹其车至豫州。汤破其车，不以视民。十年，东风至，乃复作车遣返，而其国去玉门关四万里。"

② 根据记载，达芬奇设计的扑翼机是使人可以像鸟一样飞行的装置，即人趴在上面用手拨动前边的横杆，杆上装鸟的羽毛，脚蹬后边一对顶板，顶板也和横杆连着，这样手脚一齐使劲，似乎可以飞起来。他的扑翼机没有经过试验，一直积压了好几百年，到19世纪末，才被人们发现。这时人们已经懂得一些空气动力学，计算出这个方案是飞不起来的。

响很大，尤其是风，而且飞行非常难控制。因此从气球出现之始，人们就一直尝试如何控制其飞行。最初，人们尝试在气球上安装"舵""帆"，并在下面系上小船（起先是圆形的，由于空气阻力大，后来又改为雪茄形），进行飞行试验，在此过程中飞艇逐渐成型。随着时间推移，飞行方向的控制有所改善，但由于没有动力，飞行速度问题并未解决。19世纪随着蒸汽机、电动机的出现，尤其是1885年德国人卡尔·本茨（Karl Benz）和戈特利布·戴姆勒（Gottlieb Daimler）发明了实用的汽油机，一种靠充气产生升力、由发动机推进、可驾驶其向任意方向飞行的航空器——飞艇就应运而生了。人类飞行也从气球时代正式进入飞艇时代。①

虽然早期的气球和飞艇可以载人脱离地面进行飞行，飞行器进入实用阶段却是到硬式飞艇的出现才真正得以实现。② 世界上第一艘实用的硬式飞艇是由德国的齐柏林（Zeppelin）伯爵于1900年制造成功的，定名为LZ－1号。该艇长129米，直径11.6米，框架由一根纵向龙骨、24根木桥条、大量的纵向和径向的张线组成，框架外面蒙有防水布，分前后2个舱室，各装有16马力的发动机，可载重量为8700千克，升空极限为2500米。齐柏林制造出第一艘硬式飞艇之后，又与他人合作在短短20多年的时间里制造出了129艘各型飞艇。1936年德国制造的"兴登堡"号飞艇长245米，重204吨，可载75名乘客，以每小时130公里的速度做横跨大西洋的飞行。但是由于飞艇的飞行阻力大，飞行速度也被限制在200公里/小时以内。更不幸的是在1937年大型飞艇接连

---

① 世界第一艘接近实用能操纵的飞艇是法国人亨利·吉法尔（Henri Giffard）于1851年制造成功的。该飞艇长44米，直径12米，体积为2499立方米，它由功率为3马力的蒸汽机转动三叶螺旋桨驱动，外形好似一支"雪茄烟"。1852年9月24日，吉法尔把氢气充入气囊，驾驶这艘飞艇，从巴黎郊外跑马场起飞，以10公里/小时的速度飞行了27公里，由巴黎飞至特拉普。这次飞行虽未能返回原地点，但创造了世界上飞艇第一次飞行的纪录。

② 所谓硬式飞艇，是指由金属、木材等制成框架，再在表面蒙上蒙布，靠完整的骨架结构保持外形的飞艇。骨架通常是圆形的，由纵梁和连接纵梁的横梁构成，里面装有很多充满气体的小气囊，有的多达16个。这种飞艇可载重几十吨。

出现数起起火事故。相比而言，同时期飞机的性能迅速提高，于是飞艇就被淘汰出航空运输领域。①

（三）人类飞行的飞机时代：航空制造业的高速发展阶段

1. 飞机的诞生

虽然，气球和飞艇的出现一定程度上实现了人类飞行的梦想，但是由于气球和飞艇自身的局限性其并不能很好地满足飞行的需求。随着工业技术的进步以及物理学的发展，人们开始探索其他的飞行方式，在诸多飞行探索中，飞机是其中最为重要、影响最大最深远的。目前公认世界上第一架飞机是由美国自行车制造商威尔伯·莱特和他的弟弟奥维尔·莱特（Wilbur and Orville Wright）设计、制造并于 1903 年 12 月 17 日试飞成功的。但在此之前，世界各国有过不少的"飞机"试验。比如，1881 年俄国海军军官亚历山大·菲德洛维奇·莫查依斯基制成两架长方形机翼的单翼飞机。这架飞机有尾翼、机身、四个轮子的起落架、两台蒸汽机带动的三个螺旋桨，很像现代飞机的样子。② 1890 年 10 月 9 日，法国人克拉·阿代尔制造了一架形状像蝙蝠的古怪飞机首次试飞。这架飞机上装了一台 7.36 千瓦的蒸汽机，发动机开动之后，擦地飞跃了 50 米左右，因为无法控制，触地就摔坏了。1897 年 10 月，阿代尔在法国军官们的邀请下再次表演他新制的"蝙蝠"飞行器，这次表

---

① 近年来，飞艇又开始得到人们的重视。尽管同飞机相比，飞艇显得大而笨，操纵不便，速度也较慢，易受风力影响；但飞艇也有其突出的优点，如垂直起降，留空时间长，可长时间悬停或缓慢行进，且不因此消耗燃料，噪声小，污染小，经济性好，而且随着飞艇广泛使用了氦气填充，安全性也大大改善。根据计算，用飞艇运送一吨货物的费用，要比飞机少 68%，比直升机少 94%，比火车少一半。因此，世界各国纷纷又重新开始研制飞艇，集中了 20 世纪 90 年代先进技术的现代飞艇新型号不断涌现，如英国的"哨兵"系列、德国的 LZ – 07、俄罗斯的"科学静力"系列以及中国的"中华号"，等等。现代飞艇在现代空中勘测、摄影、广告、救生以及航空运动中得到了广泛的应用。

② 俄国人声称这是世界上第一架能飞行的飞机但是并没有得到公认。

演又以失败告终。阿代尔把他的一生贡献给航空事业，同时也为这类飞行工具留下了沿用至今的名称——飞机。1891 年美国物理学和天文学教授沙缪尔·兰利建立了风洞，对鸟翼标本和飞机模型做了气动分析，通过模型的风洞吹风试验后，他按模型飞机的尺寸放大，做成了可载人的飞机。1903 年 10 月 7 日，兰利进行了第一次飞行实验，虽然最后以失败告终，但他的研究工作和试飞对以后的飞机设计是一个很好的教训。可以说莱特兄弟的成功正是在吸取了他人经验教训基础之上取得的。两兄弟自 1896 年开始研究飞机起就潜心研究了奥托·李林达尔、夏努特和兰利等人的滑翔机、飞机制造和飞行的宝贵经验，认真分析了他们失败的教训，坚持不懈，从而开创了飞机的历史。

2. 飞机制造业的快速发展

飞机出现后最初十几年基本上被视为一种娱乐的工具，主要用于竞赛和表演。但是当第一次世界大战爆发后，这个"会飞的机器"逐渐找到了用武之地。最初，为陆军部队做耳目用于侦察；继而装上机枪，专门进行空中格斗；后来又带上炸弹，去轰炸敌方的地面阵地；此外，有的飞机专门执行对地面部队攻击的任务。这样，在大战的硝烟中，诞生了一群"铁鸟"——侦察机、战斗机、轰炸机、强击机。有人说"战争是飞机工业的催生婆"，此言可谓恰如其分。第一次世界大战初期，参战各国约有飞机 1500 架，而到战争末期，各国在前线作战的飞机达 8000 多架。4 年中，交战双方用于作战的飞机有十几万架之多。与此同时，飞机的性能有了很大的提高。如速度在 1914 年时一般是 80 ~ 115 公里/小时，4 年后增至 180 ~ 220 公里/小时；飞行高度从 200 多米提高到 8000 米；飞行距离从几十公里增加到 400 多公里。飞机载重从大战初期的几百公斤增加到后期的几千公斤，如英国的战略轰炸机汉德利·佩季 V – 1500 最多可载重 3400 公斤。第一次世界大战期间，战斗机从诞生到发展，最后成为战争的一支重要力量，使过去以海、陆为主的平面战争变成海、陆、空的立体战争，制空权的争夺对于获取胜利显得越来越重要。也正因如此，来自各国军方的订单使飞机的研制特别是战斗机的研制迅猛发展。

直到"二战"结束前夕，活塞式飞机可谓一统天下。活塞式发动机结构相对简单，技术要求不高，而且耗油率低，能很好地满足当时低速飞行的要求。但随着飞机速度的不断提高，活塞式发动机暴露出了它致命的弱点——功率太低，无法为飞机在高速飞行时提供足够的推力。空气动力学家和飞机设计师们清楚地认识到，要靠活塞式发动机进一步提高飞行速度已经没有指望了。他们的注意力转向了一种全新的航空发动机——喷气发动机上，从而揭开了航空史上重要的一页——超音速飞行时代。经过不断的试验与失败，第一台涡轮喷气发动机于1937年9月首次运转成功。1939年8月27日伴随着发动机的巨大轰鸣声，世界上第一架喷气式飞机冲上了蓝天。1945年8月德军用37架喷气式飞机击落了18架美国的螺旋桨飞机，在盟军中引起了震惊。当然喷气式飞机的研制并非一帆风顺。如当飞行速度接近音速时就遇到了音障问题。人们通过理论研究和一系列实验机的飞行实践，包括付出了血的代价，终于掌握了超音速飞行的规律。高速飞行研究的成果，首先被用于军事上，各国竞相研制超音速战斗机。1954年，苏联的米格－19和美国的F－100"超佩刀"问世，这两架当时最先服役的喷气式战斗机仅依靠本身发动机即可在平飞中实现超音速飞行。此后战斗机又很快实现了超3倍音速的飞行，直到后来基于实战经验，大家意识到超高速飞行并不是很实用，这种追求超高速飞行的热潮才逐渐冷却。目前战斗机已经发展到了具有超机动性、超音速巡航、超视距空战和隐身能力的四代机时代。[1]

---

[1] 战机的划分有不同的标准，俄罗斯把具备超机动性、超音速巡航、超视距空战和隐身能力的飞机称为五代机，而美国（国际标准）则把战斗机划分为四代。

3. 民航飞机的出现与发展

从第一架飞机研制试飞成功到大规模生产飞机主要被用于军事用途，经过"一战"、"二战"、朝鲜战争以及冷战洗礼，飞机制造业可谓迅猛发展。但是在战争间歇期，各国飞机制造厂商就不得不面临军方订单大幅下降的问题。同时战争期间制造的数量众多的飞机也面临如何利用的问题。在此背景下，飞机开始出现在民用领域。1919 年 8 月 25 日，是英国航空运输史上一个重要的日子，在这一天英国航空公司开辟了定期国际商务空运每日航班。同一年，法国、德国、瑞士等国家，也相继开展了各种不同形式的民用航空运输业务。同样在 1919 年，美国邮政局开辟了横贯美国大陆的第一批邮政航班。需指出的是，早期并没有专门为民用设计研制的飞机，当时进行民用的飞机基本上是在军用飞机的基础上进行不同程度的改进，而这些改进往往也只是拆除枪炮和炸弹挂架以适用于商业运输。由军用飞机改装的客机几乎没有导航设备，飞行全靠驾驶员的经验和技术，座舱也不是密封的，所以飞行高度很低，乘客们还必须穿上厚厚的保暖服，同时飞机的振动和噪声也很大，几乎谈不上舒适性。第一架真正意义上具备现代特征的民用飞机（货机）是 1930 年波音公司的单发邮政机，而用于运送旅客的民航机则是 1933 年 2 月首飞成功的 B－247。该飞机虽然仅可以乘坐 10 名旅客，但是该飞机可谓真正意义上的"现代"民航飞机，其具备的特点如应力蒙皮结构、流线型发动机罩、自动驾驶仪、下单翼、可收放式起落架设计至今仍是民航飞机的基本特征。在此需要特别说明一下，民航飞机与军用飞机虽然都是飞机，因用途的不同其发展方向、路径以及存在的技术障碍有很大的差异。例如，"二战"后期喷气式发动机已经出现并逐渐成为军用飞机的主力，毕竟较传统活塞式发动的飞机，喷气式飞机的性能得到了极大的提升。但是直到第二次世界大战结束后 7 年（1952 年），英国才最先在民航客机"彗星号"上安装了喷气式发动机。正当航空界为这种飞机的极快飞行速度感到惊喜时，不幸的是从 1953 年到 1954 年 1 年多时间里，有 3 架"彗星号"飞机先后发生了空中解体事故，机毁人亡。喷气式客机的飞行被迫中止。人们对于喷气发动机究竟能不能用于民用客机开始持怀疑态度。此后用了几年时间，有关飞机失事的原因才被查明——金属疲劳。① 经过全面、细致、认真的技术改进，从 1958 年开始，喷气式客机才大规模地重新返回航线，其中最具代表性的飞机是波音公司研制生产的 707 型喷气客机。该型号飞机有 4 台喷气发动机，可搭载 150 名乘客，可做 1 万公里以上的不着陆飞行，比当时最大的活塞式客机的载客量、速度及航程都提高了 1 倍左右。由此，民航也正式进入喷气时代。至今喷气式民用飞机已经发展至第 5 代，代表机型为波音公司的波音 787 和空客的 A350XWB。

（四）航空制造业催生出了一种新的经济形态：航空经济

航空制造业被誉为"工业之花"，其发展不仅仅是因为其对一个国家的国防建设有着重要的战略价值，对工业的技术发展有巨大的溢出效应以及自身蕴藏庞大的市场价值，更为关键的是航空制造业的发展改变了人类经济活动的组织方式，重构了经济活动的空间形态，催生出了被我们今天称为航空经济的一种新的经济形态。正如耿明斋、张大卫两位学者在其著作《航空经济概论》中所言，航空经济是由效率引领、技术进

---

① 为什么大规模生产和使用喷气战斗机将近 10 年，从没发现多大问题，而把喷气发动机用到客机上就发生了如此严重的事故？通过对飞机结构强度的仔细检查，发现导致飞机失事的直接原因是金属疲劳。金属在长时间多次反复受力后跟人一样也会出现疲劳现象。喷气发动机的高速转动和喷气飞机的高速飞行使飞机的零部件受力的变化次数成倍增加，它们很快就达到了疲劳极限，飞机因之而解体。在战争中战斗飞机消耗很快；在战后，战斗飞机的型号更新得也非常快，每一批生产出来的战斗飞机平均使用寿命不过 500 飞行小时。还没等重大问题被发现，这些飞机就已报废了。客机的情况就大不相同了，为了经济利益一架飞机要被使用许多年，飞行很长时间，从设计上要求这些飞机能够安全飞行上万小时，加之客机的尺寸比战斗飞机的尺寸大得多，大尺寸的部件对结构强度有特殊要求，因此导致早期客机事故频发。

步推动且伴随着深刻的结构演化、高度依赖航空运输、具有区域特点且代表着未来发展方向的新型经济形态。从两位学者的表述中可以看出，航空经济是高度依赖航空运输的，因此在一定程度上可以说没有航空制造业的高度发展就没有我们所说的航空经济。试想一下，如果现在的航空器还是气球、飞艇或是活塞式飞机，航空运输怎么可能成为第五冲击波？如今，各类喷气式民用飞机的广泛使用，加快了人们远途旅行的速度，使在单位时间内人的活动距离比过去扩大了很多，再加上近几年内迅速发展的各种服务项目以及令人放心的航空安全，目前航空运输已广泛被公众接受，成为最先进的一种交通方式，它对社会经济发展起到了巨大的促进作用。众所周知，当前一架大型干线民航客机的零部件多以百万计，涉及数十个国家的数万家企业，这样一种极度复杂的航空器是如何被生产出来的，其产品有着怎样的生命周期，产业体系特征如何，其产业组织又呈现怎样的演化趋势？本章将在第二部分回答上述问题。

三　航空制造业的产品生命周期、产业体系、空间分布及演化趋势

在对航空制造业发展历史的简要回顾中读者不难发现我们把重点放在了飞机上。在很多人的心目中可能也把航空器视为飞机，飞机自然就是航空器，但实际上它们并不是一回事情。简单一点说，航空器包括人造的各种能在空中飞翔的飞行物体，飞机仅仅是航空器中的一种。其实我们放的风筝、儿童玩的竹蜻蜓都是航空器。那么航空器究竟指什么？无论是航空器还是航天器都可称为飞行器，而飞行器根据其飞行高度（在大气层飞行或在大气层之外飞行）被划分为两类：航空器和航天器。凡是在大气层外飞行的被统称为航天器，如航天飞机、运载火箭、卫星等，而在大气层内飞行的则被统称为航空器。目前我们能见到的航空器除了飞机之外还有气球、飞艇、直升机、滑翔机等，但并不是所有

可在天上飞的飞行器都可以称为飞机。飞机具有两个最基本的特征：其一是它自身的密度比空气大，并且它是由动力驱动前进的；其二是飞机有固定的机翼，机翼提供升力使飞机翱翔于天空。不具备以上特征者不能称为飞机，这两条缺一不可。譬如：一个飞行器它的密度小于空气，那它就是气球或飞艇；如果没有动力装置，只能在空中滑翔，则被称为滑翔机；飞行器的机翼如果不固定，靠机翼旋转产生升力，就是直升机或旋翼机。因此飞机的精确定义就是：飞机是有动力驱动、有固定机翼而且重于空气的航空器。对比各种常见的航空器，飞机之外的各类航空器的实际使用效果都不尽如人意，而飞机在各种性能及用途上都远远超过其他航空器。到了20世纪40年代以后，飞机就已经理所当然地成了航空器的主角。飞机的使用数量一直占各类航空器使用总数的97%以上，这个比例仍在不断提高。① 因此无论是基于数量还是产值，航空制造业在一定程度上就是指飞机制造业，因此本书中的航空制造业如无特别说明就可以理解为飞机制造业。当然，飞机根据其用途的不同被分为军用飞机和民用飞机（一切非军事用途的飞机）。民用飞机根据用途可以分为用于公共航空运输的航线飞机以及用于通用航空的通用飞机。②考虑到本书主要关注航空经济问题，也正是为了深化航空经济的研究我

① 中国民用航空局，http://www.caac.gov.cn/GYMH/MHBK/HKQJS/201509/t20150923_1764.html。

② 航线飞机指有固定航线用于公共航空运输的飞机，具体可分为干线飞机和支线飞机。干线飞机是指用于国际航线和国内航空运输枢纽站之间航路的"客机"。主干航线的旅客流量大，航程远，因而国际干线飞机的载客量都在150人以上，通常航程在5000km以上，多为大型中、远程飞机。国内航线的干线客机，客流密度大，一般载客在100人以上，航程在3000km以上，多为中型以上飞机。支线客机通常是指100座以下的小型客机，一般设计座位为35～100座，主要用于承担局部地区短距离、小城市之间、大城市与小城市之间的旅客运输。此外，民航飞机类型划分根据不同的标准有不同的分类方法。如根据飞机通道数量把飞机分为单通道飞机（窄体机）和双通道飞机（宽体机），根据载客量和起飞重量把飞机分为大、中型机和轻型飞机，根据续航远近分为远程、中程、近程飞机等。通用飞机则是指除从事定期客运、货运等公共航空运输的飞机之外的其他民用航空活动的所有飞机的总称。

们才专设此章节研究航空制造业。完成大规模人员和货物运输的主要是航线飞机，特别是我国，因此本书中航空制造业主要指生产航线飞机的厂商总和。①

（一）航空制造业的产品生命周期

产品生命周期理论最初是由美国教授雷蒙德·弗农（Raymond Vernon）提出用于描述分析一种新产品从开始进入市场到被市场淘汰的整个过程。但是标准的产品生命周期理论并不完全适用于飞机类产品的分析。② 我们需要对民航飞机的生产过程有一个基本了解然后才可以从产品生命周期的角度对其进行分析。

民航飞机特别是航线飞机从设计研发到投入运营是一件很不容易的事情，大体上需要经历如下几个阶段。

概念性设计和市场调研阶段。当飞机制造公司有想法制造一款新客机时都会先进行这一步。询问航空公司的需求，咨询供应商的技术能否支持，同时也会将自己的一些构想推销给航空公司，看看大家的反应。这个阶段大家可以畅谈自己的想法。该阶段虽然与后期开发研制的昂贵费用相比花费并不大，实则非常考验飞机制造商的眼光，如果该阶段出现问题以后的工作将很难推进。比如当前最大的民航宽体客机——空客的 A380，已经宣布停产。而该项目从 2000 年 12 月 29 日启动到 2021 年

① 当然这里包括那些从产品上看既有民用飞机也有军用飞机的飞机制造厂商。如波音公司，其产品既有民用飞机又有军用飞机，本书中的航空制造业就包含波音公司。但有些公司基本只生产军用飞机，如美国的洛克希德公司以及法国的达索航空公司，其产品主要是军用产品，则在我们分析航空制造业的产业组织时不再涉及。此外，本书中民用飞机、民航飞机是同义语。

② 比如标准的产品生命周期理论把一个产品的生命周期划分为：引入期、成长期、成熟期和衰退期。在引入期新产品未被市场认可，需要增加市场的推广，企业多数不能从该产品上获益。但是现代飞机的生产都是订单式生产，不会像一般商品先生产出来再向市场进行推广。

宣布停产仅仅 20 年时间，从 2005 年 4 月 27 日首飞算起仅 16 年时间〔该机型在 2006 年 12 月获得欧洲航空安全局（EASA）和美国联邦航空管理局（FAA）的型号认可证，实际用于商业飞行的时间更短〕。该项目的开发费用高达 250 亿美元，实际仅生产交付 235 架（订单为 290 架），远远低于空客预计的 500 架的市场需求。空客承认该项目是亏损的，无法弥补高昂的研制开发费用。① 概念性设计和市场调研阶段可能需要几年，很多项目可能在该阶段就结束了。

项目启动和 JPD 阶段（联合开发项目阶段）。做完市场调研，知道了市场的需求（主要是航空公司的需求），飞机制造商就开始立项，开始对外宣传项目，并且公布该机型的定义，如有多少座位、多大引擎、油耗多少等最基本的数据。立项时能对外公布的参数都是很初步的，只有大体的轮廓，而且会公布有哪些启动用户。② 立项之后就会正式进入联合开发阶段，飞机制造商、零部件供应商甚至航空公司，将细化飞机的性能和要求，比如说引擎要达到多大推力，机身宽度多少，每排多少座位，甚至对滑行道宽度、飞机转弯半径等都会进行设计。该阶段工作明确了，各零部件供应商就能知道要提供什么样的产品来满足这架飞机。联合开发项目阶段通常需要一年左右的时间。当然，在联合开发项目阶段公布的数据都是经过评估的，当然也会存在变数。

① 同样的例子还有很多，比如英法联合研制的协和号超音速客机，开创了民航客机最快飞行速度的历史，其至今也是飞行速度最快的客机。协和号重 175 吨，载客 100 名。在 16000 米到 18000 米的高空，这个庞然大物可以以 2180 千米/小时（约为音速的 2 倍）的速度飞行，比地球自转的速度还快。但是噪声特别是昂贵的飞行费用使协和号的商业价值不大，该机型一共生产 14 架，造成了英法两国财政上的噩梦。从协和号可以看出民航飞机不同于战斗机，技术先进不能保证市场成功。

② 启动用户严格来说就是第一批下订单的用户。一个项目能否立项，启动用户的多寡至关重要，市场调研中一个重要工作就是寻找启动用户。为何要当启动用户呢？一是可以宣传自己是行业的领先者，二是可以较低的价格买到飞机。当然也存在一定的风险，一是飞机没有宣传的那么好，二是飞机不能按时交付。当然第二个风险可以根据合同得到飞机制造商的补偿。

工程制造阶段。该阶段是将飞机从图纸变成实物的重要阶段，具体可分为三个阶段：详细设计、全面试制、试飞取证。详细设计：这个阶段需要设计出飞机的所有部件，包括工艺生产流程都需要设计。在这个阶段，飞机制造商会时不时发布最新进展，好的坏的都需要发布，如调整项目计划，甚至宣布推迟计划进度。[①] 全面试制：飞机制造商把设计好的图纸交给零部件供应商，供应商根据图纸设计要求生产零部件；零部件完成后再交由飞机制造商完成总装。该阶段特别容易造成时间的拖延，一是零部件供应商能否按要求按时间完成零部件的生产，二是飞机制造商能否完成总装。单一部件的测试、多系统的组合测试是这个阶段最主要的工作。经验丰富的飞机制造商可以直接将制造好的零部件组装成原型机，但新开发的机型或用到很多新的零部件的机型可能测试的时间会延长。该阶段非常考验飞机制造商的管理水平和设计能力。原型机完成组装和试飞前的各项测试后就进入最后一个阶段——试飞取证。各个国家为了航空飞行的安全会对飞行器在各种条件下应达到什么样的标准有明确的要求，如客机飞往美国的就要取得 FAA 的型号认可证，飞往欧洲的就需取得 EASA 的型号认可证。[②] 获得本国和相关国家或地区的认可证后飞机就可以开始按订单生产了。

---

① 工程制造阶段飞机制造商会非常及时地发布各种各样的消息，这有几个非常重要的作用：首先是告诉已经下单的客户，进度如何，能否按原来的要求走，也好让客户重新修正使用该飞机的时间；其次是告诉那些对这款飞机有兴趣的潜在客户项目情况，遇到哪些困难，同时强调这款飞机有哪些优势，让客户尽快下订单；最后是提高飞机的曝光率也起到了非常好的宣传作用。

② 能否尽快取得安全许可证非常重要，直接关系到飞机能否交付客户。速度快慢一是取决于飞机制造商的实验条件，如结冰实验，如果有专用的机房，很快就会完成，如果只能等自然条件那可能就需要几年；二是取决于一个国家的安全标准是否被别国认可。一些国家的机型取证也很快，比如巴西航空工业公司或者加拿大庞巴迪公司，因为它们都和美国签有双边协议，该协议承认其达到 FAA 的安全标准，那么它们只需要获得本国的安全认证，就可以自动获得 FAA 认证。不过要获得这个双边认证，并不只是考核飞机制造商，还是对整个国家民航系统的考核，包括该国的验证方式是否符合要求，要做的并不只是试验本身，而是要怎样组织起来做这个试验，并且确保是正确的方式。

交付培训阶段。很多人会以为飞机交付完，制造商就完事了，剩下就是做售后卖零件和维修。其实是错的，在交付前，飞机制造商还有很多工作要做，要对飞机对机场的适应能力做出评估，给出飞机的运营指引，包括装卸货程序等。还有就是要培训航空公司，而且这个培训可以说是终身的，当发现问题后，需要额外增加相应的培训。

生产优化和后续改进阶段。客机作为一个商业项目，管理和成本控制是非常重要的，一架民航飞机交付使用之后，飞机制造商的工作仍然没有结束。大家会看到很多飞机有后续编号，比如说空客 A330 - 300、空客 A330 - 200、波音 777 - 300、波音 777 - 300ER，其实这些都是飞机制造商在机型上针对细分市场所做的改进，区别往往是座位数量和航程。有些是为了某些特殊要求而改装，比如说波音 777 - 200LR，就是针对超远航程加装油箱，并且强化机体。对于一款客机而言，最重要的是机身宽度和机翼选型，这两个参数改动就基本是一款新飞机了，这就需要重新走一遍上述流程。因此飞机制造商对于该阶段是非常重视的，而这无疑也延长了很多机型的产品生命周期。

无论是基于飞机制造的复杂性，还是基于其昂贵的价格，从用户使用的角度看，民航飞机的产品生命周期较一般的工业品要长很多。一般来说，民航飞机特别是航线飞机一个机型的生命周期会长达 30 年之久，个别机型经过不断的优化升级其产品生命周期会进一步延长至 50 年之久。例如波音 747 机型 1965 年 8 月开始研制，1969 年 2 月完成首飞，1970 年开始商业运营，直到今天该机型仍然活跃在各国的干线航路上。[①]

---

① 当然波音 747 作为干线飞机的代表机型从其出现到近期逐渐被其他机型代替经历了一系列的升级优化，从最初的 747 - 100 到 747 - 200、747 - 300、747 - 400，以及最新的 747 - 8 已经投入商业运营。而未来则可能进一步推出 747X 等新型号 747 系列飞机。但波音 747 毕竟是一个来自 20 世纪 70 年代的飞机机型，虽然经过不断的优化仍然活跃在国际干线航线舞台上，其产品力在与新一代的机型相比时不足之处就显得越来越多了。已经有一些航空公司如日本的全日空已于 2014 年停飞了所有波音 747 系列的客机。

（二）航空制造业的产业体系及特征

1. 航空制造业的产业体系

当前精确划分一个产业边界并不容易，从国家统计局公布的《国民经济行业分类》就可以看出，每次公布的行业划分都有所调整，乃至有很大的调整。[①] 之所以出现这样的情况缘于当前的分工越来越细化。以往以产品为中心的生产过程中难以空间分割，产品常常是作为一个整体由单个企业独立完成。而如今，同一产品生产过程中的各环节，甚至同一个产品不同部件的生产都由分布于全球各地的不同企业协作完成。[②] 经济学把这样的分工形式称为产品内分工，飞机就是一种典型的产品内分工的产物。当前，没有哪一个国家可以完全生产出一架具有市场竞争力的航线飞机，其多达百万计的零部件来源于全球数十个国家的数万家企业。前文我们对民航飞机的制造过程做过简述，即概念性设计和市场调研阶段、项目启动和 JPD 阶段、工程制造阶段（详细设计、全面试制、试飞取证）、交付培训阶段、生产优化和后续改进阶段。在上述整个过程中，飞机制造商（整机制造商）显然扮演了主导的角色，即使仅考察工程制造阶段，飞机总装的工作量仍占整个飞机制造工作量的 50%～70%，而飞机总装的工作就是由整机制造商完成的。考虑到

---

① 例如 2013 年国家统计局对三次产业的划分重新做了界定，即把之前属于第一产业的"农、林、牧、渔服务业"、属于开采业的"开采辅助活动"、属于制造业的"金属制品、机械和设备修理业"划归第三产业。

② 产品内分工在分工中的大规模出现，不仅使如何界定产业困难重重，而且直接对主流的国际贸易理论范式带来了一定冲击。卢峰就曾指出，国际贸易理论虽然取得了很大的进展和成就，但目前主流分析框架普遍暗含一个思维前提，即：作为分工和贸易对象的产品，其全部生产过程在特定国家内部完成。如果这些产品具有跨行业性质，则对应的贸易活动为产业贸易；如果是同一行业内存在细微差别的产品，则对应的贸易活动是产业内贸易。以产品为基本分析单位，使经济学对当前企业经营出现的各相关问题，在提供理论解释方面表现出了一定的局限性（参见卢峰《产品内分工》，《经济学季刊》2004 年第 1 期）。

飞机制造过程的特点，飞机制造业一般被划分为飞机制造和零部件制造两个产业：飞机制造指部件装配和整机总装；零部件制造则指飞机所需零部件的生产。除了特殊形式的飞机，飞机一般都由机翼、机身、尾翼、起落装置和动力装置五个主要部分组成。除了这五个主要部分外，根据飞机用途还装有各种仪表、通信设备、领航设备、安全设备等其他设备。①

目前民航飞机的制造一般都采用整机制造商（主制造商、主承包商）+零部件供应商的模式。整机制造商负责飞机的整体设计、综合协调和总装。我们常说的波音、空客、庞巴迪、巴西航空就是整机制造商。这样的整机制造商只有少数几家，具有相当高的垄断性。其中全球干线飞机市场几乎被波音和空中客车两家公司瓜分，它们是这个行业的领导企业。支线飞机市场基本上由加拿大庞巴迪公司和巴西航空工业公司两家占领，前者拥有全球支线飞机45%的市场份额，后者占有的市场份额为40%。零部件供应商则根据其参与程度和零部件的作用分为核心零部件供应商和一般零部件供应商。核心零部件供应商一般指已经参与了飞机的整体设计研发并负责制造飞机的分系统和部件，如航空发动机、机体、起落装置、航空电子系统、燃油系统等。航空发动机是所有零部件中最核心的部分，其技术复杂性和制造难度都非常高。航空发动机制造技术基本被美国通用电气公司、普惠公司和英国的罗尔斯·罗伊斯公司垄断。飞机机体是构成飞机外部形状的部分和承受飞机重量的主要受力结构，分为机头、机身、机翼、尾翼等部分。机体是飞机飞行中直接与空气接触的部分，对飞机的速度、安全性等有重要影响。机体

---

① 我国2017年公布的国民经济行业分类把飞机制造归入航空、航天器及设备制造业下面（三位数行业），前文我们已经指出，本书所述的航空制造业不包括航天器的制造。在行业划分更为细化的四位数产业里则有飞机制造、航空相关设备制造两个四位数产业。具体见2017年国家统计局发布的《国民经济行业分类》（GB/T 4754 – 2017）。

的核心供应商集中在美国、欧洲和日本。美国的沃特公司、日本的川崎重工等是这个领域的代表企业。航空电子系统主要包括通信系统、导航系统、显示系统、防撞系统、飞行管理系统等。航空电子系统体现了信息化、高科技等特征，对技术条件要求非常高，属于知识密集型行业。航空电子系统的主要供应商也多集中在欧美等国，如美国的霍尼韦尔、罗克韦尔柯林斯，英国的BAE系统公司，法国的泰雷兹集团。起落架的供应商则主要是美国的古德里奇和法国的梅西埃道蒂。而一般零部件供应商则是按照整机制造商或核心零部件供应商提供的图纸乃至材料进行加工。该类供应商一般不会参与飞机制造的JPD阶段，其规模庞大，企业数量众多，一般都分布在新型工业化国家如中国、韩国、墨西哥、印度等（见图2－1）。

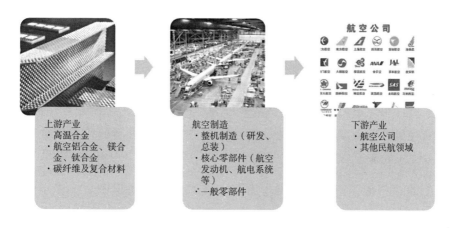

图 2－1　民航飞机产业链示意

2. 航空制造业的产业特征

以飞机特别是干线飞机制造为代表的航空制造业有如下几个显著特征。首先，飞机制造特别是大型民航客机制造是一个典型的"三高"产业，即高投入、高风险、高回报。高投入：研制一架现代化的航线飞机研发费用的投入通常都是以百亿美元计的。空客A380前后总的研发

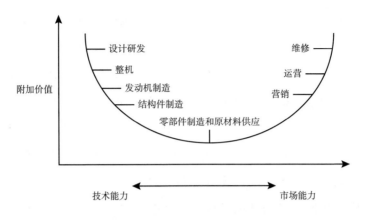

图 2 - 2 民航飞机价值链示意

费用高达 250 亿美元。波音仅仅将老的 747 优化为 747 - 8 也花费了 50 亿美元。而我国与俄罗斯联合研制的干线飞机——C929 预计投入研发费用达 200 亿美元。高风险：自从民航飞机进入喷气时代以来，近 75% 的客机都未收回投资，很多著名的飞机制造商都在民航客机的研制上折戟，如麦道、洛克希德等，空客也是经历长期的亏损才逐渐赢利的。高回报：当然飞机研制成功被市场接纳后其利润也相当可观，波音公司净资产收益率高达 35% ，而从事航空发动机研制的代表性企业罗尔斯·罗伊斯的净资产收益率也不过 19% 。[①] 其次，飞机制造业是一个典型的"三密"产业，即资本密集、技术密集、知识密集。资本密集自不用再说，从研发投入上就可以看得出来，同时制造一架民航客机的成本也是很高的，一架空客 A380 的市场售价高达 4.5 亿美元，波音 747 的单架飞机也通常在 1.5 亿~2 亿美元。可以说没有哪一个产业能比航空制造业用技术密集和知识密集来形容更适合了。最后，飞机制造业是一个生产链条长、辐射面广、生产过程复杂、质量体系严格的产

① 燕麟：《中国民用航空制造业升级中的领导企业研究》，上海社会科学院硕士学位论文，2013。

业。例如制造一架波音 747 需要各类零部件多达 500 万～600 万件，涉及几十个国家上万家企业，组织如此长的生产链条，涉及众多零部件供应商，能否做到有效管理考验的是每一个飞机制造商核心竞争力。此外，由于民航飞机的特殊性，航空制造企业呈现进入壁垒高的特点。AS9100 是几乎所有飞机零部件供应商需要通过的认证，如果是波音公司这类公司的飞机总装厂商还需要额外取得 D1 - 9000 系统认证。除了质量体系认证外，各种型号的飞机还需要获得 FAA（美国联邦航空管理局）、EASA（欧洲航空安全局）、CAAC（中国民用航空局）等颁发的适航证，所有申请如果认证考核失败将直接导致投资的失败。

（三）航空制造业空间分布、产业组织及演化趋势

1.航空制造业的空间分布

从空间上观测经济活动的演化规律正如保罗·克鲁格曼所言：集聚是经济活动在空间上呈现的最大的特点。而对经济活动空间分布的研究最早可追溯到亚当·斯密的《国富论》。亚当·斯密就曾指出，劳动分工的收益受制于市场规模，但市场规模并不能使所有产业受益，乡村地区成果丰硕的农业就是这样的产业，但制造业和商业则需要在大型的居住区开展相关活动。同时亚当·斯密指出这种大型的居住区——城市，往往位于交通体系最自然、最有效的地区：航道附近。此后有一大批经济学家如屠能（J. H. Thünen）、阿尔弗雷德·马歇尔（Alfred Marshall）、阿尔弗雷德·韦伯、沃尔特·克里斯塔勒、亨德森（Henderson，J. Vernon）从事经济活动空间分布及演化的研究。而 20 世纪以 CP 模型（中心—外围模型）为标志的新经济地理学的崛起更是把空间问题纳入当代主流经济理论的分析范式里。可以说近几十年围绕经济活动空间分布的理论研究进展是喜人的，虽然在个别领域还有一定的争议，如在较小地理空间上集聚的因素主要源于 MAR 外部性还是 Jacobs 外部性，在实证研究中尚

有分歧。同时知识溢出的机制还未能较好地纳入理论模型，但是人们对经济活动在空间上趋于集聚还是达成了高度一致的意见，以至于很多经济学家把空间经济学称为集聚经济学。但是如果我们把研究的关注点放在特定的产业或产品上，一些产业的空间分布又有其独特的地方，而以飞机制造为代表的航空制造业就是如此。早期，无论是军用飞机还是民用飞机基本上是在一个国家完成甚至由一家企业完成。而随着喷气式发动机在民航飞机上的普及，民航飞机特别是航线飞机的制造技术越来越复杂，门槛日趋增高。研发制造一架有市场竞争力的航线飞机已非一家企业所能完成。正如今天我们看到的那样，一架航线飞机特别是干线飞机往往是由数十个国家的数万家企业共同制造完成的。例如波音787主要零部件生产国和企业，如图2-3所示。而干线飞机的代表机型波音747，中国企业也参与零部件的生产，如图2-4所示。

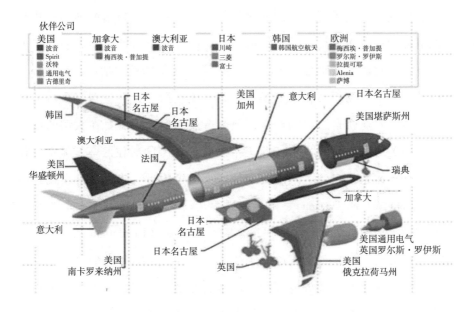

图2-3 波音787主要零部件生产国及企业

资料来源：《梦想787：波音在供应链管理模式上的新尝试》，https://scm-blog.com/2013/02/boeing-787-scm.html。

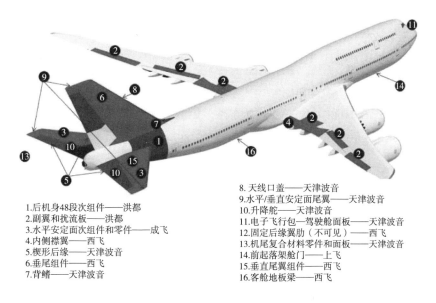

1.后机身48段次组件——洪都
2.副翼和扰流板——洪都
3.水平安定面次组件和零件——成飞
4.内侧襟翼——西飞
5.楔形后缘——天津波音
6.垂尾组件——西飞
7.背鳍——天津波音

8.天线口盖——天津波音
9.水平/垂直安定面尾翼——天津波音
10.升降舵——天津波音
11.电子飞行包—驾驶舱面板——天津波音
12.固定后缘翼肋（不可见）——西飞
13.机尾复合材料零件和面板——天津波音
14.前起落架舱门——上飞
15.垂直尾翼组件——西飞
16.客舱地板梁——西飞

图 2－4　中国企业参与的波音 747 零部件制造示意

资料来源：http://www.chinafastenerinfo.com/gb/news/14819.htm。

谈论航空制造业的空间分布问题，首先，需要明确是广义的航空制造业还是狭义的航空制造业，其次，鉴于航空制造业的产业特征，航空制造业的空间分布应从全球的空间视角进行分析。如果我们从广义的航空制造业角度看，航空制造的空间分布是比较分散的。正如前文所言，飞机制造业是一个生产链条长、辐射面广、生产过程复杂、质量体系严格且风险较高的产业，基于不同国家和地区的资源禀赋和技术优势建立起来的分工体系（供应链）是制造具有市场竞争力产品的前提和保障。但是如果从狭义的航空制造业讨论其空间分布，其空间分布又是高度集聚的。正如后文航空制造业的产业组织的分析，当前航线飞机的制造基本被 4 家公司高度垄断，这也导致其空间分布从全球的角度看是高度集聚的。也就是说如果把飞机的零部件供应商也纳入航空制造业的讨论范畴，那么从全球视角看其空间分布是比较分散的。但如果仅讨论整机制造商，其空间分布又是高度集聚的。那么在一个国家内航空制造业的空间分布有没有一定的规律可循呢？首先，无论是理论推演还是实际情况的观察，集聚仍然是其空间分布最为典型的特征，特别是狭义航空制造业；其次，为何有些地方发展出了航空制造业，有些地方却未能发展？目前理论上尚不能给予一般性的解释，但如果从归纳的角度看我们认为存在如下几方面的原因：政府的因素①、良好的人才积累、良好的市场环境等。

2. 航空制造业的产业组织及演化趋势

从产业组织的角度看，航空制造业无论是干线飞机市场还是支线飞机市场无不呈现典型的寡头垄断市场结构。波音和空客两个公司占据干线飞机全球市场份额的90%以上，而庞巴迪和巴西航空工业公司则在支线飞机市场占据近85%的市场份额。

干线飞机的市场结构非常稳定，据 CNBC 报道，2018 年空客和波音的交付数量分别为 806 架和 800 架，2019 年空客预计交付 863 架（包括 A220 系列），波音因受 MAX 型飞机事故的影响，2019 年销售出现了大幅度的下降。但从目前情况看，干线飞机双寡头的市场结构在未来相当长的时间内都将是稳定并持续的。

支线飞机的格局正在发生变化。2017 年 7 月空中客车（Airbus）宣布收购加拿大飞机制造商庞巴迪旗下 C 系列飞机项目多数股权的协议正式生效。② C 系列飞机正是空客的 A220 系列。中国航空新闻网的数据显示，庞巴迪生产的座位数为 50～100 个的 CRJ（支线客机）在全球商业航空史上曾风光无限。自 20 世纪 80 年代末推出以来，庞巴迪各系列

---

① 航空制造业不同于其他产业，由于它对于一个国家的国防建设的重要作用，往往航空制造业都有很强的政府背景乃至政府就是其唯一的股东。

② 根据协议，空中客车将获得实体 C 系列飞机有限合作公司（CSALP）50.01% 的股权，剩余股份由庞巴迪和魁北克投资公司（IQ）分别持有，占比分别约为 34% 和 16%。参见 https://www.sohu.com/a/239129606_ 470080。

支线飞机已售出近 2000 架。截至 2018 年底，全球运营的 3000 多架 100座以下的支线客机中，逾 40% 为庞巴迪制造。而 2019 年 6 月庞巴迪宣布将其 CRJ 支线客机业务出售给日本三菱重工，进而彻底退出该领域，未来公司将发展重点放在了公务机和轨道交通上。在空客收购庞巴迪 C系列飞机项目的同时，波音也在积极与巴西航空工业公司接洽，虽然收购因巴西政府的反对未能成行，二者的合作却越来越多。① 随着庞巴迪退出支线客机市场，接手的三菱重工能否顺利完成从零部件供应商到整机制造商的转型需要时间考验。此外，中国商飞制造的 ARJ 支线飞机2018 年已收获 500 多架的订单，未来能否成功加入支线客机的主力阵营也需要观察。总之，随着庞巴迪退出支线客机市场，原来航线飞机市场的 "2 + 2" 格局已经被打破，未来如何演化需要假以时日才会逐渐清晰。

四 中国航空维修业发展的现状及其与航空制造业落地的政策启示

（一）中国航空维修业的现状及发展趋势

航空维修是指对飞机及其技术装备进行的维护和修理，确保飞机的安全，是飞机安全飞行的必要条件，航空维修业是航空业的重要组成部分。航空维修业一直与航空业特别是民用航空业同步发展。在过去 10年中，中国民航机队年均增长速度达到 10.95%，截至 2018 年，我国共有民航飞机 3639 架，国内航空维修业的总体市场规模也快速膨胀。② 一

---

① https://www.guancha.cn/economy/2017_ 12_ 26_ 440611. shtml。
② 具体到某一个国家或地区两者之间的规模可能存在一定的偏差，毕竟除了航线维护之类的维修工作，定检、零部件维修等都可以实现空间上的分离，即一架飞机在一个国家或地区运营但是维修可以在另外的国家或地区。

般来说，飞机的维修成本占航空公司总成本的 10% ~ 20% ，维修的费用高达购机费用的 2/3。

我国民航航空维修业起步较晚，20 世纪 80 年代以后，我国开始逐步引进大批国际先进的欧美制飞机来淘汰和替换原有技术落后、机型小而旧的苏制系列飞机。然而此时我国原有的民航航空维修企业技术更新能力较弱，在大量引进西方新型飞机和技术后，不能适应机型及技术变化，缺乏对欧美飞机及其部件的维修能力，导致航空维修严重依赖欧美等国家，造成我国民航业"两头在外"的现象。20 世纪 90 年代以后，随着我国航空维修市场的逐步开放，我国民航局鼓励和支持外资与民营企业进入我国航空维修市场，航空维修业务呈回流趋势，逐渐改变了原先严重依赖国外的局面。随着我国民航事业的快速发展，航空公司的飞机维修需求也大幅度上升，这为我国的航空维修产业创造了巨大的机遇。据前瞻产业研究院发布的《中国航空维修业市场前瞻与投资战略规划分析报告》统计数据，2010 年我国航空维修行业总市场容量已达631.04 亿元。2013 年我国航空维修行业总市场容量突破千亿元。2017 年我国航空维修市场容量为 1242.9 亿元，其中国内维修产值达到 436.8 亿元，国外维修为 806.1 亿元。国内维修市场在逐渐放开后涌现出一批具有市场竞争力的航空维修企业，如北京飞机维修工程有限公司、广州飞机维修工程有限公司、厦门太古飞机工程有限公司、珠海摩天宇航空发动机维修有限公司。一些优质的航空维修企业如四川海特、广州航新、北京安达维尔等已在国内上市。截至 2018 年，我国从事航空维修的企业达 850 多家，取得 CCAR – 145 部资质的有 467 家，[①] 其中能够从

---

① CCAR – 145 部规定维修工作类别，本规定所指的维修工作分为如下类别：检测、修理、改装、翻修、航线维护、定期检修以及国家民航局认为合理的其他维修工作类别。目前国内航空维修业按市场份额划分，发动机维修占 40% ，航线维护、飞机大修及改装、附件修理及翻修各占 20% 左右。参见 https://www.sohu.com/a/230289511_ 473133。

事机体项目维修（含航线维修）的有 302 家，能够从事动力装置项目维修的有 56 家，能够从事螺旋桨项目维修的有 11 家，能够从事部件项目维修的有 220 家，能够从事特种作业项目维修的有 126 家，从业人数达 11 万人，基本建立起了由航空器机体定检、发动机翻修以及相关部附件维修组成的较为完整的维修产业链。[①] 与此同时，不难看出，虽然国内航空维修企业的综合修理能力已有了较大的提高，但与发达国家的航空维修业相比，国内的航空维修业不管是规模还是技术水平都显得较为不足。除一些具有合资股份的航空维修企业，或者大型航空公司下属的维修企业以外，其余的维修单位普遍规模较小，设备落后，技术水平不高，创新能力弱，这导致在整个航空维修行业每年的市场份额中，仍有 65% 左右的维修项目需送国外修理，这不仅限制了我国航空维修企业的技术水平和管理水平的进一步提升，也意味着我国的航空维修能力亟待提高。

航空维修业未来的发展趋势可以用智能化、网络化、资本化和国际化来概述。智能化主要指维修工具智能化、故障识别智能化和工作程序智能化。网络化是指维修企业通过互联网，可以及时掌握飞机以往的维修记录、飞机部件的可靠性、飞机的实时状态，达到维修资源和维修信息共享的效果，进而大幅度提高维修效率和质量。资本化和国际化是指目前国内航空维修产业趋近于半市场和半资本化的状态，随着我国对外资进入航空维修业的逐步开放，大量合资企业的涌现，截至 2018 年我国民航局批准的国外航空维修企业数量已达 392 家。外资的进入，加速了中国航空维修业的国际化步伐，利于航空维修领域的多边交流与合作，对管理和技术水平、市场意识及服务理念与国际接轨有很大的推动作用。此外，传统航空公司下设的维修企业，仍

---

① https：//baijiahao. baidu. com/s？ id = 1623597725222623459&wfr = spider&for = pc。

处在改革中，维修工作还主要局限于本公司的飞机，第三方维修业务有待开展。

（二）航空维修业和航空制造业落地的政策启示

前文我们已经就航空制造和航空维修业的产业特征、产业组织等问题做了分析，那么如果一个地区发展航空制造和维修业，在政策制定上需要考虑哪些因素、创造哪些外部条件呢？我们以我国第一个以航空经济为主要发展方向并作为国家战略的郑州航空港经济综合实验区近几年的发展历程为例进行分析。2011 年，以郑州新郑综合保税区封关运行为标志，郑州航空港经济综合实验区进入快速发展通道。2013 年获批上升为国家战略，进一步提升了定位、强化了支撑、扩大了空间、夯实了基础。2018 年郑州航空港经济综合实验区地区生产总值达到 800.2 亿元；电子信息业产值达到 3084.2 亿元；外贸进出口总额突破 500 亿美元，达到 527 亿美元；跨境电商业务单量突破 2000 万单，达到 2114.4 万单；客货运规模继续保持中部地区"双第一"，客运达到 2733.5 万人次，其中国际旅客达到 171.5 万人次，货运达到 51.5 万吨，进出口货物达到 32.92 万吨。郑州航空港经济综合实验区自获批以来可谓成绩斐然，但若就其高端制造业的发展定位来看，除了电子信息产业、物流等产业外，航空设备制造及维修的发展却不尽如人意。据课题组实际调研，航空制造维修产业园区作为港区的八大园区之一，虽然定位和发展重点是飞机总装与维修、飞机零部件、航空电子设备、公务机 FBO 等产业，园区也积极推进与中航工业、加拿大庞巴迪宇航公司、以色列 IAI 公司等国内外航空工业龙头企业的战略合作，但无论是对园区的实际调研还是从河南省统计年鉴等资料中都未获得园区的产值等数据，多数项目仍停留在规划阶段。此外，航空维修业也基本停留在较为低层次的航线维护阶段，每年产值仅 2000 万元。总体来看，郑州的航空制造和维修业可用起点低、基础弱、发展任务重来形容。[①] 类似于郑州这样起点较低、基础薄弱的区域发展航空制造和维修业应在政策上做出哪些考虑呢？我们认为该类地区发展航空制造和维修业应特别注重如下几个方面的工作。

首先，加大人才引进力度。人才引进看似老生常谈，实则不然，无论是航空制造业还是航空维修业无不高度依赖人才。从事航空维修的人员必须首先取得中国民航局颁发的不同机型的维修许可证，维修企业不聚集，相应的技师和工程师队伍根本就无法开展相应的业务。航空制造业同样如此，由于飞机生产不同于其他流水线生产的工业品，无论是飞机的总装还是部件的装配，都需要大量工程师手工完成。因此航空制造和维修业的发展高度依赖专业人才队伍的建设，没有人才队伍的建设其发展根本无从谈起。一个地区如果想发展航空制造和维修业，建议相关部门抓紧建立起我国航空制造和航空维修专业人才数据库，评估各地相关人才的薪资待遇及引进政策，在此基础上抓紧制定出符合本地区急需的各类人才的引入政策。

其次，加快基地航空公司建设步伐。一个地区发展航空制造和维修业特别是航空维修业，该地区（机场）能否成为大型航空公司的基地至关重要。如果飞机仅仅是在某一个机场经停，那么该机场只可以做最初级的航线维护工作。而一旦成为航空公司特别是大型航空公司的基地，航空公司将会加大对该机场的投入，基地航空公司一般会配备调度、机务、销售、宣传等后勤和行政管理职能部门，而且一般会派驻飞机，完成本航空公司的飞机定检等检修工作。拥有更多的基地航空公司势必增加一个地区航空维修的潜在需求，进而促进该地区航空维修业的

---

① 2014年12月29日，河南啸鹰航空产业有限公司制造的美国穆尼飞机"郑州1号"下线，填补了河南通用航空制造的空白。

发展。

再次，加快市场化、国际化的步伐。无论是从航空制造业的发展历程还是我国航空维修业的发展实践来看，没有一个国家或地区航空制造和维修业是在封闭的市场环境下取得成功的。无论是波音还是空客，其制造的飞机90%的零部件是由本国或国外其他企业制造完成的，高度市场化、国际化的分工是制造具有市场竞争力产品的保障。当然正如前文所言，在航空制造和维修业中领导型企业（整机制造商、核心部件制造商）扮演了重要角色，产业基础相对薄弱的地区能否引入行业内的领导型企业对本地区该产业的发展至关重要。近年来，中国民航局已经取消了航空制造和维修业中中资必须控股的限制，这为后发地区发展航空制造和维修业提供了良好的政策环境。科学规划、准确定位本地区在全国和全球航空制造和维修业的位置，找准突破口，通过引进国内外领导型企业是当务之急。

最后，抓紧建立多元化的航空制造和维修业的资金支撑体系。无论是航空制造业还是航空维修业都是高投入、高风险、高回报的产业，积极探索建立适合本地区的多元化的资金筹措渠道对于一个地区发展航空制造和维修业特别是其起步阶段至关重要。

第三章 | 国际航空货运枢纽建设的战略思考

本章首先对枢纽机场与航空经济的关系进行总结，对航空货运及其组织体系进行了归纳梳理；其次针对国内外航空货运行业现状进行分析，并就大型货运航空公司、货运代理、枢纽机场三个主要参与方分析航空货运行业发展特征；最后总结全球成功的航空货运枢纽机场的类型，提出对我国发展航空经济、打造国际航空货运枢纽的战略思考。

一 枢纽机场与航空经济

《航空经济概论》① 一书对航空经济的内涵概括为：以航空枢纽为依托，以现代综合交通体系为支撑，以提供高时效、高质量、高附加值产品和服务并参与国际市场分工为特征，吸引航空运输业、高端制造业和现代服务业集聚发展而形成的一种新的经济形态。航空经济是由技术主导，以全球垂直分工体系和网络化产业组织体系为基础，涵盖全球产业链、供应链和价值链的现代经济形态，代表着结构演化和产业升级的方向。

---

① 耿明斋、张大卫：《航空经济概论》，人民出版社，2015。

航空经济发展的内在逻辑，决定了航空经济必须以航空枢纽建设为基础，以航空物流业的发展为先导，以先进制造业和现代服务业集聚为目标，最终实现区域经济转型升级和城市竞争力大幅度提升。在经济全球化的今天，大型航空枢纽依托其强大的人、物、信息、资金、商务流的整合能力，成为集聚现代物流、金融、会展、总部经济等现代服务业的航空大都市圈的核心，也是全球高能级生产要素配置的最佳场所，其对全球化竞争的影响更为明显。

发展航空经济，对加快我国产业转型升级具有重大战略意义。建设国际大型航空货运枢纽，大力发展航空物流，加强一体化建设，在空港区域形成枢纽、物流、产业良性互动、共生共荣的航空经济生态圈，串起人流、物流、资金流，加强产业聚集，进一步提升城市综合竞争力、区域竞争力与国家竞争力（见图3-1）。

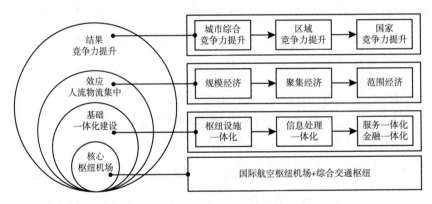

图3-1　大型航空货运枢纽建设（枢纽机场与航空经济）

建设国际航空货运枢纽机场，重点发展航空货运，需要了解航空货运链条上相关参与方的需求，了解目前国内国外航空货运市场的发展格局，通过借鉴学习全球成功货运枢纽的先进经验，深入研究，总结对我国发展航空经济、构建国际航空货运枢纽的启示，探索建设国际航空货运枢纽的战略实施路径。

二　航空货运组织体系

航空货运，是现代货物运输的一种主要形式，是承运人根据货主的需求，在规定的时间内，采用飞机作为运输工具，将货物运输到指定目的地。航空货运具有高速度、运输时间短、节约运输总成本的优势。全球经济一体化进程的不断推进、国家综合国力的增强、国际更加频繁的贸易往来，对航空运输的需求也日益增大，目前的航空货运服务不仅要完成货物的空中运输，还要参与物流运作的整个流程，对物流过程进行总体规划与管理，包括仓储、包装、运输、搬运、装卸、售后服务以及信息网络的设立等，为用户提供以一站式服务为特色的一体化物流方案。

航空货运组织体系，是研究航空货运的综合体，可以定义为在一定的时间和空间内，以航空运输为主要运输方式，由需要运输的货物、装卸搬运设备、仓储设施、工作人员及货运信息等互相联系制约的环节所组成的、具有特定作用的综合体。在确保优质航空运输服务水平的前提下，有机结合航空货运各要素，从而获得最大的经济效益。

在整个航空货运组织体系中，参与货物运输的主要有航空公司、机场和货运代理。航空公司充当的是承运人的角色，负责航班的营运，将货物从始发机场运送到目的地机场。其需求是将舱位资源利用率最大化，有稳定的货源，同时希望运价维持在较高的水平上。航空公司在航空运输的大市场中，主要负责运输过程。机场的主要职责是在始发地和目的地为代理航空公司提供地面服务业务，包括收货、存储、安全检查、飞机装卸等工作，具有明显的地域垄断的特点，这种垄断的形成主要是机场投资大、回报慢、进入门槛高、一般由政府投资等原因。[1] 机

---

[1]　蔡爱书：《我国航空货运市场结构及企业行为分析》，东南大学硕士学位论文，2005。

场希望航空公司在机场开辟的航线多、机型大，为扩大机场的货物吞吐量创造条件，实现机场的快速发展。货运代理公司在航空运输过程中负责为货主选择运输渠道、安排运输路线、寻找合适的承运人，在货主和航空公司之间起到桥梁作用，货运代理追逐的是运费差价。所以，航空货运的发展，主要是航空货运各环节的有机结合，即航空货运运营模式的发展，然后逐渐演变，构建成为目前的航空货运组织体系。

（一）航空货运运营模式

运营模式是指企业内人、财、物、信息等各元素的结合方式，再有效的销售形式，如果没有合理高效的运营模式，也会因为缺少连续高品质的产品供给变得中空化、无效化。航空货运运营模式则可以使航空货物运输过程中财、物、信息等各元素有效结合，是商品到达消费者手中之前，各环节的结合、各相关者的连接或业务的衔接。目前存在三种航空货运运营模式，分别为传统的航空货运管理模式、现代航空货运综合物流管理模式和后现代航空货运物流服务供应链式管理模式。

传统的航空货运管理经营模式是"寓货于客"，货运只是客运的一个补充，这种以客为主、以货为辅的客机腹舱载货方式由航空公司、货运代理和机场货站完成。传统的货运区主要分为收发作业区、分解组合作业区、普货高架存储区、特种车库等 8 个功能作业区。[①] 传统的航空货运设施即航空货运中心（见图 3-2），航空货运中心的组成包括分拣及配送中心、综合物流服务中心、业务及辅助用房、车队、维修站、公用设施及停车场等，主要功能如下。

出港处理：进行包装、配货、仓储、分拣、组合等作业，负责与航空公司、代理公司进行交接，负责海关的报关等工作。

---

① 吴云云：《机场物流设施布局研究》，西南交通大学硕士学位论文，2007。

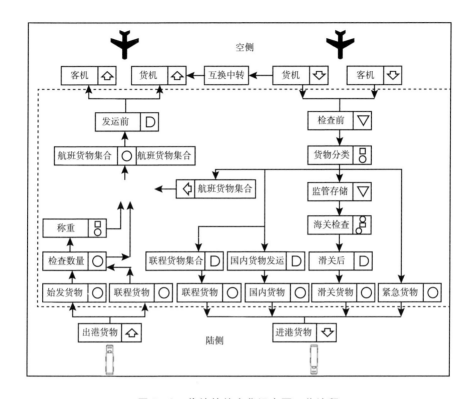

图 3 - 2　传统的航空货运主要工作流程

进港处理：进行与机场各货运站和各航空公司之间的交接、海关清关、分解作业、存储，以及货物的分拣、配货、包装等作业，并发送到各网点，负责与代理公司的交接，收发作业等。

中转处理：对中转货物进行分解、分拣，与来自各网点的货物汇集后组合，发送到货运站出港或直接运送到机坪。

这种经营模式便利性和灵活性强，在管理和成本核算上航空公司可以有效统一，在经营上可结合实际采用包机、包舱等方式，既可以节省为组织货源而发生的费用，如人力资源、销售设施和资金等，又可以让货主享受到便捷的专业性服务，对货主和航空公司双方都有利，在航空货运发展早期是很好的经营模式。

然而，随着经济的高速发展，航空货运的需求也与日俱增，传统的航空货运管理经营模式的单一性逐渐暴露出弊端。传统的航空企业也只是参与了空中运输＋货站服务等航空物流极少的服务环节，如卢森堡货运航空公司负责货机、货站，只能够提供机场—机场的货物移位服务，无法实现与地面的有效衔接，不能够全面满足客户的货物运输需求，还需进一步提升服务功能。

现代航空货运综合物流管理模式，即在传统的航空货运管理经营模式的基础上，向供应链两端延伸。航空公司、货运代理等以多种形式积极参与其中，形成了多种航空货运运营模式并存发展的综合物流服务模式。从 20 世纪 80 年代中期开始，世界运输业呈现由多式联运进入综合物流时代的特点。第三方物流形式成为综合物流服务模式中的主要部分，而基础运输服务供给者以和第三方物流合作而形成分包关系参与其中。与传统航空货运运作模式相比，现代航空货运综合物流管理模式其服务范围、服务内容、服务链条都得到了一定程度的延伸。机场货运中心逐渐演变成融合了保税平台的航空物流园区。航空物流园区是一个整合了传统航空货运业务和保税物流增值服务的创新物流园区模式（见图 3－3），其他非保税增值物流服务和衍生服务（如飞机维修、货物交易市场等辅助功能业务）是机场航空物流园区的功能的补充，但并非必要的组成部分。

功能分区划分上，航空物流园区是以航空货运中心发展和整合而形成的，主要包括货运服务区、物流服务区、海关服务区、贸易加工区、产业园区，在提供最基本的运输服务基础上，还可以为货主提供货物加工、物流信息查询、供应链管理咨询等一系列增值服务；硬件设施划分上，航空物流园区是以机场地面相应物流设施为核心，以空运、快运为主并衔接航空与公路转运的货运服务型物流园区（见图 3－4）。它在经济地理概念上表现为一个依托机场、以发展临空经济为基本特征，主要

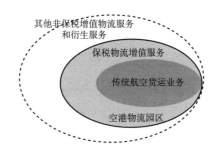

图 3 - 3　整合了传统航空货运业务和保税物流增值
服务的创新航空物流园区

为航空公司、货运代理等提供物流设施、信息及综合服务的区域。例如美国迈阿密的花卉物流体系，由于鲜花最容易霉变、干枯或腐烂，对于物流的要求非常苛刻，2001 年 1 月成立的迈阿密赫尔曼保险物流公司（HPL），专门从事鲜花的进口运输工作，几乎全是专机空运，这种综合物流服务模式为南美洲花卉生产、花卉国际贸易与花卉国际物流带来了共同发展的双赢局面。①

　　但是，随着现代商业的快速发展，传统的、简单形式的供应链已经难以满足企业对价值增加的需要。由于任何一条供应链都不可能无尽头地延长，换而言之，如果沿着供应链的延长方向不断伸长，价值增加很快就达到某个临界值。因此，供应链从形态上逐步通过流程统合、同步化等改进方式，开始横向拓展主体间的关系，这时供应链的概念不再局限于线性的链。系统整合的观念日益被广泛应用，逐步形成业务同步化的后现代航空货运物流服务供应链式管理模式。

　　后现代航空货运物流服务供应链式管理模式，是目前航空货运物流服务的主要运营模式，是将供应链管理的模式应用到航空货运物流中，充分发挥链上成员的核心能力，以发货人（货物所有人）为基础，以信

---

① 《美国迈阿密的花卉物流系统》，《浙江林业》2004 年第 1 期。

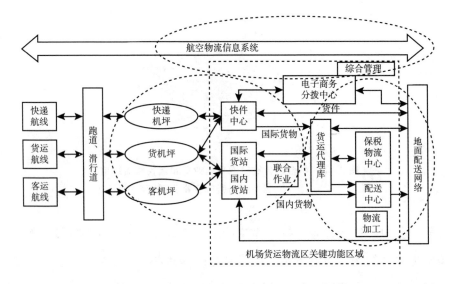

图 3-4　航空物流园各功能区域相互关系

息技术为手段，以客户需求为出发点，把发货人、航空货运代理企业、机场、航空公司及收货人等有机地集成起来，创造竞争的整体优势。

从货源组织开始，首先发货人把货物交给货运代理，经货运代理分拨处理后送往机场货站，经航空货运到达目的地所在机场，再由目的地机场的货运代理负责提取货物，最终将货物送达收货人手中。实施对物流、信息流和资金流的有效控制，将货运代理、地面运输、机场货站、航空运输这四类企业共同形成的航空物流链的运作环节作为一个整体来管理，构成一条以多种主体参与并相互联系的生产供应链，使之成为具有竞争优势的网络体系，达到客户所要求的"从货物供应地到接收地的全过程一站式"综合物流服务。供应链活动的各个环节，包括供应链所有成员的协同合作以及所有相关物料的流动过程，通过这个供应链可以实现货物的流动、货物保管责任的转移以及相互之间信息的共享与交流，由此形成的信息流又成为提高航空货运服务水平的关键要素之一。

与传统航空货运相比，后现代航空货运物流服务更加注重供应链各环节资源的结合和各环节的协调合作（见图 3 - 5），不仅要完成货物的空中运输，还需要参与物流全过程，对物流全过程进行整体规划并管理，为用户提供以一站式服务为特色的一体化物流方案，是目前航空货运发展的最佳选择之一。

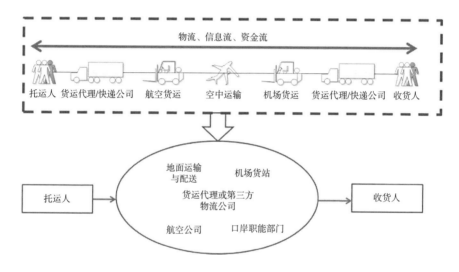

图 3 - 5　航空物流服务供应链整合

（二）航空货运组织体系特点及系统构建

航空货运组织体系中参与航空货物运输的主要有航空公司、机场和货运代理，主要采用供应链管理运营模式，通过航空货运组织体系中各环节的有机结合，促进航空货运组织体系的正常运转，进一步提高客户服务质量和扩大航空货运效益。

1. 航空货运组织体系的特点

航空货运组织体系除了具有整体性、关联性、目的性、环境适应性等共同特点，还具有规模庞大、结构复杂、目标众多等大体系所具有的特征，① 更主要的是有以下六方面的特点。

（1）人物结合

航空货运组织体系主要是运输劳动者运用有关运输设备、装卸搬运器械、仓库、机场、货站等设施，进行航空货运的一系列活动。因此，在研究航空货运组织体系时，需要考虑将人和物有机结合为不可分割的整体。

（2）大跨度

由于航空运输货物速度较快，所以航空货运组织体系有着时间跨度大和地域跨度大的特点，大跨度体系对信息化依赖程度较高。

（3）可分解

不论规模多大的货运体系，都可以分解成若干互相关联的小分支。不同体系之间能够独立完成特定范围内的货运服务需求。对于航空货运组织体系，根据具体需要和对体系的了解程度，可以继续将其分解为若干个相关的不同支系。总体系与子体系之间、子体系与子体系之间，存在时间和空间上及资源利用方面的联系。

（4）动态性

航空货运组织体系同其他的货运体系一样，衔接着许多企业和用户，根据需求、供应、渠道、价格的变化，体系内的要素及运行也会随之变化。因此，要求航空货运组织体系是一个根据货物运输需要及时调整完善各组成部分的动态体系。

（5）复杂性

航空货运组织体系的结构由许多独立企业组成，各企业之间的服务和内部协调多重交互，沟通协调程度困难，且航空货运组织体系航空货源品种类型多、数量大、供应商遍及世界各地，组织体系的各个环节参

---

① 陈海永：《我国航空物流体系的运作模式研究》，浙江工商大学硕士学位论文，2008。

与人员队伍庞大，流动资金占用量大，在航空货运的整个过程中，始终贯穿着大量的信息，这些人、物、财、信息的结合与合理利用，对于整个航空货运组织体系的处理能力和信息传递能力也是很大的挑战。

（6）信息化

目前的航空货运供应链是以信息技术为支撑的，信息化的航空物流平台是现代物流发展的基础，是实现航空物流现代化的基本保证，也是航空货运供应链管理的核心。这一平台实现了将航空公司货物运输、航班运营和收益系统，机场的离港、值机、物流及货运代理人货运系统等的有机整合。可以通过计算机和内部网络辅助完成相关作业流程，并实时动态监测整个作业过程，通过外部公共网络实现流程货物跟踪的公开，实现与货运代理等的信息共享与交换，为承运人、货运代理人等供应链环节提供全面的航空货运服务。

2.航空货运组织体系系统构建

航空货运组织体系是航空货运的综合体，其特点与构成密切相关，航空货运组织体系由基础层、业务层、管理调控层三个层次构成，每个层次发挥着各自的作用，构成了以物流、资金流、信息流有效结合的，能够满足客户多层次、多样化、动态化的供应链，帮助实现从产地供应商到最终用户的各供应链参与者的增值目标，满足社会对航空货物运输的需求。

基础层，即航空货运物流网络系统，以枢纽机场为核心，由以航空货运为主的运输线路基础设施、货站基础设施、物流信息基础设施、仓储基础设施等区域内运输网络及众多物流节点构成，承担区域内航空物流服务的区域性物流辐射系统网络，是航空货运组织体系的基础。简言之，航空货运物流网络是航线网络、基础设施网络和航空货运业务经营网络的整体结合，主要包括三方面：一是中枢辐射式的航线网络结构，就是货物从不同的出发点到达不同的目的地，或者从相同的出发点抵达不同的目的地，货物在中枢轴辐式航线网络中都必须先到达一个中间枢纽，在这里进行中转，然后享受优惠的直达式货物运输服务，中枢轴辐式航线网络把少数孤立的航段连接成数量倍增的航线，通过交通流量在时间和空间上的集中提高传送效率和航线资源的利用率，有效增强了规模经济效益；二是航空物流通道设施、地面运输设施、信息系统设施等基础设施网络，枢纽机场要具备先进的基础设施，硬件要有能够满足需求高峰多次起降的跑道和停机坪，软件要有既符合机场自身实际条件，又和现代物流思维一致的航空物流信息平台，可以及时与其他单位进行信息共享与交换；三是航空货运企业为了完善自身服务而设立的遍及其服务范围的业务经营机构，① 如国际巨头的联邦快递公司现今已发展成一家综合性航空物流公司，其经营不但深入运输的各个领域，而且具有先进的信息管理系统，可以为客户提供全方位的综合物流服务，在全球设置有美国、亚太、加拿大、欧洲、拉丁美洲五个国际网络区域，并在这些大区域下又有大区、小区、站、点、箱的不同层次，服务范围广布全世界。由上可知，国际航空货运枢纽在航空货运组织体系中具有核心作用，支撑着航空货运物流网络系统。

航空货运物流网络系统也可以分为地面运输和空中运输。为了有效地实现空中和地面的有效衔接，可以通过开设卡车航班来提高整个网络的运作效率。卡车航班的开通，主要是为了将货物聚集到枢纽机场，或者是将货物由枢纽机场运输至其他各地，运输形式灵活，可以运输大批量、超大超重货物和集装货物。由上可以看出，卡车航班正是基于中枢辐射式航线网络而设计产生的。

业务层，即航空货运生产服务系统，主要是航空货运具体业务。航空货运业务主要包括包装、运输、仓储、配送等，属航空货运企业的经

---

① 白杨：《航空物流系统的概念模型与结构分析》，《企业经济》2009 年第 1 期。

营行为，根据用户需求，企业提供以航空运输为特色的物流服务。业务层是航空货运组织体系发展的核心，在航空货运生产服务系统中，空中运输由航空公司实现，地面运输、配送和包装等业务一般由货运代理公司完成，仓储和货物搬运装卸主要由机场负责。在整个航空货运生产系统中，各个服务主体各司其职，互相配合。

（1）航空公司

航空公司扮演的是承运人的角色，即以空运形式负责货物中远途转移，负责提供空中运输服务。参与航空货运的航空公司根据货物运价大概分为两类："门对门"货运航企、传统货运航企。"门对门"货运航企，主要承担高端快件业务，如 FedEx、UPS、顺丰快递等；传统货运航企，主要承担普通货物运输，如大韩航空、汉莎货运和国货航等。两类货航虽然存在不同程度的竞争关系，但严格意义上说，其竞争不在一个层面上，而传统货运航企仍是中国航空货运市场的主力军。

（2）货运代理

在供应链中属于上端，负责联系客户，根据客户需求和委托，协助完成货物的安全便捷运输。货运代理协会联合会对传统货运代理的定义是：根据客户的指示，为客户的利益而揽取货物的人，其本人并非承运人。货运代理业务范围特别广泛，不仅包括传统进出港货物的揽货、订舱、托运、仓储、包装、监装/卸、中转、分拣以及办理报送报检、货物保险等与运输相关的一系列服务活动，还包括多式联运、会展与私人物品运输、国际快递、第三方物流等新兴业务。例如为易腐的生鲜产品提供再包装、产品的冷却保温、加贴航空运输条形码或者射频识别仪类安全标签等，以便航空货物运输、仓储、配载和陆路配送。

航空货运代理是随着航空货运的发展应运而生的，是社会分工和专业化发展的产品。航空货运代理在整个物流链中始终承担着中间人的任务。对货主和运输单位分别是承运人和发货人，同时又贯穿于仓储、装卸、包装、报关报检等多项业务中。如今，航空货物运输代理已经成为航空货物运输必不可少的一部分。

（3）机场

机场的主要职能是在始发地和目的地代理航空公司的地面服务业务，包括进港货物安全检验、始发站货仓配载与装卸、出港货物临时储存与分拨、货物流通加工、包装等基础物流服务。航空货运的发展离不开机场货运枢纽的支撑，机场是最重要的航空产业基础设施，同时机场作为城市交通运输的重要门户和枢纽，实现区域资源的聚集与辐射，成为区域价值裂变的"反应堆"。机场货站是联结空中运输与地面运输的重要环节，机场货运站运营关系着航空公司整体的运行质量，可以使机场运营高速快速发展，而建设一个国际航空货运枢纽则对航空货运组织体系的功能提升起着关键作用。

管理调控层，即航空货运组织管理和协调系统。航空货运组织体系服务涉及面广，从广度来讲，其涵盖运输、仓储、装卸搬运、包装、流通加工、配送、物流信息处理等功能性环节；从深度来讲，其内涵丰富，不仅包括航空货运基础业务、一般的附加值服务，还包括物流方案设计、航空货运网络构建、航空货运战略规划等高层次物流服务。航空货运组织管理和协调系统主要由管理组织机构、法律法规体系、产业标准化体系、产业发展战略及专业合理的网络信息化航空货运方案等构成，主要职能是对航空货运物流系统的规划、指导和协调，是航空物流业发展的关键。

航空货运组织体系是一个大跨度系统、可分的信息化组织体系，具有动态性和复杂性的特点。通过体系内各元素的有机整合，在具备国际航空货运枢纽机场地位，从而确保航空货运高质量服务水平的基础前提下，实现经济效益最大化。随着不断地发展和完善，以国际航空货运枢纽为基础的航空货运组织体系在整体货物运输市场中的作用会越来越重要。

三　全球航空货运行业市场现状及发展特征

20世纪70年代以来，尽管全球各地经济发展状况迥异，航空货运发展环境总体上与经济贸易发展状况息息相关。随着全球经济一体化的快速推进，大型生产企业和商业公司为追求高效益、节约时间、缩短交货期、补充库存，愈加依赖航空运输。世界航空货运依靠运输速度快、运输时间短、运输效率高等特殊优势在物流行业中迅速崛起，已成为区域经济融入全球市场的最佳通道。

（一）国内外航空货运行业市场现状

1. 从全球来看，亚太、北美和欧洲是全球最大的航空货运市场

2019年亚太、北美、欧洲三者航空货运吞吐量合计市场份额达到82.5%（见图3－6）。其中欧洲占比为23.7%、北美占比为24.2%、亚太（不含中东地区）占比为34.6%，中东占比为13%，拉美地区占比为2.8%，非洲大陆属于航空运输的贫困地区，仅占1.8%[1]，反映出航空货运区域发展的不平衡。这一判若鸿沟的分布特点除了由于南半球地区货物总量偏少外，主要还是由于全球大型核心国际航空货运枢纽机场大多位于亚洲、欧洲和北美三大区域[2]，这三个区域的货运枢纽担负了非洲、拉美地区等地大量的中转国际货物量，使这些地区始终是航空货物在全运输链中的最终起止点，尽管其是航空货运量的潜在快速增长区。

---

[1]　前瞻产业研究院：《2020年全球航空货运行业市场现状及发展前景分析》，https://new.qq.com/omn/20201211/20201211A0F30W00.html。

[2]　欧阳杰、李家慧、陈生锦：《一带一路战略下我国货运枢纽机场群布局研究》，民航资源网，2018。

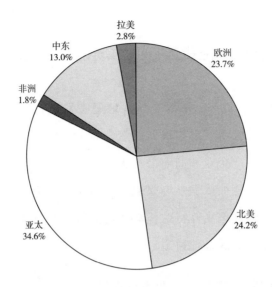

图 3 – 6 2019 年全球各区域航空货运市场份额统计情况

资料来源：前瞻产业研究院，《2020 年全球航空货运行业市场现
状及发展趋势分析　预测行业规模下降但收入小幅提升》，https://
www. qianzhan. com/analyst/detail/220/201225 – dd300734. html。

2. 中国、亚洲内部以及亚洲与欧美之间已成为国际航空货运最具增
长潜力的区域

从世界航空货运的发展看（见图 3 – 7），中国已成为亚太地区特别
强劲增长的重要航空运输市场，国际航空运输协会（IATA）发布的全
球航空运输市场数据显示，中国市场发展潜力很大，加上中国正值向消
费型经济转型，这对于中国的航空货运市场来说不失为一个发展机遇。
预计将在 6 ~ 7 年跃升为世界最大的民用航空市场，这对我国建设国际
航空货运枢纽机场起到了强劲助推作用。

3. 从国内来看，国际航线货运吞吐量占比低，国际竞争力不足

航空货运是有效而富有潜力的"朝阳产业"，其已成为中国民航的
重要经济增长点。2019 年中国民航运输机场完成航空货运吞吐量
1710.0 万吨，占全球航空货运吞吐量的 27.93%。其中，国内航线完成

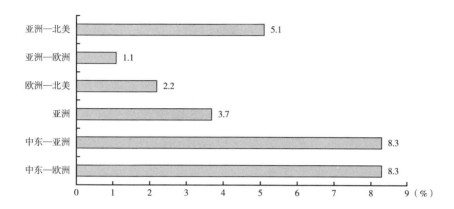

图 3 - 7 2012～2017 年主要贸易路线运力增速情况

资料来源：根据民航资源网 CADAS 数据自制。

1064.3 万吨（占比为 62.24%），国际航线完成 645.7 万吨（占比为 37.76%）①。各区域分布情况是②：东部地区占比为 72.85%，中部地区占比为 7.29%，西部地区占比为 16.33%，东北地区占比为 3.53%（见图 3 - 8）。

由此可见，国内航空货运主要集中在京津冀、长三角和粤港澳大湾区，内陆地区货运量远低于东部沿海地区，中西部地区航空货运需求少，国际航线占比低。这样的市场分布格局与我国经济发展是相匹配的，但是这种极度的不均衡将无法满足我国"一带一路"倡议中提出的主导引领我国全域全面开放的战略需求。为更好地满足国家经济结构向国际化转型升级的需求，我国航空货运市场亟待加快发展步伐。

---

①　《2019 年中国机场旅客吞吐量、货邮吞吐量、飞机起降架次、机场旅客吞吐量排名及货邮吞吐量排名情况分析》，http：//www.chyxx.com/industry/202003/845171.html。

②　《十张图带你了解 2020 年我国航空物流业发展现状及前景预测分析》，https：//www.qianzhan.com/analyst/detail/220/200325 - a54e3274.html。

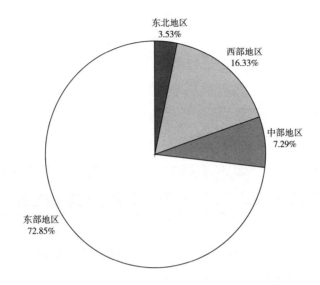

图 3-8   2019 年中国民航运输机场航空货运吞吐量按地区分布情况

资料来源：中国民航局、智研咨询。

（二）航空货运行业发展特征

航空货运具有运输高速便捷、货物附加值高的特点，近年来，制造业出口需求迅猛增长，交货期不断缩短，航空货运的需求量也随之增加。按地区，亚太、欧洲、北美三大地区为主力军。按角色，参与航空货物运输的主要有航空公司、货运代理及机场。其中，大型货运航空公司均由欧美、亚太、中东占据，大型航空货运代理由欧美主导，货运枢纽机场垄断性强、集中度大。

1. 大型货运航空公司——均由欧美、亚太、中东占据

根据国际航空运输协会（IATA）2020 年公布的 2019 年全球前 25 名货运航空公司排名（见表 3-1），大型货运航空公司均由欧美、亚太、中东占据。联邦快递（FedEx）仍是世界上最繁忙的货运航空公司，卡塔尔航空和美国联合包裹运送服务公司（UPS）紧随其后。区域

划分上，美国航空公司上榜数量最多，共有 7 家，包括 FedEx、UPS、亚特拉斯航空、美联航、极地货运航空、美国航空以及卡利塔航空。以腹舱带货为主的美联航和美国航空公司凭借密集的航线网络和强大的腹舱载货能力上榜。

表 3－1　2017～2019 年全球货运航空公司货邮周转量前 25 名

单位：百万吨公里，%

排行	增减	航空公司	2019 年	同比年增长率	2018 年	同比年增长率	2017 年	同比年增长率
1	0	联邦快递公司	17.503	0.0	17.499	3.8	16.851	7.2
2	+1	卡塔尔航空公司	13.024	2.6	12.695	15.4	10.999	19.3
3	+1	美国联合包裹运送服务公司	12.842	3.1	12.459	4.3	11.940	6.0
4	−1	阿联酋航空公司	12.052	−5.2	12.713	0.0	12.715	3.6
5	0	国泰航空公司	10.930	−3.1	11.284	5.2	10.722	7.8
6	0	大韩航空公司	7.412	−5.5	7.839	−2.2	8.015	4.5
7	0	德国汉莎航空公司	7.226	−2.3	7.394	1	7.322	6.4
8	0	卢森堡货运航空公司	7.180	−1.9	7.322	0.1	7.317	−0.9
9	+3	土耳其航空公司	7.029	19.3	5.890	24.6	4.728	29.9
10	0	中国南方航空公司	6.825	3.5	6.597	6.9	6.174	4.0
11	−2	中国国际航空公司	6.767	−4.0	7.051	5.2	6.701	10.0
12	−1	新加坡航空公司	6.146	−5.3	6.491	−1.5	6.592	3.9
13	0	台湾中华航空公司	5.334	−8.1	5.804	1.1	5.741	8.9
14	0	空桥货运航空公司	5.168	−6.2	5.511	−0.6	5.543	12.8
15	+2	美国联合航空公司	4.852	8.9	4.455	4.8	4.249	20.2
16	0	亚特拉斯航空公司	4.522	−0.7	4.553	0.8	4.515	
17	−2	全日空航空公司	4.389	−4.3	4.587	−4.6	4.810	11.5
18	0	英国航空公司	4.206	−1.6	4.276	−2.0	4.364	6.0
19	+1	极地货运航空公司	3.809	−5.7	4.038	−7.8	4.378	4.0
20	+2	法国航空公司	3.775	−6.5	4.038	−7.8	4.378	4.0
21	0	美国航空公司	3.629	−4.9	3.817	4.6	3.648	
22	+1	荷兰皇家航空公司	3.609	0.1	3.604	0.0	3.603	1.1
23	新	卡利塔航空公司	3.593					
24	新	Aerologic 汉莎货运公司	3.581					
25	−6	韩亚航空公司	3.567	−12.3	4.067	1.5	4.008	5.1
		年度前 25 名	168.970	−1.0	163.984	2.5	159.313	7.2

注：包含来自某些伙伴航空公司的数据。

资料来源：国际航空运输协会 2020 年世界空运统计。

欧洲航空公司中排名靠前的是汉莎航空，其除负责自家的全货机外，还负责汉莎航空公司（德国）、奥地利航空公司、布鲁塞尔航空公司、Eurowings 和 SunExpress 运营的客机腹舱，在 100 多个国家和地区为 300 多个目的地提供服务。此外，卢森堡货航成功实施双枢纽战略，欧美枢纽位于卢森堡芬德尔国际机场，亚太枢纽位于郑州新郑国际机场，目前运营良好。

亚太航空公司在前 25 位航空公司中占有 8 家，包括韩国的大韩航空和韩亚航空，新加坡航空，日本的全日空航空，中国的国泰航空、国际航空、南方航空、台湾中华航空。中国有 4 家航空公司上榜，其中香港地区 1 家、台湾地区 1 家、内地 2 家。

由此可知，货运枢纽机场做大做强，前提是拥有大型国际货运航空公司，全球航空货运排名靠前的 FedEx、UPS、阿联酋航空、国泰航空、大韩航空、卡塔尔航空、德国汉莎航空等骨干货运航空公司都是确保其所在航空货运基地进入全球前列的加速器。

在国际航空货运市场中，亚太地区占据核心地位，而中国又在亚太地区发挥主导作用。大型国际航空货运企业纷纷在中国设立了亚洲区域分拨中心、亚太转运中心和洲际转运中心。相较之下，中国国内航空货运公司布局建设国际航空枢纽基地的步伐缓慢，经营重心仍以国内为主，尚未建立以通达全球为目标的国际中枢航线网络结构（见表 3-2）。

表 3-2　国际货运巨头在中国内地的航空货运枢纽布局现状

国际货运巨头	全球性枢纽	亚太地区枢纽	国家级枢纽	区域分拨中心
FedEx	美国孟菲斯国际机场	广州白云国际机场	杭州萧山国际机场——中国地区枢纽	深圳（中南）杭州、上海（华东）北京（华北）
UPS（TNT）	美国路易斯维尔国际机场（荷兰阿姆斯特丹机场）	深圳宝安国际机场（香港国际机场）	上海浦东国际机场——洲际地区枢纽	广州（中南）上海、厦门、青岛（华东）大连（东北）

续表

国际货运巨头	全球性枢纽	亚太地区枢纽	国家级枢纽	区域分拨中心
DHL	德国莱比锡机场	香港国际机场	上海浦东国际机场——东北亚地区枢纽	广州、深圳（中南）北京（华北）

资料来源：欧阳杰、李家慧、陈生锦，《"一带一路"国家战略下我国货运枢纽机场群布局》，《国际航空》2018 年第 11 期。

随着国内航空货运市场的迅速发展（见图3-9），我国三大航空公司和地方航空公司也不断将重心放在航空货运业务上。三大国有控股航空公司合计占比达71.32%，领先优势明显。但是，部分地方航空公司也持续加强货运业务。

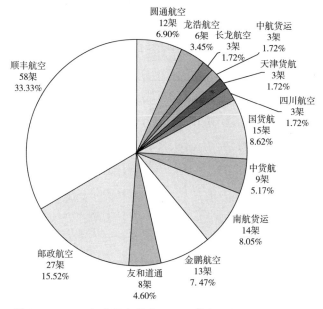

图3-9 2019 年中国各航空公司运营货机数量及占比情况

资料来源：CAAC 前瞻产业研究院整理。

与国际市场已形成大型货运航空公司＋枢纽机场的龙头态势不同，中国正在加速航空物流枢纽建设，大部分地区的航空货运市场集中度不高，国内货运航空公司尤其是民营货运航空公司仍处于群雄割据、跑马圈地时代，主要货运机场的发展明显缺乏骨干货运航空公司做基础性支撑。

2. 大型航空货运代理——由欧美主导，亚太区无一上榜

当前，大型航空货运代理业已逐渐成为促进国际经济贸易发展、繁荣运输经济、满足货物运输关系人服务需求的一支重要力量。然而，国际航空货运代理行业的发展并不平衡。总体来讲，发达国家的国际航空货运代理行业发展水平较高，具备完备的制度、较大的规模、健全的网络及高素质从业人员，占据了世界航空货运代理服务的主要市场。根据 Armstrong & Associates 咨询公司发布的 *Top 25 Airfreight Forwarders 2019*，全球 25 强空运货代 2019 年整体空运货量达到了 1665 万公吨，占航空货运总量的 28.9%，欧美货代企业居多，亚太地区仅有 7 家上榜（见表 3 – 3）。

表 3 – 3　2019 年全球空运货代 25 强

单位：公吨

排名	公司名称	总部	年度空运货量	上一年度空运货量
1	敦豪供应链	德国	2150000	2248000
2	德迅物流	瑞士	1743000	1570000
3	辛克国际货运代理	德国	1377000	1226200
4	泛亚班拿国际货运代理	瑞士	1038700	995900
5	康捷空国际货运代理	美国	1011563	985549
6	UPS 供应链管理集团	美国	935300	935300
7	日通国际物流	日本	899116	705478
8	得斯威国际货运（DSV）	丹麦	689045	635655
9	硕达国际货运（Bollore）	法国	640700	569000
10	近铁国际物流	日本	580228	495947
11	汉宏物流（Hellmann）	德国	578007	654104
12	中外运	中国	533300	532400
13	基华物流（Ceva）	瑞士	476600	480000
14	艾派克斯国际物流	美国	430000	320000
15	亚致力物流（Agility）	瑞士	415000	415000
16	嘉里大通国际物流	中国香港	409127	313800
17	日邮物流	日本	368198	368198

续表

排名	公司名称	总部	年度空运货量	上一年度空运货量
18	乔达国际物流（Geodis）	法国	357024	330000
19	起帆恺瑞国际物流（Crane）	美国	337300	281083
20	德莎国际物流（Dachser SE）	德国	335500	272100
21	西铁国际物流	日本	315011	321704
22	日立物流	日本	300000	280000
23	联邦快递	美国	276400	276400
24	Pilot Freight Services	美国	230000	220000
25	罗宾逊全球物流	美国	225000	175000

资料来源：《2019 年全球空运货运代理排名及分析》，https：//page.om.qq.com/page/OrA47Qsv–DJfq3EOAzmp3EjQ0。

经过改革开放 40 多年的快速发展，我国已是全球第二大经济体、第一大贸易国和民航第二大国，2015 年快递业务量跃居世界第一。航空货运代理对我国对外贸易和航空运输事业乃至整个国民经济的发展具有重要作用，然而与发达国家相比，我国航空货运代理行业起步较晚，历史较短，还存在较大的差距。目前全国尚没有快递公司运营的专业货运枢纽机场，顺丰布局的航空货运枢纽基地——鄂州机场的建设尚未完成，我国大型快递公司专业化运营货运航空枢纽的模式还有很长的路要走。

目前，我国航空货运代理主要存在以下问题。一是业务范围窄，服务水平低。我国货代企业进入门槛较低，中小型企业居多，规模小，经营管理理念落后，业务范围则过于狭窄，大量货代企业仍停留在传统的中介服务上，多年没有实质性进步与发展，导致货代企业单一化服务，服务水平低。二是信息化服务有限，专业人才缺乏。目前货代企业很少拥有全面的信息收集、存储、管理等信息化集成管理能力；另外，拥有行业专业人才是一个企业生存与发展的基础，但由于我国传统货代企业模式单一，工作烦琐，从业人员总体素质相对偏低，文化程度普遍不高，缺乏精通有关业务的专业人才，严重影响其行业竞争力。三是缺乏核心竞争力，赢利方式单一。在货运代理市场上，我国大多数国际货运代理企业依靠提供代理服务模式即为货主提供单一的代理订舱、报关、转运等简单服务环节作为主要的赢利手段，形式单一，附加值低，缺乏核心竞争力。四是行业管理制度不完善，市场秩序不规范。当前，我国处于快速转型期，很多行业正发生着迅速、深刻的变化，相应的管理制度调整速度却跟不上步伐，货代和物流行业就居于其中。目前，货代行业内存在很多未经政府相关部门正式批准的非法货代企业，而这些非法货代企业为了争夺资源，谋取最大化利益，常常采用不正当手段恶意竞争，严重扰乱市场秩序。[①]

总体来说，我国航空货运代理公司多数以国内业务为主，规模较小，竞争力较弱。在国际市场中，专业运营的货运航空枢纽是航空货运发展的主流模式，也是中国航空货运专业化的借鉴模式，如美国的孟菲斯、路易斯维尔等。

3. 货运枢纽机场——国际货运枢纽机场垄断性强，我国整体竞争力还比较弱

货运枢纽机场，主营航空货物运输，分兼航空货运集散中心、大型航空物流集成商和航空公司的主要运营基地，通常拥有完善的地面集疏运交通体系、四通八达的交通地理优势、较强的航班波接纳能力等。国际货运枢纽机场既是全球供应链核心环节，也是航线网络的关键节点，同时还是全球航空要素分配中心。国际货运枢纽机场主要包含综合性货运机场、专业性货运机场、区域性货运机场及门户枢纽货运机场，以上机场构成的空中航线网络服务全国、辐射全球。

从全球运营数据来看，货运枢纽机场明显集中度大，垄断性较强，

---

① 王颖：《我国中小型国际货运代理企业发展策略探讨》，《商业现代化》2015 年第 29 期。

尤其是全球货邮吞吐量排名前六位的第一梯队机场的规模优势尤为突出。大型货航龙头 + 枢纽机场的共生模式已经成为全球航空货运的发展趋势，大型航空枢纽的经济价值和社会价值越来越大，同时竞争也越来越激烈（见图 3 – 10）。

图 3 – 10　大型货航龙头 + 枢纽机场的共生组合

资料来源：根据民航资源网公开数据自制，为 2019 年数据。

从我国运营数据来看，货运枢纽机场的运营规模总体偏小，中国香港国际机场货运量自 2010 年起超越美国孟菲斯国际机场，连续 9 年居世界第 1 位，也是世界上第一个货邮吞吐量达到 500 万吨的机场。2019年虽然受中美贸易争端和香港形势不稳定的影响，香港国际机场货邮吞吐量同比 2018 年的 510 万吨下滑至 481 万吨，但仍居世界第 1 位。究其原因，香港是亚太地区最大的自由贸易港，背靠珠三角——中国最大的工业和高科技加工基地。上海浦东国际机场紧随其后，居第 3 位；中国台湾桃园国际机场排第 6 位；北京首都国际机场排第 10 位；广州白云国际机场排第 11 位。特别需要指出的是，香港国际机场的货邮吞吐量是北京首都国际机场 2 倍多，更是中国内地机场第 7 位到第 24 位的 18 个机场航空货运量的总和。

由此可见，中国内地各主要货运机场的货邮吞吐量（普遍在 50 万吨/年左右）（见图3－11）与全球领先的货运机场（普遍在200万吨/年左右）相比总体上存在着数量级的差异（见图3－12）。在全球和亚太区域范围内，中国内地枢纽机场与国际航空货运枢纽的差距还很大，整体竞争力还比较弱，中国发展建设国际性航空货运枢纽还有很长的路要走。

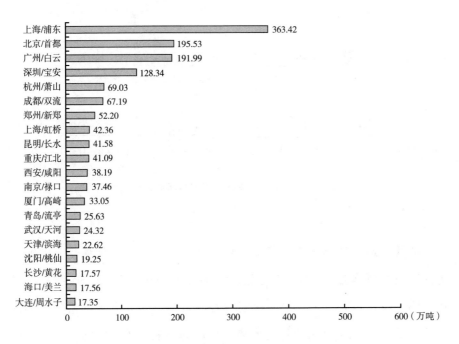

图3－11 2019年中国内地机场货邮吞吐量排名（前20）

资料来源：中国民航局、中商产业研究院。

从区域分布来看，我国内地航空货运机场地区分布不均衡。2019年货邮吞吐量1万吨以上的货运机场59个，其中北京、上海和广州三大城市机场货邮吞吐量占全国航空货邮吞吐量的46.5%。京津冀、长三角、粤港澳大湾区城市群凭借区域人口规模、经济实力和产业基础，航空货运发展较为成熟（见表3－4）。目前以北京、上海和广州三大城市机场为依托，已孵化出具备一定规模的机场群。与此同

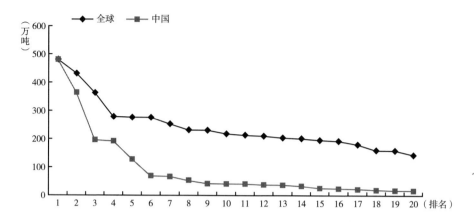

图 3 - 12 2019 年全球及中国 Top20 机场货邮吞吐量示意

资料来源:《2019 年全球货运枢纽机场航空货运发展情况》,https://www.amz123.com/thread - 361458.htm。

时,对于经济发展水平相对落后的中西部地区而言,由于其地处内陆、外向型产业少,航空货运需求低,发展受限,无法在全球货运航线网络体系中发挥重要节点作用,在全球现代化经济产业体系中更是缺乏存在感。并且中西部地区机场之间同质化竞争严重,缺少抱团发展,尚缺乏引领性的航空门户枢纽。此种局面已无法满足我国全域开放、全面开放的战略格局。

表 3 - 4 我国 14 个航空物流枢纽 2019 年客运/货邮吞吐量对比

区域	城市群落	机场名称	2019 年客运吞吐量（万人）	客运吞吐量同比增长率(%)	2019 年货邮吞吐量（万吨）	货邮吞吐量同比增长率(%)
华北	京津冀	北京大兴国际机场（2019年9月25日正式通航）	313.5074	—	0.73623	—
		北京首都国际机场	10001.3642	-1.0	195.53	-5.7
		天津滨海国际机场	2381.3318	0.9	22.62	-12.6
		石家庄正定国际机场	1192.2801	5.2	5.32	15.4

续表

区域	城市群落	机场名称	2019 年客运吞吐量（万人）	客运吞吐量同比增长率（%）	2019 年货邮吞吐量（万吨）	货邮吞吐量同比增长率（%）
华东	长三角	上海浦东国际机场	7615.3455	2.9	363.42	-3.6
		上海虹桥国际机场	4563.7882	4.6	42.36	4
		南通兴东国际机场（京东基地）	348.4484	25.7	4.23	-1.7
		嘉兴军民合用机场（圆通基地）	在建	在建	在建	在建
华南	粤港澳大湾区	香港国际机场（菜鸟基地）	7150	-4.2	481	-6.1
		广州白云国际机场	7337.8475	5.2	191.99	1.6
		深圳宝安国际机场	5293.1925	7.3	128.34	5.3
华中	华中 1.5 小时航空圈	郑州新郑国际机场	2912.9328	6.6	52.2	1.4
		西安咸阳国际机场	4722.0547	5.7	38.19	22.1
		鄂州顺丰国际机场	在建	在建	在建	在建

资料来源：《物流巨头的航空战役：全国航空物流枢纽格局已定，4 大三角区域正在迅速崛起》，https://www.headscm.com/Fingertip/detail/id/3772.html。

从我国中西部地区机场来看，航空货运枢纽或正在崛起。随着中西部地区开放的广度和深度不断加大，中西部地区机场正迎来前所未有的发展机遇。近几年来，中西部地区机场纷纷开辟通往共建"一带一路"国家和地区的航线，为我国企业迅速"走出去"，为共建"一带一路"国家和地区共谋发展打通了空中交通网络。目前，处于中西部地区的郑州、西安、鄂州等城市积极借助航空货运的发展，参与国际分工和国际经济大循环，郑州机场、西安机场、鄂州机场正在成为新的市场焦点。三个机场作为中西部地区货运枢纽机场，若能相互借力、相互渗透，找准定位、做好特色，发挥区域、经济及产业优势，协同创新、差异化发展，防止区域恶性竞争、同质化发展，实践"合作共赢"的新模式，努力打造具有中转优势的航空枢纽和 1.5 小时航空圈，有望发展为中国第四大航空货运枢纽机场群，成为"一带一路"上崛起的"新星"。

总之，欧美的大型航空枢纽专业化分工十分明确，新兴经济体航空货运发展则主要依托于机场硬件设施建设和国际贸易分工体系下制造业中间品及产成品的运输。而中国想要跻身全球航空枢纽前列，传统航空货运物流服务模式亟待改革，大型货航龙头＋枢纽机场的后现代航空货运物流服务集疏效应仍有较大的提升空间，只有更好地形成国际航空货运枢纽的"头雁效应"，才能进而形成国际航空货运机场群效应。

四　全球成功的航空货运枢纽机场的类型

通过对航空货运市场现状及发展特征的分析可知，欧洲、北美和亚太地区是全球最大的三个航空货运市场。全球航空货运市场格局与人口、经济、社会发展水平和机场枢纽战略相关，基本反映出区域发展的不平衡。

从图 3 - 13 可以看出，全球货运量排名前 20 的枢纽机场中，北美有 7 个，欧洲有 4 个，亚太地区有 8 个，还有一个是位于亚、非、欧三大洲交接地带的迪拜。

亚太地区国际航空货运枢纽中中国香港排名全球第一，一直保持航空货运第一大港的地位。亚太区域入围全球 20 强的货运枢纽机场包括韩国仁川、日本成田、中国台北桃园、新加坡樟宜机场，这些机场既有稳定的市场资源又有丰富的国际化经验。

欧洲区域内航空货运枢纽还是经典的四大区域枢纽——法国巴黎戴高乐、德国法兰克福、荷兰阿姆斯特丹、英国伦敦希斯罗，它们都是国家的经济中心城市，拥有较好的腹地经济、发达的地面交通网络，在实施枢纽机场战略的同时，大力发展航空港经济，加快产业转型升级，提高了国家的对外开放水平，增强了国际竞争力。

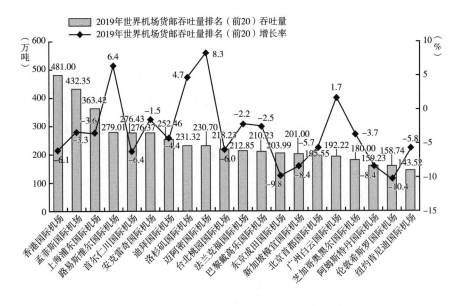

图 3 - 13　2019 年世界机场货邮吞吐量排名（前 20）

资料来源：《国际航空货运枢纽机场的发展经验及启示》，http：//att. caacnews. com. cn/ zsfw/ysfw/202111/t20211101_ 59965. html。

北美航空货运枢纽均在美国。以孟菲斯、安克雷奇和路易斯维尔为代表的由专业化快递公司运营货运航空枢纽的模式在全球范围内形成一道亮丽的风景线，这未尝不是中国专业化航空货运机场发展的借鉴模式。

以上国际航空货运枢纽均以大型机场为依托，具有中枢辐射式航线网络，承载高密度国内外货运航班，是带动周边、辐射全国、对接全球的大型航空物流中心。综观全球航空货运枢纽，分析总结其发展路径，深入研究其发展经验，主要分为以下三类。

（一）腹地经济支撑型

自身具有良好的区位优势，拥有强大的腹地经济基础。一般都是全球或者区域的中心城市，辐射区域外向型经济较发达，是传统的产业中心、金融中心或政治、文化中心，是具有强大综合物流功能的现代物流中心，是国际贸易与商业中心，当地经济发展对航空的需求较为旺盛。在发展的过程中迅速吸引了基地货运航空公司、大型物流集成商的入驻，形成中枢辐射式航线网络结构的中心，成为国际航空货运枢纽网络中难以替代的重要节点。机场所在的航空港也成为航空要素资源的集成中心、对接全球经济的重要门户。如德国的法兰克福机场、英国伦敦的希斯罗机场、法国巴黎的戴高乐机场，以及中国的北京、上海、广东等机场。

（二）货运基地航空公司主导型

货运基地航空公司主导型主要是依托大型航空货运企业的发展而发展起来的国际航空货运枢纽。典型代表包括美国的孟菲斯国际机场、路易斯维尔国际机场、安克雷奇国际机场，是全球大型物流集成商 FedEx 和 UPS 的基地。

以孟菲斯国际机场为例，1973 年，联邦快递入驻孟菲斯国际机场，联邦快递的入驻使孟菲斯国际机场的货运量迅猛增长，它的存在使孟菲斯机场成为世界最大的货运枢纽。[①] 联邦快递拥有世界最大的空中货运机群和全球转运中心，在孟菲斯国际机场建立了 364 公顷的超级转运中心，300 多英里的传送带平均每小时处理 95000 个包裹，700 多架飞机通过这里向全球 235 个国家和地区提供地面快递、隔夜快递、文件复印、重型货物运送及物流服务。由于靠近孟菲斯可享受最晚截件时间优势，越来越多的第三方物流商如 UPS、DHL 等都在孟菲斯转运中心附近建立了仓库，从而支持了孟菲斯国际机场的发展。[②]

---

① 梁晶：《借鉴孟菲斯航空物流发展经验加快我国航空快递业发展》，《港口经济》2014 年第 6 期。

② 刘明君、刘海波、高峰、刘智丽：《国际机场航空物流发展经验与启示》，《北京交通大学学报》（社会科学版）2009 年第 4 期。

联邦快递的发展和孟菲斯空铁陆水的多式联运优势，在为孟菲斯国际机场提供了大量货源的同时，也带来了很多全新的商业经济模式，带动了机场周边很多产业的发展，如国际物流业、电子信息业、生物医药业、纺织加工业、医疗产业、汽车产业等，并融合了科研、加工、制造、仓储、物流及商务等，形成了以航空物流作为核心产业的产业集群和产业增值链条，进一步扩大了孟菲斯国际机场货物运输的市场需求。

由于联邦快递每天巨大的运输量，1993～2009 年，国际机场协会（ACI）已经连续 16 年将孟菲斯国际机场列为全球最大的货运机场。

（三）国家战略推动型

在经济全球化的背景下，枢纽机场已成为全球高能级生产要素和资源配置的最佳场所。依托枢纽机场，发展航空经济，对于国家参与全球经济分工合作，促进产业转型升级，整体提高国家竞争力，具有重要的战略意义。21 世纪的机场，已经成为全球化的新核心。发达国家纷纷将国际航空枢纽建设作为提升国家竞争力的重要战略进行部署，如韩国仁川国际机场、新加坡樟宜国际机场、荷兰阿姆斯特丹史基浦机场等。

1. 韩国仁川国际机场

韩国将仁川国际机场打造成为东北亚的国际航空枢纽上升为国家战略，把仁川国际机场的建设作为对外服务的窗口和提升国家形象的国家级项目来进行投资和管理，在资金投入、政策优惠、对外宣传和招商引资方面都给予大力支持。仁川国际机场的管理者（仁川空港公社）为自己制定了"五角空港"（航空港、海港、信息港、商业港、休闲港）的发展策略，希望通过建设和提供"尽善尽美"的外部设施及一流的服务将仁川国际机场建设成为东北亚的国际枢纽港。[①]

---

① 朱前鸿：《国际空港经济的演进历程及对我国的启示》，《学术研究》2008 年第 10 期。

　　仁川国际机场拥有自由贸易区的政策平台，机场货运区和机场物流园区均在机场自贸区的范围内（见图 3 – 14）。自由贸易区的优势在于可以充分接近机场货站，这一需求正是货主选择进驻自贸区的主要因素，入驻客户在自贸区内既可以充分利用接近机场设施的便捷，又可以开展加工、物流、展示、维修等业务（见表 3 – 5）。自由贸易区的建立既满足了客户需求，又为机场带来了大量货源，提高了机场设施利用率，增强了机场的竞争力。

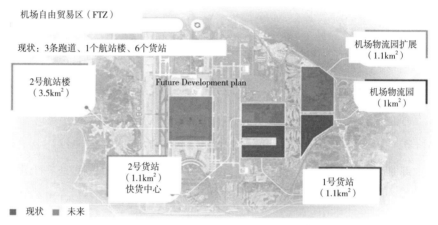

图 3 – 14　仁川国际机场自由贸易区

资料来源：《欧亚主要大型航空物流发展经验与启示》，《空运商务》2015 年第 5 期。

表 3 – 5　韩国仁川国际机场附近自由贸易区的设施和功能

单位：平方米

物流设施	分拨和贸易中心	快递中心	仓储中心	出口中心	支持中心
规划面积	251966	64157	113046	38346	34208
主要功能	加工（组装、包装、贴标签），展示，销售，飞机维修、保养、组装，等等 也可作为地区供应基地（regional supply area）或分拨中心	货物处理或仓储	材料处理、运输及仓储	农畜产品仓储和出口	银行、保险公司、清关处、废物处理处、信息加工处、财务部门、关税处理处、生活设施、房产公司等

资料来源：《欧亚主要大型航空物流发展经验启示》，《空运商务》2015 年第 5 期。

除了拥有自由贸易区的政策平台，仁川国际机场还享有全面的税收优惠与财政支持的政策，其受惠的范围包括航空公司、物流服务商、技术研发企业、高新技术制造商等。不但包括航线开发补贴，也包括各种招商引资补贴。韩国政府通过以仁川国际机场为核心，把发展航空经济作为国家战略加以持之以恒地推动，在政策上给予极大的优惠和支持，最终形成具有区域竞争优势的航空产业集群，促进了本国产业结构升级和国际竞争力的提升。

2. 新加坡樟宜国际机场

新加坡奉行贸易立国，但一无腹地，二无自然资源，自身市场非常有限，为巩固其"亚洲四小龙"的地位，发展航空经济、打造国际航空货运枢纽成为其必然选择。新加坡视其飞行时间七小时内的国家和地区为其经济发展腹地的"七小时腹地战略"，就是通过巩固和强化樟宜国际机场的国际航空枢纽地位，以强化其国家的全球竞争地位。

新加坡樟宜国际机场整个为自由贸易区，其物流园区就是一个占地26公顷的自由贸易区，可以在区内操作快速周转的物流活动和分拨业务，几乎所有全球性的大货代公司都已入驻机场物流园区。机场物流园区和自由贸易区成功优势在于：首先，新加坡政府加大贸易自由化的步伐，和日本政府签订了货物自由贸易协议，同时还积极和美国进行自由贸易的协商，这将带动它的进出口货运量；其次，新加坡政府在2000年和美国、智利等五国签订了多方天空开放协议，这一协议进一步提高了新加坡航空自由度，有利于新加坡航空公司将新加坡樟宜国际机场作为货运中转枢纽进行打造。新加坡现正在面临产业转型，机场密切关注空运业务的发展和新加坡产业发展计划的结合。比如，利用航空物流的发展助力新加坡发展生物医药产业，同时利用新加坡大力推进贸易自由化和区域经济一体化的政策开放，发展航空货运业，做出未来航空物流发展规划。

在国家战略的推动下，新加坡樟宜国际机场 2019 年处理 201 万吨的航空货运量，是仅次于中国香港国际机场、日本东京成田国际机场和韩国仁川国际机场的亚洲第四大枢纽机场。在新加坡，民航业直接带来的产值约占其国内生产总值的 9%，对金融、贸易、旅游、制造业的间接贡献占新加坡国内生产总值的 30% 以上。

3. 阿姆斯特丹史基浦机场

被誉为"海上马车夫"的荷兰，在经营海港贸易的同时，不断寻求国家新的经济增长点。在 20 世纪 80 年代，荷兰政府找到经济发展的新引擎，在《国家规划与发展报告（第 4 版）》中将史基浦机场定位于国家发展的中心地位，实施枢纽港战略（Mainport）。同时，将史基浦机场地区纳入荷兰环境房产与规划部（VROM）所负责的全国空间规划；进入 21 世纪，机场已经与知识经济的其他元素联系起来，开始形成智慧港战略（Brainport）。

荷兰政府站在国家战略的高度进行定位和规划机场，将阿姆斯特丹史基浦机场定位于国家发展的中心地位，将航空城定位为欧洲商业界的神经中枢（包括机场中心区特色项目、等级梯度化总部项目和分销与配送中心项目），使阿姆斯特丹史基浦机场日益成为高质量商贸休闲园区的发展中心。

史基浦机场发展航空物流定位为欧洲的物流集散中心。依托机场航空网络的通达性、高标准的货运设施服务、邻近阿姆斯特丹港口、连接欧洲高铁，以及周边发达的高速公路网络，史基浦机场吸引了大量高水准配送物流公司的集聚。包括 UPS、FedEx、DHL 等超过 50% 的欧美及亚洲的物流公司将其在欧洲的物流中心设立在荷兰。目前，史基浦机场物流规划的核心是"多式联运"，推广 ACT 战略（Amsterdam Connecting Trade），即"阿姆斯特丹连接贸易"，建设专用的货运通道连接机场货站和机场南部物流枢纽 ACT 内卡车中心、铁路、水运码头。

随着国家战略的深入实施，阿姆斯特丹史基浦机场区域逐步发展成为一个集航空枢纽、物流中心、区域经济中心和国际贸易中心于一体的多元综合体，被誉为"欧洲商业界的神经中枢"。阿姆斯特丹史基浦机场也发展成为重要的北欧门户和全球枢纽机场，拥有 100 多条航线和 200 多个目的地，成为欧洲四大航空枢纽之一。

五　我国发展国际航空货运枢纽的几点战略思考

"十三五"以来，随着我国供给侧改革的深入、"一带一路"倡议的推进、自由贸易区的布局和发展以及各项经济改革措施的落实，以亚欧、亚太、欧美为主体的世界贸易格局已逐渐形成，这个阶段将是航空货运物流业大发展的绝佳机遇，抓住这个机遇将奠定中国航空物流在世界航空物流业中的战略层级。

在国际经济秩序重构、我国经济进入新常态的大背景下，国内各大城市均着力于在更广阔的范围内集聚高效率生产要素，在资本、知识和技术密集型领域占据有利之地，从而提升城市的竞争力。具备了科技含量高、开放程度高、国际合作多等诸多优势的航空经济，在许多城市被作为增强核心竞争力、推动区域经济发展的重要引擎蓬勃发展。

目前，在新时代我国着力推动形成全面开放新格局，发展更高层次的开放型经济的大背景下，各地区均积极谋划，努力探索，寻找由开放洼地向开放高地转变的抓手和支撑。航空业联通全球覆盖国内，是连接地区与世界的空中桥梁。建设国际航空枢纽机场，发展航空经济，对本地区转变经济发展方式、发展现代产业体系、优化产业结构、促进产业转型升级，无疑将起到重要的龙头引领和强劲助推作用。

我国各地区发展航空经济、打造国际航空货运枢纽，应结合自身的资源禀赋，充分借鉴全球航空货运枢纽机场的成功经验，加强顶层设计，注重战略谋划，如此才能在激烈的竞争中脱颖而出，实现成为全球航空货运枢纽的战略目标。

（一）构建国际航空货运枢纽机场应引进或培育基地货运航空公司

强大的基地货运航空公司和超级物流集成商的运作对于国际航空货运枢纽机场的构建不可或缺，它们的作用在于整合航线和货物资源，把枢纽机场作为其转运、分拨的中心，短时期内就能迅速提升基地机场运输能力，与枢纽机场互为支撑。

综观世界其他航空货运枢纽机场，它们的成功几乎离不开自己的基地航空公司。国际上如迪拜的阿联酋航空、仁川的大韩航空和韩亚航空、新加坡的新航、中国香港的国泰航空，以及孟菲斯的 FedEx、路易斯维尔的 UPS。国内的三大门户机场也分别是国航、东航和南航的基地。

构建国际航空货运枢纽机场，想要有质的飞跃，就必须致力于培育一到两家本土货运航空公司在此建立基地，同时也应致力于吸引全球超级物流集成商在此设立分拨中心。

目前中国航空物流的发展才刚刚起步，根据相关数据统计，至 2019 年底，中国运营机队货机总规模为 174 架。而全球四大快递服务商中的 FedEx 拥有飞机 634 架，UPS 拥有飞机 269 架（租赁飞机 305 架），年收入都在 500 亿~600 亿美元。因此培育和吸引基地货运航空公司和物流超级集成商对我国中西部地区构建航空货运枢纽显得尤为重要。

（二）构建国际航空货运枢纽机场必须结合区域产业培育与发展

1. 发展航空港经济、构建国际航空货运枢纽应充分结合区域原有产业基础

国际航空货运枢纽的构建离不开货源的支撑。除了基地货运航空公司带来的中转货源外，最主要的就是本区域产业带来的腹地货源。发展

航空经济首先应结合区域经济社会发展特点和城市发展定位，根据当地产业对空港依赖的程度进行布局，以促进产业转型升级和城市发展。发展航空经济既不是全盘抛弃原有产业基础，也不是对原有产业门类的拼凑或叠加，而是要将航空港的因素注入原有产业门类中，促进原有产业门类的变化发展，提质增效，促进产业链的延伸与拉长。机场不仅要服务其所在的城市，更要服务其辐射带动的区域。不同的城市，有不同的发展定位；不同的区域，有不同的产业发展基础和特点。原有产业门类加入空港这一效率因素后，会促进产业规模的集聚和扩大、新的产业门类的出现和新的产业链的形成。比如电子商务与航空快递物流结合后，催生了异地网购、跨境网购交易的迅速发展，跨境电商物流产业已经形成气候。而跨境电商的出现，又会吸引上下游产业在机场周边集聚，形成航空电商物流产业集群。

比如荷兰的鲜花贸易与航空要素的结合——荷兰在鲜花和花卉运输方面拥有悠久的历史，世界上最大的鲜花拍卖市场阿什米尔拍卖行就坐落在阿姆斯特丹史基浦机场附近，通过鲜花贸易与航空运输的结合，全世界80%花卉产品的拍卖在阿什米尔拍卖行举行，并通过荷兰皇家航空公司等的飞机高效地售往全世界。在这个高效的花卉销售网中，花农、鲜花拍卖行、花卉批发商与出口商、物流企业、阿姆斯特丹史基浦机场、荷兰皇家航空公司等组成了一个鲜花贸易的生态圈，使荷兰的花卉贸易成为其重要的经济支柱之一。

2. 发展航空港经济、构建国际航空货运枢纽应注重引进及培育航空关联型产业

枢纽机场是发展航空经济的前提和依托，随着枢纽机场规模的扩大和竞争力的提升，其快速、高效、便捷的运输网络，可以带动现代制造、精密仪器、生物医药、电子信息等附加值高的产业发展，形成以空港为核心，具有新经济形态和新型产业特征的空港经济区，极大地带动和促

进区域经济的转型升级。因此，枢纽机场和航空关联性产业的发展是相互依托、相互促进的。制造企业的发展可以为航空公司提供丰富的货源，带动航空物流规模扩张，吸引航空公司的进驻。反之，航空公司的运力投入可以降低制造企业总物流成本、提升运营效率，提高产品的附加值。

机场航空物流的主要特点是运送速度快、货物损耗低、运输成本高。采用航空运输方式，货物在途时间短，周转速度快，制造企业存货可以相应地减少。库存减少一方面有利于资金的回收，减少利息支出，另一方面企业仓储费用也可以降低。同时，由于航空运输安全、准确，货损、货差少，因此制造业所承担的保险费用较低。与其他运输方式相比，航空运输对包装要求比较简单，包装成本减少。这些都有利于制造企业隐性成本的下降和收益的增加。

由于航空物流的这些特点，适合航空物流的产品也有所限制。总体来讲，适合国际航空物流的货物主要是企业更注重及时性、可靠性的产品。如电子类产品、机电产品、纺织服装、航空器材、医疗设备、高科技材料、贵重金属和物品（如珠宝首饰）、高价农副产品（如鲜花、蔬菜）、邮件、快递类产品等。因此，主要产业市场发展方向为"时限、时尚、时鲜"的"三时"产品，如表3-6所示。

表3-6 "三时"产品

项目	时限	时尚	时鲜
高档服装、丝绸		√	
汽车零部件	√		
电子信息制造	√		
工艺品制造		√	
装备制造	√		
医药制造			√
食品制造			√
鲜切花			√

依托枢纽机场，大力发展航空关联型产业，创造新的经济增长点，带动机场周边地区及整个城市经济发展和产业结构升级，越来越受到重视并被提高到战略高度。如新加坡樟宜国际机场，依托其强大的国际枢纽航线网络，专业高效、国际化水准的服务，是世界首个经国际航空运输协会（IATA）认证的药品处理卓越中心（2014 年）和世界首个IATA 药品处理独立验证机构卓越中心（CEIV），为新加坡成为亚洲最富活力的生物医药中心提供了强力保障。同时，新加坡生物医药产业的发展也为该机场带来 1/3 的货运量。

枢纽机场通过增加航空物流服务功能，重视发展满足与航空货运密切相关产业的需求，建立产业园区，创造新经济增长点，带动机场周边地区及整个城市经济发展和产业结构升级。新加坡樟宜国际机场为我们提供了很好的示范。

（三）构建国际航空货运枢纽机场应致力于发展为国际贸易与商业中心

市场经济全球化的今天，国际化的航空货运枢纽是一个被赋予更多内涵的多元化经济体，其不再仅仅是以物资转运方式连接国际市场的中心，更是国际市场信息传达中心。在一般经济体中，信息传达的方式大多以较为传统的方式进行，简单但缺乏准确性和国际性，对于高能级的国际市场来说，贸易才是国际市场最先进、最有效的信息传达方式，所以，建设贸易型国际航空货运枢纽应成为航空经济建设中非常重要的一个发展方向，是建设国际航空货运枢纽国际市场信息传达体系最重要的措施。

在国际上，不乏国际贸易与商业中心式的国际市场信息传达系统成功的案例，新加坡樟宜国际机场、阿联酋迪拜国际机场、中国香港国际机场等国际航空货运枢纽都是以国际航空货运＋国际贸易与商业中心的模式建设和发展的。

（四）构建国际航空货运枢纽机场应注重多式联运，开创新的贸易走廊并带来贸易流量

从全球成功运作的国际航空货运枢纽机场可以看出，许多枢纽机场所在的城市本身就拥有发达的综合交通网络，地理位置优越，有的甚至拥有机场、铁路、公路、港口和水路，形成一个综合完善的集疏运系统，4小时的经济交通圈内能够辐射大量的大中型城市，不但可以提升交通集散条件支持多式联运发展，还能够扩大航空运输腹地资源，推动机场逐渐发展成大型航空货运枢纽，这些地区也是物流集成商选址优先看中的地方。

多式联运使机场具有强大的连接性，以机场为中心的、密集的多式联运网络有助于从货源地集货和分拨货物，从而有力地支持机场的货运枢纽战略。如香港国际机场的"卡车航班"使香港国际机场与华南地区建立了紧密的陆路枢纽网络，成为发展陆路网络、空陆联运的成功案例；仁川国际机场的"海空联运"由大韩航空提供的"空中之桥"服务将中国港口城市（如上海、天津、青岛、大连等）和韩国仁川港的海运与仁川国际机场的空运结合起来，构建海空联运，再通过仁川国际机场将货物运往北美和欧洲国家；迪拜国际机场的"海空联运"使其成为亚、非、欧三大洲的交通枢纽、全球航空货物流通的中转地。迪拜的海港、空港协同联动发展也使迪拜的海空联运一直处于领先地位。迪拜通过海空联运实施中转，从亚太到欧洲的运输成本和直接空运相比可以节省50%以上，比全程海运要节约60%的时间，同时自由贸易区的政策带来良好的投资和贸易环境，迅速集聚了一批全球性企业，频繁的货物往来，使之成为真正的全球化货物转运中心。

多式联运还能帮助枢纽机场建立新的贸易走廊并带来贸易流量。如新加坡樟宜国际机场，充分利用其海空联运的优势，推动新西兰到

欧盟的牛羊肉从新加坡中转。之前新西兰到欧盟的牛羊肉都是空运或者海运，空运快但物流成本太高，海运虽便宜但时间太长。新加坡樟宜国际机场利用其完善的枢纽航线网络、便捷的海空联运优势，推动新西兰的牛羊肉先海运至新加坡，再空运至欧盟，建立了新的贸易走廊并带来贸易流量，一方面提升了新加坡樟宜国际机场的货运量，另一方面也促进相关贸易及产业的发展。

从以上全球成功的航空货运枢纽发展多式联运的经验可以看出，"空铁陆海"多式联运不是简单地为了"多式联运"而联运，而是通过"空铁陆海物流通道"的建设，找到平衡物流时间与成本的新的运输通道，并随着新的物流通道的开辟，建立新的贸易通道而带来新的贸易流量。

我国"一带一路"倡议的推进和中欧班列的开通，对我国内陆地区发展外向型经济、加强与世界的经贸合作具有重大历史意义。我国内陆地区发展航空经济，打造国际航空货运枢纽，可以充分借鉴国际成功经验，先行先试，尝试实施"航空 + 中欧"战略，以建设亚欧空铁联运体为战略突破口，构建"以机场服务为基础，以资源通道建设为导向的航空物流生态圈"。依托空、铁物流的产业生态圈和物流生态圈的对接、市场对接、服务对接、政策对接、基础设施对接等方面的全面对接来实现亚欧空铁联运体的建设。通过航空物流生态圈的建设、培育向外延展，从而将航空物流枢纽由区域经济的推动者升华为区域经济的拉动者。

1.亚欧空铁联运目标市场建设

区域经济的主体是市场，市场是追逐利益的，企业的利益是由效率提高、成本降低带来的，对于企业（尤其是外贸企业）来说，物流效率的提高和物流成本的降低是企业自身无法根本解决的。解决这些问题，营造优良的产业环境，加快物资流动速度，扩展物资流通区域，就是建设以航空物流为龙头、以中欧班列为基础的亚欧空铁联运体并在其框架下组织市场、创建市场、带动产业、优化产业布局从而形成航空物流生态圈的根本所在。

中欧班列的优势是向西穿过中国中部城市群、中国西部经济圈、蒙俄经济圈、中亚经济圈、东欧经济圈、莫斯科经济圈、北欧经济圈、欧盟经济体后直达世界制造强国德国，极大地促进了我国与沿线各经济体之间的贸易往来，为打开国际市场开拓了新的途径。

因此，以促进中西部内陆地区外向型经济建设为目的，对接与铁路物流有着完全不同的目标市场和效益呈现的航空物流，建设以空、铁物流为主体的亚欧空铁联运体就显得尤为重要。通过亚欧空铁联运体的建设，资源和产品既能"走出去"也能"聚进来"，以此扩大中西部内陆地区区域内的产业规模，优化产业布局，形成中西部内陆地区区域内的产业生态圈、物流生态圈；发挥航空物流的优势，对中欧班列形成的点对点的中欧贸易进行市场培育，将点转化为面，进而将中欧贸易转化为全覆盖的亚欧贸易（见图3-15）。

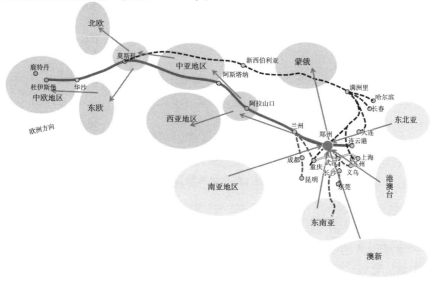

图3-15　中欧铁路通道规划

资料来源：《中欧班列建设发展规划（2016~2020年）》。

在亚欧空铁联运体下，航空物流目标市场的建设要遵循"以点扩面、向外延伸、向内集聚"的原则。中欧班列能做到的大多是点对点的物流，铁路的触角无法触及点外更大的市场；欧洲的货物通过中欧班列向东到中国境内后即可视为贸易终止，对欧洲的企业来说这条线路还太短，它们希望贸易不只是中欧，而是能将贸易延伸到亚洲更多的市场，比如东北亚市场、港澳台市场、东南亚市场、南亚市场、澳大利亚市场等，相反，亚洲各主要市场的企业也面临同样性质的问题。"以点扩面"，这个面就是航空物流的主要目标市场（见图3-16）。

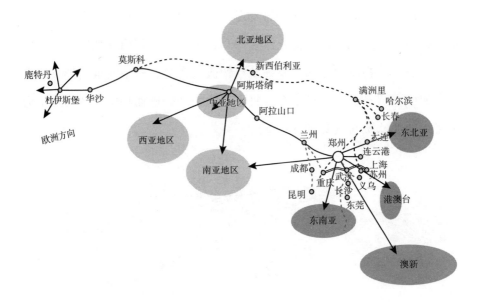

图3-16　航空物流的目标市场

2. 亚欧空铁联运产业布局及建设

物流行业的资源来源大致分为两种，一种是外部市场资源，另一种是内部市场资源，当这两个市场产生互动的时候，带动的是物流产业的形成，当这两个市场足够强大、平衡并产生良性互动的时候，带动的是物流生态圈的形成，要建设航空物流生态圈，就要针对航空物流业的目标市场进行对内建设、对外培育，由内而外，渐进式推进。

内部市场大致可以分为两级。一级是对于国内贸易来说，中西部内陆地区是内部市场，其他省份或区域是外部市场；一级内部市场的建设，主要是产业规模的提升和产业布局的优化，是航空物流生态圈建设成功与否的关键。二级是对于亚欧贸易来说，中国是内部市场，亚洲、欧洲等是外部市场。

对航空物流业来说，内部市场就是机场所在地的区域市场，其中的生产企业则是航空物流业最稳定、最优质的资源。在目前的市场环境下，经济快速发展，各行业内部竞争加剧，航空物流业要发展，不能"等、靠、要"，要发挥自身的优势，借助亚欧空铁联运体这一开放体系主动组织市场、创建市场。

无论是组织市场还是创建市场，航空物流企业都要发挥主导作用，联合当地政府，掌控空铁联运优势（由个体自然垄断迈向联合自主垄断），建设以"亚欧空铁联运体"为核心的亚欧国际物流运营平台，通过市场的运营实现"资源通道兴、产业兴""产业强、资源通道更强"的良性生态循环，促进航空物流、客流等各方面的大发展，进而实现将航空物流枢纽由区域经济的推动者升华为区域经济的拉动者。

组织市场：充分利用航空港附近的物流园区，成立并运营"亚欧空铁联运体产业中心"，将中西部内陆地区的优秀企业集中，各地市、各企业常年设展，在亚欧空铁联运体框架下实现"供、销、运"一体化。

创建市场：在亚欧空铁联运体框架下，依靠航空自由贸易港建设"亚欧空铁联运体产业园"，或联合航空港区周边在建产业园，集中具有导向性的产业和企业，实现"产、供、销、运"一体化。

3.建设以"自由贸易航空港"为核心的亚欧国际物资交易平台

自贸区的建设是区域经济发展的最大动力，经济发展的根本是物资的流通，物资流通的根本是自由贸易，这是市场经济活动中的无限良性循环。

自由贸易是区域经济走向国际的一个重要条件，建设航空自由贸易港为亚欧空铁联运体提供了一个空、铁自由对接的空间；在自由贸易港内，空、铁首先要实现物资转运对接及物流服务的无缝对接，这就要求必须完善、提高航空自由贸易港内的相关基础设施和服务体系。

借鉴学习迪拜海空联运的成功经验，以"效率优先、成本优势"为核心打造亚欧自由贸易港的竞争优势和服务品牌，建立多部门协同运作模式，可以探索将亚欧自由贸易货站作为建设中欧空铁联运体的前置条件进行规划、建设。亚欧自由贸易货站的建设，必须在秉承统一政策、统一规划、统一建设、统一运营、统一管理的原则下，才能将中欧班列的航空转运货物无障碍导入。也可以将机场货运区、物流园区、亚欧空铁联运园区统一划入自由贸易港区内，使航空、铁路的货物能够在区内自由移动、组合、存储和重新包装且不用缴纳关税，提供一站式的大通关服务，创造良好的物流发展条件吸引货运航空公司、航空物流集成商、高新技术制造商、技术研发企业等的入驻，努力构建航空物流生态圈。

4. 亚欧空铁联运大联盟建设

目前无论是国内还是国际市场，航空物流业竞争异常激烈。在国内有北京、上海、广州、深圳、武汉、成都等地的货运枢纽机场，面对同样的市场，各航空物流在资源、政策、人才等方面展开了全方位的竞争，再加上拥有自由贸易优势的中国台湾、中国香港的货运枢纽机场，更是把国内航空物流业竞争的激烈程度推向更高；在国际上有韩国、日本、新加坡等的货运枢纽机场，这些机场既有稳定的市场资源又有丰富的国际化经验。以目前的情况来看，很显然，竞争的优势不在我们这边。

倡议成立"亚欧空铁联运大联盟",优化竞争环境、解决竞争品质的同质化、共同抵御竞争对手的国际化。"亚欧空铁联运大联盟"的成功运作,将会使中西部内陆地区从一个地理位置上的交通枢纽逐步转变为国际航空物流枢纽。

第一,通过在区域内组织市场、创建市场与企业建立联盟关系,确保自身的资源,奠定自身参与竞争、抵抗风险的基础能力。

第二,通过与区域外的龙头市场、新兴市场联盟,丰富市场资源,增强自身参与竞争、抵抗风险的能力。

第三,通过与铁路、公路、港口、物流公司等相关行业的联盟,丰富自身参与竞争的手段。

第四,通过与优势互补的同行业联盟,解决市场同质化竞争、扩大自身影响力,共同抵御国际竞争。

总之,国际航空货运枢纽是在国际航空货运网络中处于重要节点地位、侧重货运服务的大型枢纽机场,是提升区域竞争优势的一个重要战略工具。建设国际航空货运枢纽,应该开放视野、放眼全球,大胆创新,借助"一带一路"建设机遇和庞大的航空货运市场,加快构建国际航空货运枢纽机场,推进我国快速打造面向全球的航空货运门户枢纽。

第四章 │ "网上丝路" 与航空经济

　　航空经济产生的前提是全球性垂直分工体系，航空经济的发展将进一步促进全球分工体系的发展。航空经济的特性是全球性、开放性和高时效性等，借助航空经济，不但生产过程是开放的、全球性的，而且生活消费也是开放的、全球性的。借助于互联网和航空运输通道，消费者和企业可以方便地"买全球、卖全球"。航空经济为跨境电商提供了高效的物流通道，使网购商品可以在短期内送达世界各地，节约了消费者的等待时间，极大地提升了消费者的购物体验，促使更多消费者加入跨境电商行列，并进一步带动跨境电商的发展。跨境电商是"网上丝绸之路"的重要载体，跨境电商通过互联网实现货物的跨境交易，但货物运输仍通过线下物理通道完成。由于跨境电商交易双方距离较远，交易货物价格较为昂贵，消费者对运输的时效性要求较高，因此，目前航空运输是跨境电商物流的主要形式。跨境电商是航空经济发展的加速器，跨境电商为航空运输提供货源，跨境电商的发展带来航空快件的快速增长，随着跨境电商的进一步发展，航空物流将发挥越来越重要的作用。航空运输的发展将通过航空枢纽带动高端制造业、现代服务业的聚集，又反过来促进跨境电商的发展。

一 "网上丝路"与跨境电商相关概念

（一）"网上丝路"与跨境电商

2013 年，习近平主席在出访哈萨克斯坦和印度尼西亚期间，分别提出了"丝绸之路经济带"和"海上丝绸之路"的战略构想，即"一带一路"倡议。"一带一路"旨在借用古代丝绸之路的历史符号，高举和平发展的旗帜，积极发展与沿线国家和地区的经济合作伙伴关系，共同打造政治互信、经济融合、文化包容的利益共同体、命运共同体和责任共同体。2017 年 6 月 14 日，习近平主席在会见卢森堡首相贝泰尔时，又提到了"空中丝绸之路"的概念。他强调，要深化双方在"一带一路"建设框架内金融和产能等合作，中方支持建设郑州—卢森堡"空中丝绸之路"。"一带一路"建设除"海上丝绸之路""陆上丝绸之路""空中丝绸之路"等物理"丝绸之路"之外，还有与之对应的"网上丝绸之路"概念。"网上丝绸之路"不是一个严格的学术概念，目前并无统一的定义。"网上丝绸之路"概念最早由企业提出，2011 年敦煌网提出要打造 21 世纪的"网上丝绸之路"，并着手搭建跨境电子商务交易平台，随后，阿里巴巴等互联网企业也陆续提出着手"网上丝绸之路"建设，将国内商品销往世界各地，在这些互联网企业打造的"网上丝绸之路"概念中，着力于商品的全球买卖，核心是跨境电商。学者们也对"网上丝绸之路"的概念进行了研究，杜群阳等认为：经济意义上的"网上丝绸之路"，从远期和整体看，是面向"一带一路"国家的互联网经济、贸易与金融平台；从近期和核心看，是面向共建"一带一路"国家的跨境贸易电子商务平台。① 国内文献对"网上丝绸之路"

---

① 杜群阳等：《"网上丝绸之路"对"一带一路"战略的意义》，《浙江经济》2014 年第 24 期。

的定义按功能划分有广义和狭义两种，广义定义是将其看作融合商务和文化交流等功能的信息平台，而狭义定义就是跨境电商。

跨境电商是指分属不同关境的交易主体，通过电子商务平台达成交易、进行电子支付结算，并通过跨境物流送达商品、完成交易的一种国际商业活动。跨境电商具有全球性、匿名性、无形性、无纸化、即时性、快速演进等特点。跨境电商实现了对传统贸易的颠覆性改变，在传统贸易中，一种商品跨国到达消费者手中，需要产品生产商、国外经销商、国内经销商、消费者，但跨境电商可以实现国外生产商经网络平台销售后直接到达消费者手中，无任何中间零售渠道。相比于传统贸易，跨境电商成本更低、速度更快，产品展示更为真实，但跨境电商需要更多的参与者协助完成一笔交易，除买卖双方外，还需要平台提供商、物流供应商、支付企业等共同参与。

（二）跨境电商交易流程

跨境电商参与方一般包含跨境电商（负责销售商品的一方，可以是生产厂家也可以是中间零售商）、网商（提供跨境电商网络销售平台，可以为商家自营式或平台式）、物流商（邮局或国际快递）、支付平台（第三方支付平台或银行）、消费者（个人消费者或小型企业）。

首先，跨境电商在由网商提供的网络平台展示要销售的商品，消费者通过网络平台查询商品，并通过网络平台与销售商直接沟通、交流、洽谈达成购买意向，然后在网站提交订单，网站将用户订单信息提交给销售商，完成第一步。

其次，消费者通过网络平台提供的支付方式完成支付，网络平台可以采用平台自建支付工具，也可以与其他支付企业对接实现支付。支付完成后，网站将支付信息提交给销售商，提示销售商发货。

再次，由于跨境电商的买卖双方分属不同关境，销售商委托具有跨境功能的物流商完成货物运送，通过境内运输、境内清关、境外清关、境外运输，最终将商品送抵消费者。

最后，消费者确认收到货物后，网络平台通知支付企业将商品费用付给销售商，完成一次商品销售。

总之，跨境电商的一次交易涉及信息流、物流、资金流的转移，随着互联网技术的发展，"网上丝绸之路"可实现信息流和资金流的转移，但物流仍需借助线下物理通道实现（见图4-1）。

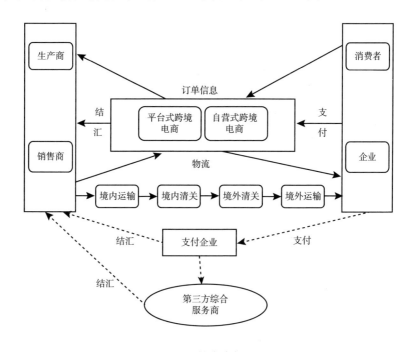

图4-1 跨境电商销售流程

1. 信息流载体——跨境电商平台

跨境电商平台是产品供应商对外进行产品销售所需借助的平台，也是消费者完成跨境电商购物所需借助的平台。跨境电商平台是跨境电商系统模型中的核心环节，将跨境电商产业链中的物质流、资金流、信息流都整合在这一平台之上。目前分为自营型、平台型两类。自营型指平台建设者与所有者通过网站平台销售自己企业的产品，主要包括兰亭集势、DX、米兰网、网易考拉、唯品会国际、京东全球购、聚美优品、小红书等；平台型指平台建设者与所有者建设网站平台，供其他商家入驻平台销售商品，平台所有者并不销售商品，只收取进驻平台商家的佣金，知名的平台型跨境电商平台主要包括阿里巴巴国际站、中国制造网、环球资源网、敦煌网、速卖通、eBay、亚马逊、天猫国际、淘宝全球购等。

平台网站的质量会对消费者的购买意向造成重要影响，网站平台建设要做到有用性、便利性、安全性和舒适性。

有用性指消费者通过跨境电商平台购物，能感知到这种购物行为的确是有用的，即消费者通过跨境电商平台可以更容易地买到想要的产品，相比于其他购物途径而言购物过程更方便，甚至还可能买到其他购物途径所不能买到的产品。

便利性包括搜索过程便利性和交易过程便利性。搜索过程便利性指消费者通过自己的搜索方式很方便地找到目标产品，包括对目标产品的搜索条件输入、候选产品的排序显示、候选产品的介绍等；交易过程便利性指消费者在购物前咨询、交易下单、交易支付等渠道可以方便地进行。

安全性包含三个角度：产品可靠性、资金安全性和信息安全性。产品可靠性主要是指产品与网站描述一致，无假冒伪劣产品，产品质量有保障；资金安全性是指交易过程没有风险，不会导致资金被盗等现象；信息安全性主要是指购物过程中的个人信息不会被泄露。

舒适性包含网站界面友好性、购物习惯匹配性、多语言兼容性、售后服务等。

2. 物流载体——跨境电商物流企业

与国内物流相比，跨境电商物流由于跨越两个关境，所以除了运输距离长以外，清关难是制约跨境物流的重要因素。目前常用的跨境电商物流有以下几种。

（1）邮政小包

指重量在2千克以内（阿富汗为1千克以内），外包装长、宽、高之和小于90厘米，且最长边小于60厘米，通过邮政空邮服务寄往国外的小邮包。邮政小包优点是：运费便宜；派送范围广，因中国邮政是万国邮联成员，所以其派送网络可覆盖世界各地，范围极广；通关能力强，由于邮政小包属民用，并不是商业快递，清关时可走"绿色通道"，海关只对包裹进行抽检。缺点是：运送周期长，比如，俄罗斯、巴西等国家有时超过40天才显示买家签收；限制重量和体积，若卖家售出商品过多，则需分成多个包裹寄出，另外，因邮政小包属于民用，万国邮联的判断标准是合理自用范围，超过此范围则按商业快递处理；限值，海关规定，对寄自或寄往中国港澳地区和国外的个人物品，每次允许出境的限值分别为人民币800元和1000元，对超出限值部分，属于单一不可分割且确属个人需要的，可从宽验放。

因此，邮政小包属于性价比较高的物流方式，适合寄递物品重量较轻、量大、价格求实惠，而且对于时限和查询要求不高的产品。

（2）国际快递

指的是四大商业快递巨头——DHL、TNT、UPS和联邦快递。国际快递企业不但负责货物运输，而且可完成境内境外清关等工作。国际快递对信息的提供、收集与管理有很高的要求，以全球自建网络以及国际化信息系统为支撑，利用强大的IT系统和遍布世界各地的本地化服务，为用户带来极好的物流体验。其优点是速度快、服务好、丢包率低，尤其是发往欧美发达国家非常方便。缺点是由于目前国际快递受四大快递公司垄断，因此价格昂贵，且资费变化较大，一般跨境电商卖家只有在客户强烈要求时效性的情况下才会使用，且会向客户收取运费。

（3）跨境专线物流

一般是通过航空包舱方式将货物运输到国外，再通过合作公司进行目的地国国内的派送，是比较受欢迎的一种物流方式。目前，使用最普遍的物流专线包括美国专线、欧洲专线、澳洲专线、俄罗斯专线等，也有不少物流公司推出了中东专线、南美专线。该模式优点是物流商首先集中大批量货物发往目的地，通过规模效应降低成本，因此，价格比商业快递低，速度快于邮政小包，丢包率也比较低。缺点是运费成本高于邮政小包而且在国内的揽收范围相对有限，覆盖地区有待扩大。

（4）海外仓

海外仓是近年兴起的物流模式，具体指在输入国预先建设或租赁仓库，采用国际运输提前将商品送达该仓库，然后通过跨境电子商务实现商品的销售，再采用输入国物流直接从仓库发货与配送。海外仓是顺应跨境电商物流发展趋势而兴起的一种新型跨境物流模式，其不仅具备仓储、配送等基础物流功能，同时兼具信息收集、产品推广、售后服务等综合性功能。海外仓能有效解决物流时间、成本、海关、商检、商品本地化、退换货等诸多传统物流模式难以解决的难题，但建设海外仓前期投入成本高，海外仓的建设、租赁、运营都需要资金、人员的投入，对前期的销售预测要求也极高。

（5）国内快递

随着中国跨境电商规模的逐渐扩大，其对国际物流的需求逐步扩大，国内少数物流公司也逐步开通国际线路，拓展国际物流渠道。由于依托邮政渠道，EMS 的国际业务相对成熟，可以直达全球 60 多个国家和地区。顺丰也已开通了到美国、澳大利亚、韩国、日本、新加坡、马来西亚、泰国、越南等国家的快递服务，并启动了中国往俄罗斯的跨境B2C 服务。目前，国内快递的运输速度较快，费用低于四大国际快递巨头，但由于并非专注跨境业务，国内快递企业相对缺乏经验，对市场的把控能力有待提高，覆盖的海外市场也比较有限（见表4-1）。

表4-1 多种跨境物流对比

项目	邮政小包	国际快递	跨境专线物流	海外仓	国内快递
价格	低	很高	较高	前期投入高	较高
运送周期	长,30天左右	短,3~7天	15~20天	短,等同于国内运输	较短,5~15天
货物安全型	丢包率较高	服务好,丢包率低	介于国际快递与邮政小包之间	丢包率低且退换货方便	丢包率较低
服务范围	世界各地	部分区域	部分区域	部分区域	部分区域

资料来源：笔者根据公开资料整理。

3. 资金流载体——跨境电商支付与结汇

消费者在网站购买产品后，需要完成资金流的转移。资金支付可通过平台网站直接完成，也可通过其他支付企业完成。但由于跨境电商买卖双方位于不同国家，使用不同货币，所以跨境电商资金支付后，销售商还要进行外币结汇，将收到的外币兑换为人民币后方可完成资金支付。所以，跨境电商支付包含资金支付与外汇结汇两个方面。

（1）资金支付

资金支付可通过网站提供的第三方支付平台或绑定的支付企业完成。

第三方支付平台。跨境电商用户通过在第三方支付平台注册账号，绑定银行卡即可开通第三方支付账户，支付时将账户余额或绑定银行里的资金转移到第三方支付平台，收货后第三方支付平台再将资金划拨给销售商。常用的第三方支付平台有支付宝国际、PayPal等。提供支付服务的第三方支付平台通常按比例向销售商收取一定的服务费用。

支付企业。网站平台除使用第三方支付平台外，有时网站兼容其他支付企业完成支付，其他支付企业主要指商业银行。很多跨境电商网站都支持万事达、美国运通、Visa、银联等种类的银行卡，消费者支付时只需在网上输入卡号和姓名等信息即可，海淘族可以直接使用双币卡进行支付，境外消费者也可通过信用卡来购买国内外网站的商品，此外，用户也可以在银行的线下网点转账汇款支付。

（2）结汇

消费者支付后，销售商收到的是消费者支付的外币，对于中国出口企业而言，还涉及如何将外币兑换成人民币的工作。目前，在我国现有制度下，外币结汇存在一定难度。根据国家外汇管理局规定，货物贸易的结汇需要提供报关单，但目前，我国跨境电商出口企业多采用邮政小包寄出货物，由于邮政小包"民用"性质，其出口在规避关税的同时，在境内无须向海关申报，因此无法取得有效报关单，不能像一般贸易出口那样完成正常结汇。目前，国内出口商常采用的合法结汇途径主要有三种：个人境内身份证结汇、汇丰银行境内 ATM 机取现、离岸公司汇款给国内工厂。但这三种结汇方式只适用于小型商家，因个人境内身份证结汇与汇丰银行 ATM 机取款均有金额限制。个人境内身份证结汇限制每人每年 5 万美元，汇丰银行 ATM 限制每天取现不超过 2 万港元（或对应人民币），对于较大的出口销售商，每年销售额达上亿美元，即使借用所有亲朋好友身份信息也难以完成所有外币结汇。因此只能通过第三方支付平台对冲或其他渠道完成外币结汇。

第三方支付平台。目前，常用的第三方支付平台均支持多币种收款。比如中国出口到美国的商品，支付宝收取美元，结汇时中国用户需要将美元兑换成人民币，而美国出口到中国的商品，支付宝也能完成收款工作，收取人民币，美国用户需要将人民币兑换成美元。第三方支付平台通过对冲来帮助卖家把钱兑换成本币后打到国内指定的任何一个账户，销售商无须另行结汇，同时第三方支付平台向销售商收取一定佣金，这就是支付宝国际和昆仑国际等第三方支付平台所发挥的主要功能。

其他方式。目前国内主要的第三方支付平台除提供支付渠道外，依靠自身的便利性大多都能向用户提供结汇服务，但如果跨境电商卖方采用银行卡或现金收款则需选择其他结汇方式。义乌个体户账户是针对义乌小商品出口特点，为扶持当地的外贸发展，针对当地个体工商户和中小企业金融结汇而出台的一个政策，开立此类账户后，用户可进行大额结汇，不受 5 万美元的限制。另外，还有一些金融企业利用自身业务的便利性，可向用户提供结汇服务，但用户要支付一定的佣金。

二 跨境电商发展现状

跨境电商打破了传统贸易的时间和空间限制，同时，相对于传统贸易，电子商务在货物安全、实时跟踪及支付安全方面有了更大的突破和创新，不仅降低了交易成本，而且简化了交易流程和手续，使更多企业尤其是中小企业参与国际贸易，走向世界。近年来，我国政府越来越重视跨境电商，出台多项措施促进跨境电商稳步发展，同时越来越多的企业参与跨境电商环节，我国跨境电商发展多项参数稳步提升。

（一）我国跨境电商发展概况

1.总体规模

近年来，我国跨境电商交易额及在进出口中的比重逐年提升。2013年，我国跨境电商交易额为 3.15 万亿元，进出口总额为 25.82 万亿元，跨境电商交易额占进出口总额的比重为 12.2%。到 2019 年，我国跨境电商进出口总交易额达 10.5 万亿元，较 2018 年的 9 万亿元增长16.7%，是 2013 年 3.15 万亿元的 3 倍左右，跨境电商交易额占进出口总额的比重达 33.29%（见图 4-2）。借助"网上丝路"建设的东风、互联网基础设施的加强以及大数据、云计算的应用，我国将有更多企业参与跨境电商交易，而且在国外，不管是欧美、日韩发达国家还是新兴市场，网购都在覆盖更多人群，尤其是共建"一带一路"国家和地区，我国跨境电商出口市场还有巨大潜力，未来中国跨境电商交易额及占进出口总额的比重还将持续提升。

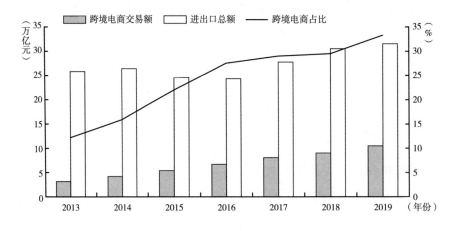

图 4-2　2013～2019 年中国跨境电商交易额

资料来源：跨境电商交易额来自中国电子商务研究中心，《2019 年度中国跨境电商市场数据监测报告》；进出口总额来自《中国贸易外经统计年鉴》（2014～2020）。

2. B2B 与 B2C 规模

跨境电商 B2B 模式通过去除中间过程，让供应商与采购商通过互联网直接联系，使采购商更能买到合适的产品，同时减少了中间环节，降低产品销售成本，从而减轻企业负担。同时，B2C 企业通过互联网直接销售产品，与产品使用方直接接触，更能了解用户对产品的需求，通过用户反馈指导企业生产及新产品研发，使生产更合理。

2019 年，我国跨境电商 B2C 交易额占总交易额的比重为 19.5%，相较于 B2B 交易额占比仍然较小，但最近几年，B2C 交易额占比呈逐年上升趋势，而 B2B 占比逐年下降。2013 年，我国 B2B 交易额为 1638 亿元，占总交易额的 5.2%，而 2019 年，B2C 交易额占总交易额的比重上升至 19.5%（见图 4-3）。B2C 跨境电商的发展亦将促进企业对跨境电商的布局，越来越多的跨境电商平台建立起来，跨境物流、跨境支付等企业也在逐步完善与成熟中发展壮大，跨境电商购物用户将会体验越来越便利的网购过程，反过来又将促进 B2C 跨境电商的发展，将来跨境电商 B2C 交易额及占总交易额的比重还将进一步扩大。

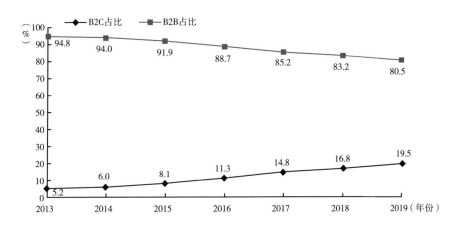

图 4-3 2013～2019 年我国跨境电商 B2B 和 B2C 占比

资料来源：中国电子商务研究中心，《2019 年度中国跨境电商市场数据监测报告》。

3. 进出口规模

在跨境电商进出口环节中，出口仍是跨境电商的主力，2013 年，我国跨境电商出口交易额占总交易额的 85.7%，随后，出口占比呈下降趋势，2019 年，出口占比为 76.5%。我国跨境电商出口占比下降是由进口规模的快速提升所致，虽所占比重下降，但出口交易额呈逐步提升趋势，只是出口增长速度略慢于进口增长速度。2013 年，我国跨境电商出口交易额为 2.7 万亿元，2019 年为 8.03 万亿元，约为 2013 年的 3 倍。2013 年，我国跨境电商进口交易额为 0.45 万亿元，2019 年为

2.47 万亿元，为 2013 年的 5.5 倍（见图 4 - 4）。在我国出口跨境电商中，强大的海外需求、逐渐提升的我国产品在国际市场上的竞争力以及国内企业的转型升级等因素都助力跨境电商出口企业快速发展，并将吸引更多企业参与其中。进口跨境电商方面，国内消费升级和国家支持扩大进口的政策都促使该市场有巨大的发展空间，与一般贸易相比，跨境电商 B2C 进口模式在更积极开放的政策支持下，能够体现交易过程扁平化、服务集约化，从而帮助海外生产商更好地将产品销售给中国消费者，扩大中国市场份额。

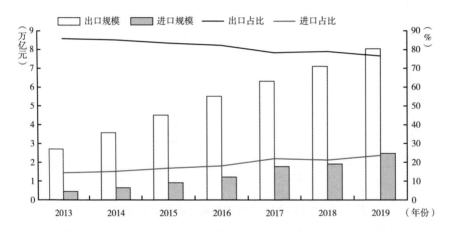

图 4 - 4　2013～2019 年我国跨境电商进出口交易额及占总交易额的比重

资料来源：中国电子商务研究中心，《2019 年度中国跨境电商市场数据监测报告》。

4. 网购人数

由于国家对跨境电商政策的支持、跨境电商平台的逐渐完善以及更快的物流速度、更短的购物周期、更多的商品种类，客户购物满意度得以提升。另外，随着我国经济的发展，人们消费水平越来越高，进口品牌成了很多家庭的首选。购物的便利性，加上我国用户对海外用品的青睐，使越来越多的用户加入跨境电商网购一族，我国网购群体逐年扩大。2013 年我国跨境电商网购用户仅为 1000 万人，2019 年上升至 1.25 亿人，较 2018 年的 8850 万人增长 41.24%，是 6 年前的 12.5 倍（见图 4-5），群体基数的增加将直接带动跨境电商进口额的增加。

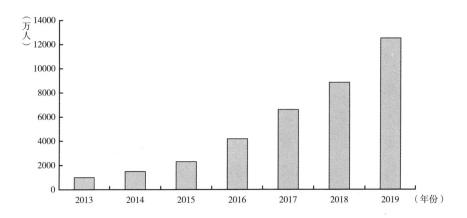

图 4-5 2013~2019 年我国跨境电商网购用户规模

资料来源：中国电子商务研究中心，《2019 年度中国跨境电商市场数据监测报告》。

（二）试点城市跨境电商发展现状——以郑州为例

2012 年 9 月，经国务院批复，郑州和上海、重庆、杭州、宁波等五个城市成为首批的五个跨境电子商务试点城市，目前，广州、深圳等共 15 个城市获批为跨境电子商务试点城市。综合试验区的批复则分为三批，2015 年 3 月，国务院同意设立中国（杭州）跨境电子商务综合试验区，这也是全国第一个跨境电商综合试验区。2016 年 1 月，国务院印发《关于同意在天津等 12 个城市设立跨境电子商务综合试验区的批复》，同意在宁波、天津、上海、重庆、合肥、郑州、广州、成都、大连、青岛、深圳、苏州 12 个城市新设一批跨境电子商务综合试验区，用新模式为外贸发展提供新支撑。2018 年 7 月，国务院发布《关于同意在北京等 22 个城市设立跨境电子商务综合试验区的批复》，在北京、呼和浩特、沈阳、南宁、兰州、义乌等 22 个城市新设跨境电商综合试验区，要求以跨境电商为突破口，在物流、仓储、通关等方面进一步简化流程、精简审批，完善通关一体化、信息共享等配套政策。目前，我国跨境电子商务综合试验区的数量从 13 个增加至 35 个，基本覆盖了主要的一、二线城市。

郑州试点依托河南保税物流中心，在全国首创"电子商务 + 保税中心 + 行邮监管"的通关监管模式（海关监管代码 1210），实现了行邮税标准下的跨境电商产品保税进口，在进行信息化监管的同时，规范了企业发展，降低了运营成本，已在全国其他试点复制推广。在进口方面，跨境电商将大批境外货物通过海运等低成本模式成批运输至境内，经检验检疫海关查验后存放在保税物流中心仓库内，但由于保税仓境内关外的性质，货物经海关查验备案后，并不需缴纳关税。国内客户通过网站平台下单并支付后，电商通过国内快递公司发送货物（见图 4－6）。该模式使原有海外仓库前移至国内，通过打破国际物流垄断，降低约 30% 物流成本，并有效规避了"海淘"等灰色跨境电商渠道，实现了国家、地方税收增收，同时，销售后的产品如需退换货、维修等售后服务，亦可退至保税仓内完成，企业得利，消费者受益，同时将原有大规模的"海淘"拉回到国内消费，拉动了内需，促进了地方经济发展。

出口方面，电商将货物通过检验检疫，报关后存放在保税物流中心指定仓库，因保税物流中心海关特殊监管区的地位，商品入区如同出境，商家可凭入区通知单办理出口退税。当海外买家产生订单后，再从保税物流中心通过邮政小包等方式送至海外。由于商品入库时，商家可以一次将大批量商品存放至保税仓，零售时再"化整为零"逐步寄出，在国内避免了"9610"模式多批次小批量带来的报关难问题，在国外由于是单个包裹寄出，可参照当地行邮税标准。因此这种通过二线入区

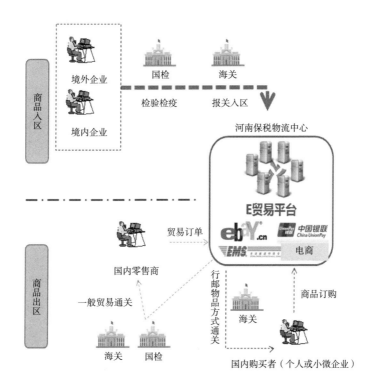

图 4-6 "1210" 进口模式

注：小微企业的性质需通过 E 贸易平台，经相关部门进行认证。

实现退税和结汇、一线出区还原成符合境外关务规则需求的模式在实现低成本、高效进入的同时亦能有效规避贸易壁垒，助推中小微企业参与国际跨境电子商务，是全新的业务形态。

为简化通关流程、提高通关效率，郑州试点推动海关、国检在同一区域实现现场查验流水线作业，实现了"一次申报、一次查验、一次放行"，大大提高了通关效率，受到李克强总理"秒通关"的赞扬。"三个一"不仅降低了企业的通关成本，而且极大地提高了客户体验度，全球门到门服务时效由原来平均15天缩短到3天，园区企业销售额呈几何级数增长，试点城市交易额和业务量均呈爆发式增长，增速在30%以上，初步实现了"买全球、卖全球"的目标（见图4-7）。

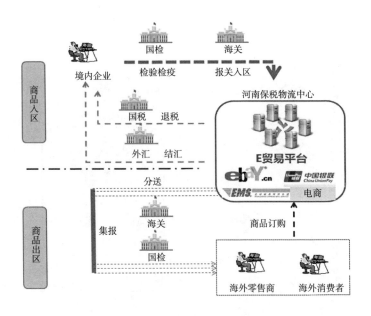

图 4 - 7 "1210" 出口模式

同时，郑州试点推出中大门保税直购体验中心，以阳光化的通关模式，打造了线上交易、线下体验的跨境 O2O 新兴业态，让中原百姓在家门口就能"买遍全球"。

郑州试点通过大胆创新，多措并举，试点跨境电商业务发展迅猛，多项指标处于全国领先地位。2019 年，郑州市跨境贸易电子商务服务试点（河南保税物流中心）共完成进出口贸易额 90 多亿元，其中进口约 50 亿元，出口约 40 亿元，出口货值同比增长超 600%，2013 年以来累计交易额近 400 亿元。2019 年进出口单量超过 5000 万单，其中出口单量超 2000 万单，同比增长 42%。同时园区吸引了大量电商、物流及支付企业进驻。园区知名电商企业有聚美优品、网易考拉、小红书、唯品会、开元国际、中大门网络等。园区知名物流企业中，国内物流企业有中国邮政、顺丰、京东、"三通一达"、宅急送、菜鸟物流等，国际物流企业有赛诚国际物流、中远、中外运、UPS、DHL、FedEx 等。

（三）跨境电商快速发展的原因分析

1. 政府重视

近几年，国家十分重视跨境电商的发展，陆续释放相关的政策红利以促进其快速发展。2013 年国务院先是颁布了《促进信息消费扩大内需的若干意见》，指出建立跨境电商平台的要求，随后发布《实施支持跨境电子商务零售出口的通知》，要求改善电子商务当前存在的问题；2015 年《国务院关于促进跨境电子商务健康快速发展的指导意见》为鼓励跨境电商做大做强，提出了优化海关监管措施、完善检验检疫监管政策措施等五方面的支持措施。

2. 多企业参与

越来越多的企业参与跨境电商业务，除平台企业阿里巴巴、跨境通、兰亭集势等之外，物流企业中国邮政、国际商业快递、国内快递企业等，更多的跨境电商服务提供商参与其中，为跨境电商企业提供支付工具、阳光通关、仓储物流、电商运营、供应链整合等一体化综合解决方案，解决了中小企业从事跨境电商的后顾之忧，助力中小企业开拓海外市场，参与全球竞争。

3. 消费群体特性

在我国跨境电商消费群体中，有稳定收入的年轻女性为消费主力。据中国电子商务研究中心统计数据，2018 年，跨境电商网购群体中，女性占 85.3%，男性占 14.7%，而按年龄分类，25 ~ 35 周岁的青年群体占 56.3%，他们大多是"80 后""90 后"，这一年龄段的消费者群体学历高、收入高，有一定收入基础，喜欢追求高生活品质，是跨境电商的主力军（见图 4 - 8）。同时，我国跨境电商进口产品中，消费者购买较多的品类为美妆、鞋帽、母婴用品。随着生育政策的放开，我国对母婴用品的需求增加，我国跨境电商购买主力以年轻父母为主，因此对境外消费品的需求增加，也促进了跨境电商的发展。

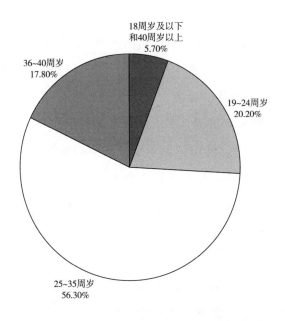

36~40周岁
17.80%

18周岁及以下
和40周岁以上
5.70%

19~24周岁
20.20%

25~35周岁
56.30%

图4－8　2018年我国跨境网购用户年龄分布

资料来源：中国电子商务研究中心，《2018年度中国跨境电商市场数据监测报告》。

三　我国跨境电商存在的问题及对策建议

经历多年的蓬勃发展，我国跨境电商在用户规模、交易规模、商品种类、通达国家等方面已取得一定成就，但同时还存在一些问题，主要表现在物流和支付两方面。

（一）我国跨境电商物流存在的问题

1.时间长、成本高、环节多

跨境电商物流需要经历出口国国内运输、出口国清关、国际运输、进口国清关、进口国国内运输等环节，运输时间通常为 7～21 天，甚至多达 1 个月，而且国际物流的费用远高于国内物流。这些长达一周两周甚至数月的配送时间，在极大地考验用户耐心的同时，也严重制约了跨境电商的进一步发展。由于跨境电商运输线路较长，容易出现车辆颠簸、转运碰撞等现象，物流操作人员不规范操作或暴力分拣也会对商品造成一定损失。

2. 难以实现退换货服务

由于电子商务的虚拟性，消费者如果发现所购买的商品与实际不符，或不满足心理预期，就会出现退货或换货服务，国内电子商务企业均提供便捷的退换货售后服务，这也是国内电商快速发展的原因之一。然而，跨境电商由于涉及的环节多，配送时间长，无论是邮政包裹、商业快递，还是专线物流，都难以支持卖家提供退换货服务，主要有以下三个原因。一是跨境物流时间长。本身发货配送就需要数周时间，如果再换货重新配送，物流周期可想而知。二是反向物流成本高。商家发货，因为数量较多往往能够从物流服务商拿到一定折扣；如果退换货，则需要客户从目的国寄出，单件商品的物流费用非常高，有时高于商品本身价格。三是对于商家来说，退换货其实是一种进口行为，可能遭遇境内海关查验，甚至缴纳一定的关税。

3. 物流信息难以实现共享

跨境电商物流中，能否对商品运输信息进行跟踪直接影响消费者的购物体验。得益于中国电商物流业近年来的高速发展，目前其在中国境内已基本实现包裹的实时追踪查询，然而，跨境物流包括境内段和境外段，由于国内外信息水平的差异，各国的物流信息无法实现共享，很多包裹出境后，就难以追踪。这在极大程度上影响了消费者对跨境电商物流的满意度。在跨境电子商务中，对物流信息资源的整合能力差、信息沟通有一定的阻碍、信息完整性得不到保障等，影响了跨境电商物流的发展。

4. 跨境物流网络建设壁垒高

物流资产投资巨大，海外物流网络资源、人力资源不易以低成本的方式快速获取；仓储及物流管理具有一定的专业性，与全球物流网络及信息系统的对接能力不易快速获得；对全球各国税收政策、贸易壁垒以及各地海关操作的了解和熟悉程度均不能被轻易复制。我国尚没有一部处于核心地位的调整跨境电商物流业法律关系的专门法律或行政法规，相关规定散见于近百部法律、行政法规、规章及其他规范性文件当中。

（二）改善跨境电商物流的对策建议

1. 利用海外资源，提高运输时效

跨境电商涉及较多环节，降低跨境电商物流成本，需结合物流实际情况充分利用企业各个环节的资源，根据企业和商品特点选择最合适的物流渠道。另外，通过单一窗口等环节提高通关效率，降低跨境电商物流的时效。

2. 海外仓建设

2016 年 3 月 5 日，李克强总理在政府工作报告提出：扩大跨境电子商务，支持出口企业，建设一批出口产品"海外仓"，促进外贸综合服务企业发展。海外仓的建设可以让出口企业将货物批量发送至国外仓库，实现该国本地销售、本地配送。这种新的跨国物流形式有利于解决发展跨境电子商务的种种痛点，鼓励电商企业"走出去"。客户下单后，出口企业通过海外仓直接本地发货，大大缩短配送时间，也降低了清关障碍；货物批量运输，降低了运输成本；客户收到货物后能轻松实现退换货，也改善了购物体验。在各大跨境电商和出口企业建设海外仓的同时，相关政府部门应完善跨境电商相关的法律、税收服务建设。

3. 加强跨境电商物流信息平台建设

我国跨境电商物流体系未来的改革方向是集标准、专业、信息为一体的物流体系。建设跨境电商物流信息平台、实现跨境物流信息的共享，有利于提高跨境物流的配送效率和服务水平。

（三）跨境电商支付存在的问题

1. 跨境电商支付较为烦琐

由于跨境电商交易主体位于不同国家，买卖双方常持有不同货币，因此，跨境电商交易的支付环节相比境内电子商务较为烦琐。目前常用支付方式为银行卡及第三方支付，如果一个境内卖家要将货物销售至多个国家，则卖家需办理多个国家的银行账户，其中的金融问题及语言问题，对于中小卖家而言难以实现，目前被较多卖家接受的方式为采用第三方支付平台的支付工具。

2. 第三方支付工具佣金较高，且资金周转时间长

选择跨境支付平台主要考虑支付手续费、资金周转率、支付安全三个方面。当前我国跨境电商在海外销售时主要通过 PayPal 等平台进行结算，对于普通跨境零售来说，较高的支付手续费挤占了商家的利润空间，不仅如此，国内外支付平台的运营机制不同，大大延长了资金在这个体制中的流转时间，使资金周转率降低。

另外，由于跨境电商的交易和支付环节均在互联网上进行，涉及多个系统的交互配合，一旦出现系统故障则直接影响交易的顺利进行，甚至危及资金安全。第三方支付平台不仅是资金运输者，更是信息的传递者，在跨境交易过程中，支付平台储存了大量客户信息资料，过多的交互流程大大增加了信息泄露的概率。

3. 结汇方式不规范，难以享受退税政策

我国跨境电商出口企业在境外销售产品时，收取的是境外货币，因

此卖家面临出口结汇问题。出口电商所出口的产品与传统的商品出口方式存在很大的差异，跨境电商的商品出口次数频繁，每次出口的商品数量很少，没有达到规定的范围，很难进行正常报关操作，因此难以实现阳光结汇及出口退税。目前较多使用的结汇方式为第三方支付平台，第三方支付平台提供结汇服务时需要向商家收取一定比例的结汇佣金，进一步压缩了商家的利润空间。

（四）改善跨境电商支付的对策建议

基于第三方跨境支付过程的复杂性，政府应出台针对性更强的法律文件予以规范，同时进一步完善政策文件中关于市场准入、客户信息、资金监控等方面的规定，加强对第三方支付平台的监管力度。针对大量资金滞留第三方支付平台的普遍现象，我国政府应尽快出台法律法规，减少第三方支付平台的资金滞留时间，并加强对滞留资金的监管，如借鉴国际上的做法，将滞留于平台账户上的资金存放于托管银行等。

有效解决结汇与退税问题，可推广郑州"1210"模式，建立国内保税园区或海外仓，将跨境电商联合起来，使商品出口前先存放至保税园区，进区如同出境，可凭进区信息集中办理报关，待商品销售后再通过快递等方式运输至国外，凭报关单及销售信息办理阳光结汇。

四 跨境电商与航空经济

随着互联网的发展，跨境电商交易中信息流、资金流均可通过互联网完成。互联网速度提升、新技术的发展与应用大大提升了跨境电商交易效率，提高了消费者购物满意度及降低了企业成本。但交易中的物流必须借助线下完成，通过公路运输、铁路运输、海洋运输或航空运输实现。随着互联网技术的提升，信息流与资金支付均可在较短时间内完成，因此对物流提出了更高要求，航空运输因其运输时间短、速度快，极大地提升了客户购物体验度，在跨境电商物流中的应用越来越多。近年来跨境电商成为航空物流发展新的增长点，同时航空物流解决了跨境电商的"物流瓶颈"问题，助推跨境电商发展。

（一）跨境电商成为航空物流市场发展新动力

随着供给侧改革的逐步推进，内需已成为促进我国经济发展的主要动力，近几年，我国电子商务零售额年增长率在 30% 左右，同时带动我国快递包裹量逐年提高。2019 年，我国电子商务产生的包裹量超过600 亿件，同比增长 25.3%，是 2010 年的 27.1 倍（见图 4-9），全国快递企业日均处理量达 1.7 亿件，最高日处理量达 5.4 亿件。快递邮件已成为促进航空货邮吞吐量增长的重要力量，电商物流必将成为拉动航空物流业增长的新动力。跨境电商的快速发展为我国航空物流业开拓了广阔的市场空间，将为我国航空货运业带来发展的商机，跨境电商快件逐步成为航空物流的重要来源。近几年，我国民航业货邮吞吐量逐年增加，2013 年为 561.3 万吨，2019 年为 753.2 万吨，6 年增长了 34.2%（见图 4-10），其中因跨境电商快速发展而产生的快递包裹量做出了重要贡献。国际航空货运将迎来规模化、速度化、井喷化发展，跨境电商包裹量的增加为航空物流提供了重要货源，也为航空物流改革提供了机会。

1. 跨境电商发展为增开新货机和全新国际航线提供可能

空运的腹舱运输无法满足大批量货物运输需求，在实际操作中，腹舱运输对货物尺寸要求严格，装载率相对低下，且以旅客行李为先，货物易出现落卸情况。拥有稳定货源的跨境电商企业需要稳定的舱位来保证货物顺利运输，跨境电商进口货源地以美国、德国、日本、韩国、澳大利亚等为主，货源集中度高，因此，跨境电商将为机场带来新增全货

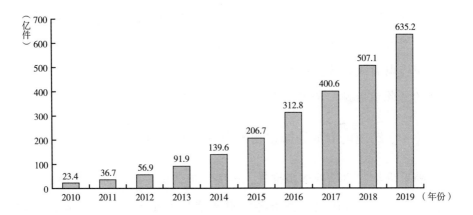

图 4 - 9 2010 ~ 2019 年我国快递包裹量

资料来源：国家邮政局，《2019 年中国快递发展指数报告》。

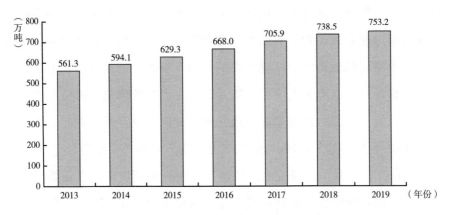

图 4 - 10 2013 ~ 2019 年中国民航货邮运输量

资料来源：历年中国民航行业发展统计公报。

机以及开辟新航线的机遇。2019 年 12 月，我国快递行业拥有快递专用货机 116 架，新增国际快递航线 23 条，快递业自有货运航空公司执飞货运航线达百余条，快递干线运输结构不断优化。

2. 解决长期航空运输出多进少的局面

长期以来我国国际贸易出口额远高于进口额，2013 年，我国跨境电商出口额是进口额的 6 倍多，因此，出口货物远高于进口货物，也导致进口货物运输价格只是出口货物运输价格的 1/2 或 1/3。但最近几年，随着更多的海外品牌商在我国建立直销途径，以及跨境支付和跨境物流的发展，我国"海淘"一族逐年增加，跨境电商进口额增速高于出口额增速，进出口额差距逐渐缩小。2019 年，我国跨境电商出口额为进口额的 3.25 倍。跨境电商进口额的增加带动了进口包裹数量的提升，航空物流进口价格也得以有效提升。

3. 促进航空快递业高质量发展

根据国家邮政局统计数据，2019 年，跨境快递业务量达到 14.4 亿件，同比增长 29.9%，连续 3 年增速高于行业平均水平。2018 年，全国快递量排名前 50 位的城市中，跨境试点城市和跨境综试区占一半以上。跨境电商所产生的快递业务量已经成为快递行业增长的亮点，跨境电商给快递业带来的不仅是包裹量突飞猛进的表象，更为重要的是促进快递企业转型升级的内在变化。

（二）航空物流为跨境电商的发展保驾护航

1. 降低物流成本，提升物流效率，从而提升消费者购物满意度

在跨境电商的商业运作中，最大的挑战依然是物流问题。跨境电商物流所需时间长、成本高，通常从国内寄送到境外需要 7 ~ 21 天到货，甚至多达一个月。这些长达一周两周甚至数月的配送时间，在极大地考验海外用户耐心的同时，也严重制约了跨境电商的进一步发展。同时由于跨境电商规模较小，跨境物流及国际商业快递公司难以实现规模化经营，跨境物流成本居高不下。航空物流的发展在一定程度上解决了跨境物流的困境，航空物流目前是世界上运送速度最快的物流方式，以郑州为例，郑州至纽约、伦敦、莫斯科等世界知名的 13 个国际城市，可实现"当日寄出、次日送达"的配送服务。同时，云计算、大数据、人工智能等新技术的应用，推动行业实现了管控的智能化，再加上跨境电

商的发展带动航空物流的规模化发展，物流费用有所降低。物流效率的提升及费用下降，在提升用户购物满意度的同时也降低了购物成本，反过来又将使越来越多的用户加入跨境电商行业，进一步带动跨境电商的发展。

2. 产业集聚

航空经济是国际化的高效经济，是多要素组成的开放型系统。航空物流的发展有利于将机场周边打造成高新技术产业集聚区，为跨境电商发展提供重要货源，助推不同产业间及产业内的网络化发展，并通过国际外包、个性化定制生产以及产品的快速运输提升供应链、产业链的效率。以郑州机场为例，目前郑州航空港区通过引进富士康、天宇、酷派等119家智能手机整机及配套企业，已经形成了一条全新的手机产业链，这条产业链包括从研发、配件生产、整机制造、软件开发与产品设计到手机销售的所有环节，新郑综合保税区成为"自产内销货物返区维修"全国10个试点之一。高端产业的聚集必将有助于带动并辐射中部地区相关制造业及其他产业的发展，并借力参与到全球制造业的产业分工当中。

第五章 | 高水平价值链嵌套的航空经济形态

　　从最一般意义上来讲，航空经济是由航空运输所引致的一种新型经济形态。关于一种经济形态的产生，《航空经济概论》[①] 一书从拨开纷繁复杂的现象以探究事物本源的视角，分析经济形态产生的一般逻辑机理，即效率、技术和组织是经济形态演变的内在逻辑。效率是经济活动的基本目的和最高准则，也是技术创新和技术进步的基本动力，组织则是特定技术水平下依据效率原则所做出的选择。效率为技术进步注入动力，技术进步反过来满足效率提升的要求，效率提升和技术进步又推动经济组织形式演化。依此逻辑得出的结论是：家庭是以人力畜力和手工工具为技术特征的农业社会有效率的经济组织形式；企业是以蒸汽内燃机动力和机械自动化工具为技术特征的工业社会有效率的组织形式；垂直分工体系及网络化则是后工业社会有效率的组织形式。那么，航空经济则是在信息处理技术、先进制造技术和现代交通技术引领下，依赖于全球化垂直分工体系和网络化产业组织形式而衍生出来的一种新型经济形态。既然航空经济是一种新型经济形态，而不是一个通常意义上理解

---

① 耿明斋、张大卫：《航空经济概论》，人民出版社，2015。

的区域概念，就需要对航空经济形态有一个进一步的深化认识，深入分析该经济形态体系的具体构成，以及各构成部分之间的关系。现实中，国内外的航空港已成为或正努力建设成为枢纽、物流、产业融为一体的高水平的综合经济生态园区。其中，无论是枢纽、物流还是产业都不应该是互相独立，更不应是相互割裂的状态，而应该是通过价值链嵌套，形成完整且高水平的经济体系形态。

一 高水平价值链嵌套的框架构建

（一）国际贸易形态的变化加深航空经济的价值链嵌套

谈到"链"，通常会想到产业链、价值链和供应链。通常意义上的产业链往往基于某种产业的垂直分工呈现上下游的关系，那些因水平分工延伸出来的中间产品也依附于上下游分工链条之中。价值链通常是对应于产业链产品而产生的价值。而供应链则是指在整个上下游链条中增值的部分。航空经济因以枢纽和物流为主要特点，所以更多地体现为价值链和供应链。更为重要的是，当今世界经济贸易的形态发生了极大的变化，航空经济在这种变化中发挥了极其重要的作用。因为国际贸易形态最主要的变化是从最终产品之间的交易到众多中间产品的交易。20世纪80年代，国际贸易总量当中，70%左右是产成品的贸易。到2010年的时候，整个世界的总贸易额里面，60%的贸易量是中间品的贸易，是零部件、原材料等各种中间品的贸易，40%是产成品。2018年总贸易量中的70%以上是零部件、原材料等中间品。这就意味着世界上主要的贸易品，不是一个国家做的，是几十个国家、几百个企业，在不同的地方生产组合的。这样的生产组合过程产生了大量中间品的贸易，而不同地方的中间品生产组合一定也会产生大量的服务贸易，肯定会推动服务贸易的飞速发展。服务贸易包括生产性物流、生产性服务业、产业链金融以及各种各样的科研开发、研究设计等。随着全球生产力体系发生变化，贸易结构随之发生变化，中间品贸易和服务贸易剧增，直接提升了枢纽和物流的重要性，航空经济的重要性更加凸显，并且枢纽物流运营方式的变化，反过来又会影响传统贸易和产生新的世界贸易规则。所以，航空经济则深深地嵌入新型国际贸易价值链之中。

（二）航空经济框架体系构建

基于跨国公司产业链的变化，作为中间品贸易和服务贸易重要节点的航空经济，同样会围绕中间品贸易和服务贸易形成自己的框架体系。

涉及框架研究，自然会引出体系的构成、框架的内容。这里，我们研究的是航空经济。顾名思义，航空经济是由航空运输所引致的一种新型经济形态。显然，航空经济最大的特点在于枢纽和物流，通过航空枢纽的建设与航空物流的发展所提供的运输方式，为区域和企业参与国际分工创造交通条件，增加参与国际分工的可能性并降低物流成本。枢纽更多的是物理意义上的载体，而物流发展的前提却是需要有运输的商品和货物。如果没有商品与货物的持续增加，所谓的航空经济的发展必然难以为继。所以，航空经济价值链最底层最基础的应该是关于枢纽的基础设施建设和可供运输的商品及货物的产业的发展。这一层级的基础设施建设、运营以及产业发展属于重资产运营。

在此基础之上的是中间层级，中间层又分为三层，一是各类经纪人，二是各类物流服务商，三是产品集成商。其实，经纪人与重资产的基础设施运营业务有着高度关联性，只是商业模式差异巨大。基础设施运营主要包括机场/航空公司、铁路/公路及相关基础设施、园区/仓库等物流地产，以及如 EDI、ETC、加油站等配套的基础服务和技术服务。首先，"各类经纪人"，无论是货代、旅行社还是票务公司，都是围绕枢纽运营服务客户的配套体系，能够让建设枢纽重大投入的资产得到市场化的价值体现。其次，那些基于基础服务之上开始专业化的"各类物流服务商"的范畴，则包括但不限于头程/揽收、车队/专线、仓储/分拨、专业服务（如报关）、各类末端服务（如提货、派送）、各类专业服务（如打包、设备、系统、人力外包等）。最后，所谓的"产品集成商"是将这些专业产品组合成为端到端服务的产品，比如加盟模式的快递公司，提供门到门服务的服务商，将成百上千的公司通过服务标准串联起来形成新的产品。当然，也存在物流服务商与产品集成商合为一体，甚至经纪人、物流服务商、产品集成商三者合为一体，成为物流综合商。现在一个产品，涉及几千个零部件，在几百个国家或者几十个国家，形成一个游走的逻辑链，那么谁牵头、谁能把几百个上千个产业链中的企业组织在一起，谁就是这个世界制造业的灵魂。所以现在看世界的制造业，更关注的是看产业链的集群、供应链的纽带、价值链的枢纽。谁控制着集群的核心环节，谁就是这个价值链的枢纽。所以，作为中间层级的各类物流商们最大的竞争优势是掌握各种信息数据，通过大数据调配全球资源。

最上层的"供应链"是要深入商流，通过与商流的深度融合并通过大量的定制化增值服务获取利润。谁控制了供应链，谁就是在组织整个供应链体系，几百上千个企业，都跟着指挥棒，什么时间、什么地点、到哪儿，在几乎没有零部件库存的背景下，非常有组织、非常高效地在世界各地形成一个组合。从这个意义上讲，供应链的纽带是十分重要的。几百上千个企业，几千个零部件生产分布在几十个国家、各种各样的城市里，是不是每单之间，零部件和零部件厂，零部件和总装厂，都在做贸易，都在相互结账？其实不完全是这样的，是通过互联网、通过通信系统在世界上某个自由港形成一个结算点。苹果公司一年产生上万亿美元的总销售额。这个销售额，所有的零部件厂平行地跟苹果公司的结算中心发生网络的直接联系，然后进行结算，形成真正意义上的供应链金融。

总之，基础设施运营是框架的基座，作为枢纽物流最为关键的集货、备货、分拨环节是处于中间层的各类经纪人、物流服务商和产品集成商，最上层的供应链是链条增值服务。显然，三个层级的嵌套很难用单一的产业链贯通，但就资本视角而言，资源、资产、资本的价值链便跳出了产品思维，将枢纽、物流和产业融为一体。

二　各层级的嵌套与运营模式

（一）基座：基础设施建设运营及产业发展

1. 载体：航空基础设施建设运营

"要致富，先修路"，可以说这是改革开放让中国人最先懂得的道理。航空基础设施建设是围绕航空枢纽建设，将铁路、高速公路、干线公路和快速通道建设成交通便捷、畅通、内外衔接有序的综合交通运输体系，实现铁路、公路、航空多式联运、高效集疏。其规模主要体现在跑道的运营能力以及"航空＋"多式联运的货运、客运吞吐量。航空基础设施的投入是非常巨大且回收期也是非常长的，国家应是主要的投资和运营者。

由于基础设施投入的规模以及运营成本的刚性，收益管理是运营的核心。而围绕这些基础设施运营商的各类经纪人，提供了收益管理的重要手段。这些手段主要是定价，将资产的利用效率和收入最大化，从而获得相应的回报。航空公司与货代公司、航空公司与携程之间就是这种相辅相成的关系。像货代公司、携程等都是全覆盖、不分区域的。显然，这些货代公司最关注的是业务量的大小以及运输效率和价格水平。

对于物流地产商而言，同商务住宅地产商不同，重点还是聚焦于运营而非重资产投资。类似于普洛斯这样的物流地产商，通过招商运营能力，将超长回收期的物流地产项目通过资产证券化在资本市场出售，将重资产轻量化并赚取超高利润。

2. 货源：航空经济产业发展

航空经济能否可持续发展，而不仅仅是个概念口号，其关键必须以发达的制造业为支撑，必须有货可运。航空经济产业很容易理解为所发展的产业必须与航空本身有较为紧密的联系。正如前文提到，航空经济是利用枢纽和物流参与国际分工，即以航空枢纽为依托，以航空运输为纽带，以综合交通体系为支撑，以高时效、高技术、高附加值的产品生产和参与国际市场分工为标志的。就以郑州航空港经济综合实验区来说，其总规划面积达到 415 平方公里，空间范围远远超过了一般的临空经济区或者航空经济区，相应地其发展内涵与外延也一定会超越一般的临空经济区或者航空经济区。虽然航空枢纽与航空物流是实验区发展的重要依托，但重要的是通过枢纽和物流，促进高端制造业和现代服务业的发展，从而提高郑州这一区域中心城市的服务能力、辐射力和影响力，构筑中原经济区乃至整个中部的开放开发平台，这是实验区更高层次的目标。所以，航空港作为新的战略功能区，需要大量产业与就业的支撑，仅仅依靠与航空运输相关的产业是远远不够的，必须以高端制造业来支撑。

首先，基地航空公司的组建与引进，带动航空产业的发展。基地航空公司在航线、航空维修、飞机制造、航空租赁、航材供应、财务等方面对航空产业的发展起着龙头的作用，具有举足轻重的影响。像郑州机场航线与货邮吞吐量增加的速度虽然都非常快，但目前港区内的基地航空公司只有南航一家，与北京、上海、广州等城市的大型枢纽机场相比有较大的差距，对今后的发展有着极大的约束作用。组建或引进新的基地航空公司，可以说是为航空核心产业的发展注入基础动力。

其次，高端龙头制造企业的引进与落地，发展与壮大产业集群。航空经济的产业具有高时效、高技术、高附加值的特点，符合这些特点的产业主要有电子信息、生物医药及医疗器械、汽车整车及高端零部件、新材料等。显然，航空经济的产业类型属于高新经济产业，往往代表着产业发展的趋势。当地政府应该促成上述制造业主导产业的骨干企业落地、投产，同时制定相关政策鼓励与支持相关中小企业的落地、发展，提升产业配套能力、培育集群竞争优势，为可持续发展提供基础支撑。

产业发展能够提供商品、货物与就业，企业数量多了，人流、物流自然就多了。所以，不仅要跟踪引进龙头企业，更重要的是生成各类产业集群。可供运输的货物增加了，货代公司等经纪商随之会相涌而来。

（二）调配中枢：“经纪人”的运营模式

前面已提到，“经纪人”与基础设施运营商的业务高度相关，没有“经纪人”不断地进行各种商品与货物的调配，就不能帮助基础设施运营商实现真正的收益管理。“经纪人”真正起到了调配货物、客流的中枢作用。抓住了“经纪人”便掌握了货源、客源和运输渠道。

“经纪人”的核心能力必须依附于对某一类具体的基础服务的深耕与洞察，比如各机场集装箱进出货效率以及价格的波动差异、掌握能够中转的机场的各种信息等。“经纪人”通过全方位的信息掌握，进行跨期及跨区域重组和调配。“经纪人”是非常专业的一个领域，通过信息不对称和增值服务获取较高的毛利，当基础设施在全球布局的时候，“经纪人”完全可以依托积累更强的销售渠道实现“高频交易”，进行全球化布局。

因此，不断地寻找基础设施的价格洼地以及拓展广泛的客户渠道是

"经纪人"发展的方向。国内很多创业项目期望做的"车货匹配"可以作为雏形模式应用在"国际经纪人"领域。

由于"经纪人"模式天然的轻资产运营模式以及不掌握实体生产的"核心资源"，其势必通过高效甚至高科技的运营水平实现竞争优势，并且通过数字化以及更加激进的利益分配机制来降低运营管理成本的工具和方法在这个领域也得到充分的运用。可以说，"经纪人"与航空港相依相附，作为航空港的管理者，要非常清楚地认识到"经纪人"的中枢作用，尽可能地黏附更多的"经纪人"。

（三）运货通道：大型专业物流服务商

在无论是快递、快运还是空（海）运拼箱、国际专线等具有标准化和规模化优势的物流领域，各大公司逐渐形成了具有各自特色的运营模式，像德邦定义零担，顺丰定义快递，德坤在大票零担中定义"快线"市场。所谓的"快线"模式，结合了快运与传统专线的优势，其中快运模式（德邦、安能、百世）的特点是层层分拨，专线模式的特点是点点直达。而"快线"模式是各网点均可接受发往全国的货物；再由加盟网点向核心枢纽发货，其他网点向区域枢纽发货；然后主要线路区域枢纽可直接发车，其他线路货物发往核心枢纽；再然后货物可由核心枢纽、区域枢纽直达异地核心枢纽；最后，货物到达异地枢纽后统一交由就近网点进行落地配送。

专业物流服务企业的壮大主要是基于效率方面质的提升。一是重大效率提升主要依赖于基础设施以及行业整体标准化的提升，比如货物包装、托盘化、散改集、公铁联运等全链路的整体提升；二是企业主导的效率提升主要是内部的标准化和工业化水平提升，而这一块目前领先企业构建的壁垒已经很高，用相似模式想要超越已经几乎不可能。但是在细分领域还有很多的机会，那些为现有物流企业提供专业化配套产品的公司还有发展空间。无论是包装、装备、终端创新还是技术服务，每一个环节都有大量的专业化服务机会，并且推动行业标准持续提升。今后不再是草莽式创业的时代，而是专业创新驱动的时代了。围绕物流行业的专业技术服务公司会更加专注核心产品的打造，形成真正的差异化产品和服务能力。在专业服务领域需要通过标准、技术、服务来构建黏性和壁垒。

（四）端到端：产品集成商

"产品集成商"是随着专业化产品的不断成熟而催生的商业模式。随着专业公司越来越细分，掌握客户或者资本的企业可以通过"产品集成"的方式推出新的端到端产品。严格来讲，快递公司的总部应该归入"产品集成商"的范畴。快递公司的揽收和派件是由几万家公司合作完成的，运营过程和运输过程也是专业的公司在服务，而快递公司的总部更多的是进行端到端产品的规划、标准、仲裁、结算集成类的工作。菜鸟下的菜鸟联盟、丹鸟、卡行天下等模式都是在往"产品集成商"的方向发展，干线、派送、车辆、后市场、保险等都已经成为行业标准化的专业服务。如菜鸟驿站在全国 200 个城市和 1600 家高校开设 4.5 万家社区站点，依托大数据实现包裹代收、代寄等本地物流服务，又如熊猫快收是一家基于"社区物流最后 100 米"的互联网服务公司，目前在华东、华中等区域已建立 5000 多家站点。也有智能快递柜共享模式，并被认为是最有效的末端配送替代方案。还有共同配送模式，比如城市 100 是以开放式门店为平台，以 C2C 快递和 B2C 配送为基础，整合上下游供应商、服务商，打造面向公众的末端物流配送及社会服务平台。

总之，产品集成商的关键点在于端到端产品的集成能力、端到端产品的服务水平和标准化运营能力、端到端产品生态圈运营能力。产品集成商相对于前面的层级而言，是轻资产运营。产品集成商需要具备很强的客户和行业洞察力，并通过建设丰富的生态圈以及公开透明的服务机制来催生"组合产品"的能力。

（五）最高层：供应链管理

目前，物流行业从交易型模式向服务型模式转变，使供应链管理受到越来越多物流企业的关注，而真正定位于供应链公司的企业，在业务模式设计上需要不断地趋近商流。供应链本身是一个系统化、整体化的概念，随着社会化生产方式的不断深入，现代企业的竞争已经从单一客户之间的竞争转变为供应链之间的竞争。

根据目前西方现代企业供应链管理发展路径以及中国已有的实践，可以看出建立一个有效供应链或者说供应链管理，其核心在于提升效率、降低成本。比如，资产净利润＝销售净利润×资产周转率×杠杆比率，若将销售净利润的提升视作整个产业链在降低成本以及产品附加值上所做出的努力，那么资产周转率的提升便是对于整个供应链再生产效率的追求。

因此，一个供应链的建立或优化，无论是纵向的上下游的整合，还是平台级的撮合，抑或是信息中介模式的聚合，其实质都是要为特定行业链条带来效率的提高。而核心企业在供应链中处于强势地位，它要实现生产信息流、货物流、资金流的封闭运转，对供应链组成有决定权，对供应商、经销商、下游制造企业有严格选择标准和较强控制力，能对供应链条的信息流、货物流、资金流的稳定和发展起决定性作用。所以，能够成功的供应链公司，很多时候是切入商业，最后脱离了物流行业而成为贸易公司。贸易公司都会有很强的动力在全球布局完整的销售供应链、与之配套的采购和生产供应链，以及物流执行体系。

下面以德邦物流公司（简称"德邦"）为例，对物流企业供应链进行分析。德邦是我国综合性物流企业的代表，具有零担、快递、整车、仓储供应链等多元物流能力，主要的服务产品有整车运输、精准业务、电商尊享、标准快递和代收货款、保价运输、安全包装等增值业务。

为了增强竞争优势和综合物流能力，德邦与众多企业形成了合作关系。普洛斯公司为德邦提供具有全球领先水平的现代物流设施，在它的配合下，德邦已在全国十多个城市建立起配送枢纽；沃尔沃卡车在运输行业有丰富经验，为德邦提供先进的技术和完备的解决方案；IBM公司为德邦提供业务咨询、信息技术和研发帮助，增强了企业活力；甲骨文公司为德邦提供企业软件的支持，如数据库软件的咨询、培训等。2015年德邦入驻菜鸟网络，为天猫、淘宝等平台商家和消费者提供大件物流服务，2016年德邦与整车经纪平台福佑卡车在物流运输服务方面达成合作。此外，德邦还有众多消耗品供应商，如上海物豪塑料有限公司、广州九恒条码有限公司等。

普洛斯和沃尔沃卡车为功能性物流服务供应商，上海物豪塑料有限公司和广州九恒条码有限公司为日常消耗品供应商，这两类供应商构成德邦的供应体系；麦肯锡、IBM、甲骨文为管理系统供应商，它们和德邦构成供应链的核心企业体系；菜鸟网络和福佑卡车为业务合作商，属于辅助业务体系。

建设以德邦为核心的供应链，如图5-1所示。

通过图5-1可以看出，物流企业供应链整合了物流、信息流、资金流、服务流。当用户有物流需求时，可以直接向物流企业下单，或通过第三方平台下单，物流企业取到货物后，根据用户要求提供相应的物流服务，在规定的时间内将货物送到指定地点，这就是物流过程。核心企业要想充分调动供应链上的资源，就要同链上的企业进行积极有效的信息沟通，要提高物流服务的质量和效率，要积极推进物流过程透明

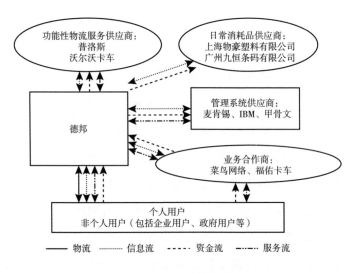

图 5 - 1 德邦物流公司供应链模型

化，加强对物流订单的跟踪与反馈，因此对信息进行收集、整理、分配和控制是供应链管理的重要内容。资金流是伴随经济交换活动产生的，用户可直接将现金交给物流企业，或通过第三方支付机构将钱转给物流企业。核心物流企业作为物流服务集成商，要对服务能力、流程、绩效和价值进行管理协调，企业间的服务交互所形成的服务流，是物流企业供应链与制造企业供应链的显著区别。

同时，供应链管理很容易衍生出供应链金融业务，不仅能解决供应链所需资金的正常融通，重要的是意味着大量的中间业务留存，增加利润。供应链金融本质是基于对供应链结构特点、交易细节的把握，借助核心企业的信用实力或单笔交易的自偿程度与货物流通价值，为供应链单个企业或上下游多个企业提供全面金融服务。供应链金融促进供应链的发展体现在资金注入和信用注入两方面：一方面，解决相对弱势的上、下游配套中小企业融资难和供应链地位失衡的问题；另一方面，将银行信用融入上、下游配套企业，实现其商业信用增级，促进配套企业与核心企业建立起长期战略协同关系，从而提升整个供应链的竞争能力。供应链金融并非某一单一的业务或产品，它改变了过去银行等金融机构对单一企业主体的授信模式，而是围绕某一家核心企业，从原材料采购，到制成中间品及最终产品，最后由销售网络把产品送到消费者手中这一供应链链条，将供应商、制造商、分销商、零售商直到最终用户连成一个整体，全方位地为链条上的企业提供融资服务，通过相关企业的职能分工与合作，实现整个供应链的不断增值。比如在供应链条上，企业资金出现缺口通常是在企业采购、经营和销售三个阶段。在企业采购阶段，处于上游的核心企业往往会利用自己的强势地位迫使中小企业先付款后发货，推迟发货会减慢中小企业生产速度，造成生产所需资金被占用，产生资金缺口，使中小企业的正常运转受到影响；在企业经营阶段，销售波动、库存积压都会降低资金流动性，影响企业资金周转；在企业销售阶段，中小企业面对较强势的下游企业，可能会被要求在收到货款之前就发货，货款回收期过长使中小企业没有充足资金采购原材料继续生产工作。针对以上产生资金缺口阶段，市场在长期的实践与创新中分别形成了保兑仓融资模式、融通仓融资模式和应收账款融资模式。

保兑仓融资模式是下游购货商向平台申请贷款，用于支付上游核心供应商在未来一段时期内交付货物的款项，同时供应商承诺对未被提取的货物进行回购，并将提货权交由金融控制的一种融资模式。融资企业通过保兑仓业务获得的是分批支付货款并分批提取货物的权利，因而不必一次性支付全额货款，有效缓解了企业短期的资金压力，实现了融资企业的杠杆采购和供应商的批量销售（见图 5 - 2）。

融通仓融资模式是企业以存货做质押向金融机构办理融资业务的行为。融通仓服务不仅可以为企业提供高水平的物流服务，还可以为中小企业解决融资问题，解决企业运营中现金流的资金缺口，以提高供应链的整体绩效（见图 5 - 3）。

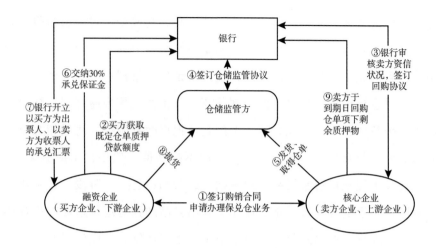

图 5 – 2 保兑仓融资模式的基本业务流程

资料来源：笔者自制，后同。

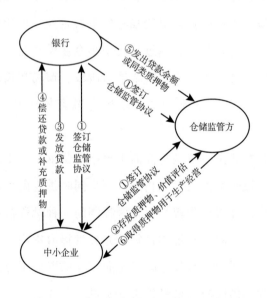

图 5 – 3 融通仓融资模式的基本业务流程

应收账款融资模式是以未到期的应收账款向金融机构办理融资的行为，称为应收账款融资，这种模式使企业可以及时获得金融机构的短期融资，不但有利于解决融资企业短期资金的需求，加快中小企业健康稳定地发展和成长，而且有利于整个供应链的持续高效运作（见图 5 - 4）。

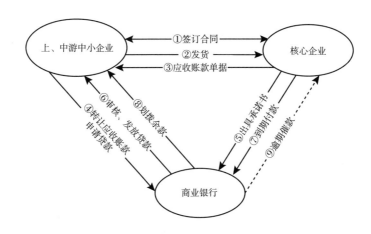

图 5 - 4　应收账款融资模式的基本业务流程

特别值得注意的是，互联网出现以后，开始以互联网消费为主导，注重的是流量，因为有流量就有变现的可能性。但是，由于消费的升级促进了产业的结构调整、供给侧改革，过去的流量变现变成了价值提升，于是互联网和产业结合，出现产业互联网。这样，互联网技术和全产业链结合起来，产生凝聚效应，这和原有的传统供应链金融对每个企业贷款就要判断每个企业风险不同，产业供应链金融是建在互联网之上，把这些横的竖的都连接在一起，对外又和工商、税务、司法、海关数据、核心企业控股结算数据、信用卡消费数据、产业供应链场景的数据等联通，而金融机构就可以充分了解产业链上的信用风险、债务风险，解决了风险识别和成本控制两大关键问题（见图 5 - 5）。

所以，要非常清楚地认识到航空经济枢纽和物流的发展趋势，特别要紧紧地抓住处于供应链中间的核心企业，它将对上游企业和下游企业发挥着越来越大的影响力。目前，物流产业的竞争趋势已经发生了三级演变：早期是单个企业的竞争；后期是供应链企业驱动的行业竞争；未

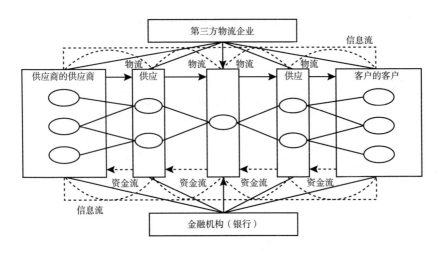

图 5 - 5　供应链生态系统构成

来是产业生态企业的新生态竞争。单一业务赢利越来越弱，供应链的综合变革获利是趋势；小企业赢利越来越难，综合服务企业垄断资源赢利是趋势；现场运营的赢利空间越来越窄，数据和金融赢利是趋势。也就是说，物流业总体竞争力已不仅仅取决于基础设施建设水平，还取决于整个物流产业的管理水平、第三方物流企业发展水平和第四方物流企业的整合能力。物流服务的本质是通过降低物流成本创造"第三利润源"。未来的物流企业赢利，将不是靠信息不对称的物流服务差价赢利，而是在智能互联网下的供应链重构、后服务市场中去寻找赢利。

三　构建价值链嵌套体系运营的效率平台

如果用一句话概括生态圈内所有主体的关系，那就是"一荣俱荣，一损俱损"，构成生态圈的所有要素不平衡，就会影响到生态圈内所有企业的效率，而影响效率的主导力量是各种平台的搭建。

一是搭建口岸服务平台。口岸是国家指定的对外开放的门户，是国际货物运输的枢纽。口岸开放程度，反映着一个地方的对外开放水平。随着"互联网＋"的普及运用，通过"互联网＋政务服务系统"，可逐步融合实体办事大厅和网上办事大厅，统一公众服务入口，通过网络把服务传递给海关、检验检疫、海事、边检、工商、税务等政府职能部门及港、航、货、代、法律咨询、物流等相关企业单位，提供高效便捷的一体化通关服务。

二是搭建保税物流平台。保税物流平台支撑着众多平台型物流企业的运营，更为大量物流企业提供运输系统服务，实现与海关、检验检疫、国税、外汇、工商多部门监管系统的互联互通，提供各种跨境电商销售模式和物流模式下的进出口货物申报、通关、国际货运及代理、运输、仓储、理货、贴现、配送、物流跟踪的全流程查询、结汇和退税等服务。

三是搭建跨境电商交易平台。跨境电子商务主要是指分属不同关境的交易主体，通过电子商务平台达成交易、进行电子支付结算，并通过跨境电商物流及异地仓储送达商品，从而完成交易的一种国际商业活动。搭建跨境电商交易平台，与用户、贸易商、品牌商、电商企业、仓储企业、物流企业、海关、国检等职能部门以及银行保险等金融机构对接，营造优质的跨境贸易电子商务生态圈。

四是搭建大宗货物交易所平台。大宗货物交易所平台就是为了使大宗商品快速周转流通，方便大宗商品现货的仓储、交易和流通，缩小同种大宗商品地域间的差异，为实体经济在生产、供应、销售等上下游整条供应链环节提供电子交易平台、信息资讯、供应链金融等配套服务，为企业及金融机构搭建在线交易、大宗商品交易、供应链服务平台。

五是搭建供应链金融平台。供应链金融是根据产业特点，围绕供应链核心企业，基于交易过程向核心企业及上下游相关企业提供的综合金融服务，与物流、贸易、生产企业和银行、保险、证券等金融服务机构对接，为商贸企业、相关物流企业提供结算支付、贷款、投资、信托、融资租赁、仓单质押、抵押、贴现、保险等金融服务。

六是搭建企业孵化平台。企业孵化平台通过提供研发、生产、经营的场地，通信、网络与办公等方面的共享设施，系统的培训和咨询，政策、融资、法律和市场推广等方面的支持，降低企业的创业风险和创业成本，提高企业的成活率和成功率。这里是重点孵化培育电子商务、国际贸易、货运代理、保险代理、船舶代理、船舶买卖、港航设备设施、租船订舱、船员劳务、会展、物流方案咨询设计及物流等相关企业发展壮大。

七是搭建会展服务平台。会展服务平台将有效整合主办方、行业协会、展览场馆、企业等行业相关资源，构建成为一个信息汇集的平台，服务于博览文创业务的拓展。这里主要包括货物集散中心信息发布，展览及会议活动的策划、公示与预订，以及展览场地及展具租赁、会场布置、广告发布、企业推广等功能。

八是搭建商业服务平台。提供五星级酒店商务会议、住宿、餐饮、购物、娱乐、休闲广场、物业管理、停车等配套服务。高质量的商业服务平台，以服务附加值提升港区溢价能力，提升品牌形象和客户满意度。

四 航空经济价值链生态圈的集成化目标

建设航空经济价值链生态圈，除了交易（换）周转的量要大、交易（换）周转的效率频率要快，成为货物集散中心、分拨中心和分配中心之外，还需要集成多种服务需求，将产业服务需求、物流服务需求、通关服务需求和智慧服务需求等多方面综合考虑，实现产业创新平台集成化、物流服务深度一体化、通关服务便捷化以及智慧服务互联互通。

产业创新平台集成化。产业核心竞争力主要取决于产业创新能力，产业创新能力的提升又取决于产业创新平台体系的完善程度。航空港建设主要通过物流环境的营造和改善，提升各个产业的运行效率，带动外向型产业发展能级的提升，实现产业之间的互促发展，推动产业集群发展。

物流服务深度一体化。针对国内外物流过程中产生的仓储包装、运输配送、流通加工、中转联运和物流金融等物流需求，对物流资源实施有机整合，完善物流服务设施功能，促进产业联动发展，打造国际物流产业集群。优化联合运输组织，联手打造联运大通道；加强设施无缝衔接，共同打造联运大基地；加强技术装备协调，联合推进联运大融合；加强信息连通共享，协同运用联运大数据；推进运营体制改革，形成联运大思维。

通关服务便捷化。通关服务便捷化就是对通关程序的简化、适用法律和规定的协调、基础设施的标准化和改善，创造协调、透明、可预见的环境。这里主要是针对国际物流过程中所产生的查验、报关报检等口岸服务需求，整合海关特殊监管区域，构建查验监管业务体系，以电子口岸为基础建设口岸综合服务平台，打造服务于开放型经济的口岸服务体系。

智慧服务互联互通。信息既是服务的工具，也是服务的内容，应建立便捷的公共信息平台，促进信息共享、产业链和供应链协同；以跨境电商产业相关项目为抓手，促进多边资源的优化配置。通过智慧供应链的高效构建，推动生产制造业实现转型升级与创新发展。

综上所述，一个完整的航空经济价值链生态圈，同样包含技术、效率和组织这三种基本要素，只是这里的技术表现为现代化立体综合交通枢纽建设以及较高技术含量的高新产业，以及智能互联网技术覆盖下的各种新型交易效率平台的供给，比如跨境电商交易平台，直接对传统贸易规则产生了冲击。在先进技术和效率的影响下，原有的组织主体转型升级，产生了与新经济相匹配的经济组织。以此为基础产生的新型航空经济形态影响了原有的生产方式和生活方式，更多地包含了物流、资金流、数据流、信息流等多种元素，促成了供应链最高层级的资源、技术、金融、信息等多个链条之间的均衡发展，实现航空经济价值链生态圈的共生、互生、再生的状态（见图5-6）。总之，基础设施、产业需求、物流服务功能三者平衡发展推动的先进技术、交易效率与新型组织是航空经济价值链生态圈成熟的标志。

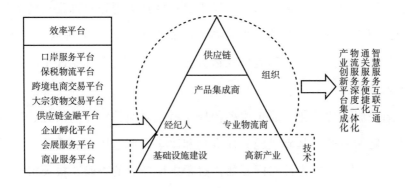

图5-6 航空经济价值链生态圈

第六章 | 政府推动航空经济发展的组织架构和体制机制

——以郑州航空港经济综合实验区为例

一 引言

2016 年 9 月，北京大学国家发展研究院举办了一场以产业政策为主题的辩论会，在国内经济学界产生了重大影响。论辩双方分别是林毅夫和张维迎两位著名教授，争议的焦点是政府要不要出台产业政策以支持某个或某些产业优先发展。张维迎说不要，所有产业政策都是错的，因为生产什么以及在哪里生产，是企业根据市场供求信息，按照自己利益最大化原则做出选择的结果，政府根本不可能知道产业发展的方向。林毅夫说需要，因为不同国家或区域都有着不同的资源禀赋和比较优势，各自应该根据资源禀赋差异优先发展拥有比较优势的产业，政府能够通过汇聚专家研究了解产业发展方向。两位教授都根据自己的理论逻辑讲出了很多道理，也列举了很多事实来支持自己的观点。

由于问题十分复杂，是非对错难以一概而论，无以置评。需要指出的是，政府对产业发展的引导干预不是有无的问题，而是多少的问题，甚至更主要的是用什么方式引导干预的问题。政府之所以能够对产业进行引导和干预，大致有三个原因：一是政府是社会管理和运行中心，它所处的位置决定了它可以借助所掌握的巨大信息优势对产业发展演化的方向做出判断，拥有足够智慧的政府首脑和负责任的政府部门都具有这种能力；二是政府确实可以组织专家团队对特定领域进行专门研究，并从他们那里得到帮助；三是经济发展和居民收入增长是政府合法性的基础，也是衡量政府政绩的首要指标，所以政府都有引导产业发展的内在冲动。近年来国内各省份纷纷出台的推动航空经济发展的政策举措，印证了上述判断。本章旨在以航空经济为指向，研究政府产业发展政策实施的着力点，以及由此引出的体制机制问题。由于郑州航空港经济综合实验区是国务院批准设立的首个，也是截至 2021 年末唯一的以航空经济发展为指向的综合实验区①，并且无论是在河南经济社会发展中的战略地位，还是政府推动力度，都是最受关注的，所以，以郑州航空港经济综合实验区为案例来研究航空经济发展政策及体制机制问题，无疑是最合适的。

二　航空经济是河南推动转型发展的战略抉择

建设郑州航空港经济综合实验区，源于对河南现代化路径的思考。河南作为人口、农业和农民大省②，现代化的路子到底该怎么走？

---

① 《郑州航空港实验区：奋勇争先　推动高质量发展新飞跃》，http：//news. sohu. com/a/528164045_ 384517。

② 查阅新中国成立以来各省区市人口统计数据变迁，改革开放前，河南人口数量一直稳定在全国第三位，居四川和山东之后，20 世纪 80 年代初超越山东升至第二位，90 年代末重庆分离直辖后，升至第一位。2010 年前后，一来由于经济发展对外来务工人员的吸纳，二来由于统计口径的变化，广东常住人口超越河南升至第一位，山东也随之超越河南升至第二位，但户籍人口河南多达 1.09 亿人，仍牢牢占据全国第一的位置。2020 年河南常住人口城镇化率为53.21%，低于全国城镇化率（60.6%）7.39 个百分点。按户籍人口计算农民超过 5000 万人，如果考虑到流失常住人口候鸟式迁徙的特点，农村人口实际数据应该超过 6000 万人。近年来河南省粮食总产量超过 1300 亿斤，与黑龙江交替占据全国粮食产量第一的位置。

伴随着改革开放的脚步，河南经历了 20 世纪 80 年代的迷茫、90 年代的探索，至 21 世纪第一个十年现代化路子日渐清晰，第二个十年走到了前沿，标志就是郑州航空港经济综合实验区的设立。

20 世纪 80 年代，虽然经历"一五"时期项目布局和后来的曲折发展，河南现代工业有了一定的基础，但在整个经济总量中占比很低，城市规模也有一定的拓展，但城镇化率很低（1980 年为 14%），是典型的农业社会。85% 以上的人口生活在农村，绝大多数劳动力就业于农业，对现代化元素缺乏感知，再加上长期不流动，视野严重受限，深陷数千年积淀的农耕文明思维方式，很难对现代化的规律和趋势有明确的认知。这种主流意识也难免会影响到决策层。所以，以农业作为省域经济发展核心几乎是全省上下的共识。于是，"围绕农业办工业，办好工业促农业"是那个时代留下深刻印记的战略表述。

进入 20 世纪 90 年代以后，尤其是 1992 年邓小平同志南方谈话以后，伴随市场化改革的深入，以工业化、城镇化为核心的现代化浪潮从沿海呼啸而来，席卷整个中国大地，传统内陆平原农区现代化的路子该怎么走？这成为摆在河南人面前不能回避的问题。恰在此时，受过现代工业文明熏陶，有远见的新一代省级领导集体履职河南，果断提出传统农区也要推进工业化的战略思想，并以激励乡村办工业的方式强力推动。当时虽然引起了一些争议，事后看来，也未必都能适应河南农村当时的实际情况，但方向无疑是正确的，最大的收获是扭转了长期固化的农业思维，现代工业思维逐渐成为主流意识，为扎实推进现代化奠定了很好的基础。[1]

---

[1]　可别小看观念变化的重要性，直到进入 21 世纪以后，河南干部队伍中不少人还为工业化、城镇化和农业现代化表述中孰先孰后纠结，北京也有不少专家在宣扬传统农区专注于农业、工业是沿海发达地区的事等观点，认为这是基于区域分工理论，美国中部农业带就是这样形成的。实际上，以中国之大，加上由于户籍制度长期形成的区域分割和人口流动阻碍，简单的区域分工理论无法解决内陆广大农区现代化的问题。农区工业化是其现代化无法绕开的路径。

21 世纪初，随着工业化快速发展和要素快速聚集，城市尤其是核心城市和城市群在驱动区域经济发展中的作用日益凸显，区域活力表现为核心城市及城市群的活力，区域之间的竞争表现为核心城市及城市群的竞争。此时主政河南的李克强同志高瞻远瞩，借助《河南省全面建设小康社会规划纲要》文件，对河南省域经济社会发展战略进行了系统梳理和谋划，提出目标是"中原崛起，河南振兴"，路径是"工业化、城镇化和农业现代化"，抓手是建设以郑州为中心的中原城市群，第一次对河南发展的思路和方向做了清晰的表述，为此后发展提供了可以长期遵循的路径。

改革开放 40 余年以来，1992 年邓小平南方谈话至 2008 年全球金融危机前这一段是中国经济增长最快的，16 年中 GDP 增速走了一个"U"形曲线，两端高点是 14% 左右，中间最低点也接近 8%，驱动因素是工业化城镇化及其背后的投资和资源型与劳动密集型产业膨胀。也是在这一时期，河南作为重要的自然资源和劳动力资源大省，搭上了国家经济高速增长的快车，借助资源型产业和劳动密集型产业不断扩张，GDP增速长期保持在中西部各省区前列，总量也跃升至并持续稳居全国省域经济体第 5 位。2008 年的全球金融危机，暴露了国内累积的结构性问题，调整压力增大，阶段开始转换，即由高速增长转向高质量发展，这意味着河南依赖资源和劳动力优势驱动增长时代的结束，压力更大。在这种背景下，当时的河南省委、省政府主要领导显现了责任担当，集思广益，超前谋划，将战略方向调整到了放大枢纽优势上，提出"大枢纽、大物流、大产业、大城市"发展思路，也就是以枢纽建设推动物流，以物流聚集先进制造业，以城市聚集人口服务和承载产业，合力打造区域增长极，带动和引领全省经济发展。为推动该思路实施，河南省委、省政府先后谋划了"中原经济区"和"郑州航空港经济综合实验区"两大战略平台，并获得国务院批准进入国家战略体系，并以"米"

字形高铁和郑州机场二期建设为抓手。

就其职能来说，郑州航空港经济综合实验区（规划面积415平方公里，相当于当时郑州主城区的面积）是基于人们对所谓"第五冲击波"的认识，要肩负起发展航空经济，推动结构转换，引领新时期先进制造业发展的使命。现代化是由技术变革驱动的，技术变革往往会率先引起交通运输方式变革，而每一次新的交通运输方式变革，总会引发新一轮产业发展的浪潮，并推动经济社会发展进入新时代。就像与铁路时代相适应的是重化工业一样，与航空时代相适应的可能就是电子信息、人工智能、生物医药等轻型产业，这也是航空经济发展的真谛。

三　郑州航空港经济综合实验区的基本管理架构

自2013年国务院批复《郑州航空港经济综合实验区发展规划（2013～2025年）》以来，航空港实验区以建设国际航空物流中心，以航空经济为引领的现代产业基地、内陆地区对外开放重要门户、现代航空都市、中原经济区核心增长极为战略定位，打造区域竞争的新优势，逐渐成为推进中原崛起、河南振兴、富民强省的强大引擎，为充分发挥战略和区位优势，航空港实验区发挥先行先试、示范引领的作用，多方面推进法律政策和管理体制的创新，明确了"市级为主、省级扶助"的领导体制，确立了"两级三层"的管理模式，并积极推进省直直通车制度，初步形成了航空港实验区运行流畅、职责清晰的管理体制，为航空经济的迅速发展奠定了坚实基础。

（一）明确"市级为主、省级扶助"领导体制

《郑州航空港经济综合实验区发展规划（2013～2025年）》是全国率先被国务院批复的以发展航空经济为主体的规划，河南省委、省政府

紧紧抓住郑州航空港实验区获批的政策优势，全力推进航空港实验区建设，力图将航空港实验区打造成中原经济区发展的关键突破口。科学有效的管理体制是航空港实验区发展的重要前提，在实验区发展规划被批复的一个月后，中共河南省委九届八次全会对航空港实验区的管理体制予以明确，按照"精简、高效、统一"的原则，确立了"市级为主、省级扶助"的领导体制。"市级为主"明确要求郑州市负责航空港实验区的组织领导和具体工作实施，为航空港实验区的发展提供便捷优质的服务，而"省级扶助"则提出由河南省委、省政府负责航空港实验区的指导规划及国家层面的沟通联络、省级层面问题的协调解决。航空港实验区作为省政府的派出单位，通过省、市两个层级的制度安排，为航空港实验区的管理体制的初步形成定下了基调。

（二）建立"两级三层"管理模式

"市级为主、省级扶助"的领导体制是对航空港实验区管理的宏观性规定，具体落实方面，航空港实验区建立了"两级三层"的管理体制（见图6-1）。"两级"是指河南省与郑州市两级党委和政府统筹分工：由省级负责航空港实验区的宏观政策规划、决策管理、沟通协调及和国家有关部委联络沟通，全力支持航空港实验区建设；市级负责航空港实验区的组织领导，以及具体事务的督促落实，以便为航空港实验区的发展提供优质便捷的服务。在此基础上，形成了三个层面的管理机制，包括省航空港实验区建设领导小组、市航空港实验区建设领导小组、航空港实验区党工委和管委会。省、市两级领导小组和航空港实验区党工委、管委会按照各自的职责分工开展工作，并建立定时的会议联络机制，以协力推进航空港实验区发展。值得注意的是，"两级三层"管理体制的核心任务是做实航空港实验区管委会，航空港实验区管委会是河南省人民政府的派出机构（正厅级规格），与综合保税区套合配置，由郑州市委、市政府负责管理，省编办也对航空港实验区领导职数和行政编制进行了规定。

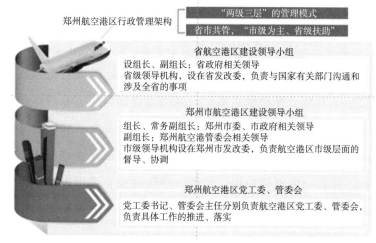

图6-1 郑州航空港经济综合实验区"两级三层"管理模式

资料来源：《郑州航空港区实行省市共管，市级为主省级为辅》，https：// zz. news. fang. com/2013 - 07 - 11/10502391. htm。

（三）实施行政执法全委托管委会

"两级三层"管理体制的核心任务是做实航空港实验区管委会，实现管委会"区域全覆盖、职能全覆盖"的管理权限。航空港实验区管委会虽然为河南省人民政府的派出机构，但是并非一级行政执法主体，不具备相应的法律地位。为转变传统的管委会管理模式，将航空港实验区管委会按照一级人民政府打造，郑州市人民政府出台了《关于委托郑州航空港经济综合实验区行使行政执法权的若干规定》，明确了市、县两级政府将行政执法权完整委托航空港实验区管委会，在行政执法权委托后，市、县政府仅对航空港实验区的执法活动进行业务指导和监督，并承担形式责任，而由航空港实验区管委会对规划区域内的所有建设、发展、管理事务负责实施，管委会承担实质责任。

（四）落实"省直直通车制度"

为进一步完善航空港实验区管理体制，落实航空港实验区省辖市一级经济和社会管理权限，河南省人民政府参照省直管模式，出台了《关于郑州航空港经济综合实验区与省直部门建立直通车制度的实施意见》，按照先行先试、依法探索、积极稳妥、先易后难、统筹兼顾、精简高效的基本原则，推动航空港实验区与省直部门建立直通车制度，除法律、行政法规规定必须由市一级政府报批外，其余事项由航空港实验区直接向省级部门报批。该意见明确了航空港实验区规划、统计直接上报，项目、财政补助直接申报，用地、价格收费直接报批，证照直接发放和直接报批，政策直接享有，信息直接获得等9项直通车内容，并甄选出266项管理事项，由航空港实验区直报省直相关部门办理。省直直通车制度的确立，有效缩减了烦琐的行政层级，极大地提高了航空港实验区行政效率，激发了航空港实验区发展的新活力。

（五）出台《郑州航空港经济综合实验区条例》

《郑州航空港经济综合实验区条例》（简称《条例》）从2021年3月1日起正式实施，目前该区已成立专班，制定了实施专案，共梳理权责事项5000余项。《条例》是我国第一部航空经济区创制性地方立法，不仅可以有效解决航空港实验区建设发展中管理体制不顺畅、法律地位不明确、权力责任不清晰、先行先试无依据等问题，还将前期探索形成的一些经验做法固定下来，实现了立法与改革相衔接，用法治手段保障区域各项工作顺利开展，为强化航空港实验区龙头带动作用、推进河南省实现全方位对外开放提供了法治保障。

《条例》制定时重点关注了四个问题。一是理顺实验区管理体制，赋予其更大的先行先试自主权，实验区管委会行使省辖市级人民政府经济和社会管理权限以及省人民政府赋予的特殊管理权限，由省人民政府委托郑州市人民政府依法管理。二是进一步推动投资与贸易便利化，全面实行外商投资准入前国民待遇加负面清单管理模式。三是推动金融财税创新，将国家和省委、省政府赋予实验区的金融财税优惠政策措施在立法层面予以明确。四是加快推进融入"一带一路"，扩大开放，专设"'一带一路'与开放合作"一章，对实验区与共建"一带一路"国家和地区的深度合作、建设"空中丝绸之路"，与其他国家和地区的科技园区、跨国公司组建产业联盟，实施开放式协同创新等做出了规定。

四　郑州航空港经济综合实验区发展成就和运行中的问题

（一）郑州航空港经济综合实验区发展成就

1. 航空枢纽建设取得重大进展

郑州航空港经济综合实验区战略谋划与郑州机场规划及二期建设几乎同时起步，前者定位为全球航空货运中心，后者将建成拥有五条跑道、客货运输兼顾的现代化大型枢纽机场，年货邮吞吐量目标中期突破200万吨，远期300万~500万吨，年旅客吞吐量目标中期突破5000万人次，远期突破1亿人次。2012年已经启动的二期建设是一条4F级跑道和一座建筑面积超过50万平方米的T2航站楼，郑州航空港经济综合实验区的获批无疑大大加快了郑州机场二期工程进度，使之提前一年于2015年底就投入运营。近年来，郑州机场客货运输量增速在全国各大机场中一直名列前茅，2019年旅客吞吐量已突破2900万人次，在疫情严重影响下，2020年旅客吞吐量仍达2100万人次，排序从二十几位升至第11位，货邮吞吐量更是大幅增长，突破64万吨，从十几位升至第

6 位，保持中部各大机场双第一，跻身国内大型枢纽机场前列。

2. 产业快速聚集，对郑州都市建设支撑力度迅速增大

产业聚集的领头羊是富士康，其苹果手机年产量高峰时突破 2 亿部，用工量超过 30 万人，年销售额人民币数千亿元。在它的带动下，各种品牌的智能手机制造厂商纷纷入驻，聚集企业近百家，出货量达到 4 亿部，可占到全球智能手机出货量的 1/7，成为郑州航空港经济综合实验区先进制造业代表和最重要的支撑。在智能终端产品带动下，合晶单晶硅、华锐液晶面板、光力科技半导体封装划片机、DW 电子先进集成电路芯片靶材等配套项目也陆续入驻。新近崛起的生物医药产业也发展势头良好。与此同时，作为航空依赖型制造业驱动因素并为其提供服务支撑的航空物流业，尤其是跨境电商物流也迅猛发展，2020 年业务单量及货值分别达到 1.39 亿单和 113.9 亿元，同比分别增长 91.72% 和 62.01%[①]（见图 6 - 2）。

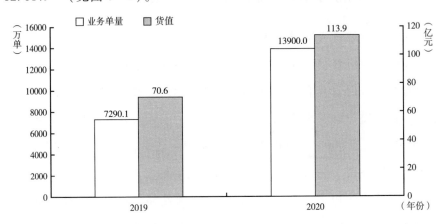

图 6 - 2　2019 ~ 2020 年郑州航空港经济综合实验区跨境电商发展情况

资料来源：郑州航空港经济综合实验区官网统计信息。

---

① 资料来源于郑州航空港经济综合实验区官网《航空港实验区 2020 年跨境电商实现双突破》。

产业聚集促进了财富聚集，近年来，郑州航空港经济综合实验区GDP增速在郑州市属各县（市、区）中一直位居前列，总量持续增大，在全市占比持续上升。2020年地区生产总值达到1041.18亿元，同比增长7.8%，大大高于全国、河南及郑州市2.3%、1.3%、2.0%的平均增速①（见图6-3）。

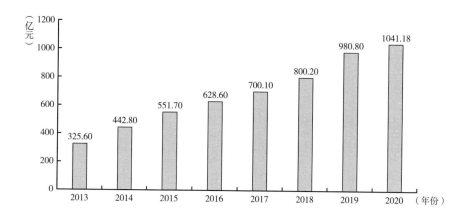

图6-3　2013~2020年郑州航空港经济综合实验区地区生产总值完成情况

资料来源：郑州航空港经济综合实验区官网统计信息。

产业、就业和财富的聚集促进了城市建设、城市规模不断扩大，功能不断完善。"十三五"期间，航空港实验区建成区面积年均增加约16平方公里，2020年已突破100平方公里，人口接近百万人。公园绿地、水系景观、学校医院等人居环境和公共服务设施已基本配置到位，大型商务会展中心也已布局完毕。一座为国家中心城市提供强有力支撑的现代化航空都市已具雏形。

3. 外贸进出口份额大幅增长，成为内陆开放高地核心区

作为内陆省份，河南经济本来外向度很低。郑州航空港经济综合实

---

① 资料来源于郑州航空港经济综合实验区官网《航空港实验区2020年主要经济指标情况》。

验区设立后，在富士康等企业带动下，外贸进出口连年大幅增长，在郑州乃至全省外贸进出口总额中所占比重持续提升。据统计，与实验区套合管理的郑州新郑综合保税区2020年外贸进出口总额达到685亿美元，同比增长21.2%（见图6-4），全市占比达到90%，全省占比达到67%，居全国综合保税区第2位、海关特殊监管区第3位，成为名副其实的内陆开放高地核心区。

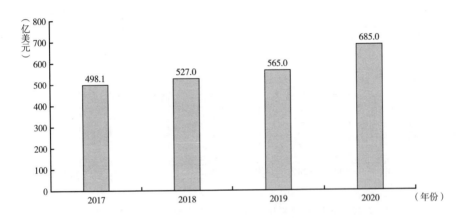

图6-4　2017～2020年郑州新郑综合保税区外贸进出口额

资料来源：郑州航空港经济综合实验区官网统计信息。

4. 助力全省结构转换效果明显

面积几乎与中心城区相当的郑州航空港经济综合实验区的迅速崛起，先进制造业和现代服务业快速聚集及辐射带动能力的持续增强，使其扮演了郑州全市乃至河南全省经济增长极和发动机的角色，推动全省结构转型与经济高质量发展的效果初步显现。具体表现如下。

一是三产比重大幅上升，结构优化速度加快。第三产业占比偏低是河南经济结构的一个重要特点，但2008年世界金融危机以来，尤其是2013年郑州航空港经济综合实验区运行以来，第三产业比重大幅上升，结构优化速度明显加快。图6-5表明，河南第三产业增加值占比从

2008 年的 29.6% 上升至 2020 年的 48.7%，12 年间上升了 19.1 个百分
点，平均每年上升近 1.6 个百分点，而从 2012 年至 2020 年 8 年间年均
上升将近 1.9 个百分点，此前 4 年则年均上升只有 1 个百分点多一点，
说明郑州航空港经济综合实验区运行后，确实对全省结构优化起到了促
进作用。

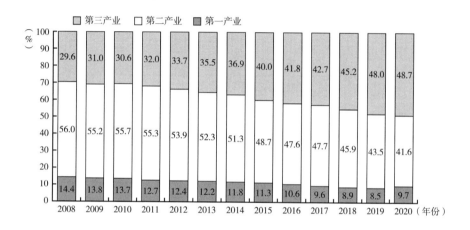

图 6 - 5　2008～2020 年三次产业增加值占河南省生产总值比重

资料来源：2008～2020 年河南省国民经济和社会发展统计公报。

二是高技术产业增速加快，占比逐步提高。河南是典型的资源大
省，传统产业尤其是高耗能资源型产业一直占比较高，但近年来高技
术产业一直保持较高的增长速度，占比也在稳步提升。国家统计局网
站和河南省统计局网站公布的有关数据显示，2020 年河南省传统及高
耗能产业占规模以上工业企业增加值的比重虽然仍分别在 46.2% 和
35.8% 的高位，但增速只有 2.5% 和 3.5%。高技术产业增加值增速则
高达 8.9%，比全国平均增速高出 1.8 个百分点，其占规模以上工业
增加值的比重也从 2014 年的 7% 增加到 2020 年的 11.1%，6 年增长
4.1 个百分点（见图 6 - 6）。

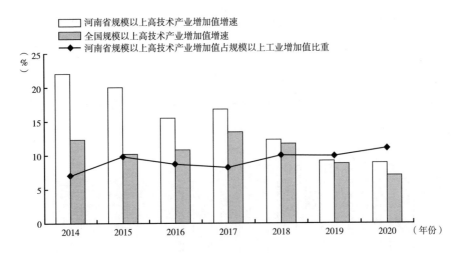

图 6 - 6 2014～2020 年规模河南省以上高技术产业情况与全国对比

资料来源：历年河南省国民经济和社会发展统计公报、中华人民共和国国民经济和社会发展统计公报。

（二）郑州航空港经济综合实验区运行中的问题

前面已述，郑州航空港经济综合实验区规划获批并正式开始运行以后，在河南省委、省政府主导下，确立了实验区"市级为主、省级扶助"的领导机制和"两级三层"的管理模式，也在实践中不断完善，甚至还专门为实验区立法，颁布了《郑州航空港经济综合实验区条例》。但是目前制约航空港实验区管理体制的问题依然存在，与精简、高效、创新的行政管理体制相比仍然存在不小的差距。具体表现在以下几方面。

1. 管理架构运行不畅

为解决航空港实验区行政管理问题，构建高效精简、运行顺畅的管理体制，按照中共河南省委九届八次全会决定，虽确立"市级为主、省级扶助"的领导体制，建立了"两级三层"的管理体制，但是目前各级、各层的职责权限、工作流程规定得过于笼统，缺乏细化的规定，导致各管理机构在航空港实验区具体事项的处理过程中无章可循。目前，仅河南省编委下发的《关于郑州航空港经济综合实验区管理体制和机构设置方案》对航空港实验区党工委、管委会的主要职责进行了原则界定。省航空港区建设领导小组和市航空港区建设领导小组的职责尚未以文件形式予以明确。另外，各层级的工作职责和内容等尚未以法律的形式明确下来，导致各层级管理机构职责的交叉冲突，或出现职责空缺、无部门履责等尴尬局面。此外，航空港实验区规划区域包括郑州区域（350 平方公里）、开封区域（65 平方公里）。至今开封尉氏区域尚未纳入航空港实验区管理范围，已影响到航空港实验区的统一规划、统一建设和统一管理，需要尽快进行跨市整合，研究制定可推行的托管方案。

2. 管委会的法律地位模糊，管理协调和行政执法存在摩擦系数

首先是管委会不具有法定行政主体地位，委托执法有摩擦系数。2013 年 7 月航空港实验区管委会正式挂牌成立，作为省政府的派出机构对航空港区进行管理。但无论是宪法还是地方各级人大和地方人民政府组织法均未对管委会这一机构进行规定，即在我国的行政机构序列中，并未赋予管委会这一机构法律地位。因此，管委会并不是一级独立的行政主体，不具备执法主体资格。虽然《郑州航空港经济综合实验区条例》第七条对管委会审批权限做了明确规定，但由于管委会不具有法定行政主体地位，其行政执法必须通过委托形式实现。虽然郑州市、县两级政府已将行政执法权完整委托航空港实验区管委会，但实际上很多关键领域，譬如土地利用、经济利益分配等，行政执法权尚未委托到位，且存在权责不一致的问题，责任主体难以具体明确，致使执法成本高、效率低。

其次是管委会权限边界及其与省、市关系界定笼统，运行中必有摩擦系数。《郑州航空港经济综合实验区条例》规定，"省人民政府设立

郑州航空港经济综合实验区管理委员会"，但接着又规定"省人民政府委托郑州市人民政府依法管理管委会"，按此规定理解，航空港区管委会属于省政府设立的机构，但归郑州市政府管理。这样一来，航空港区的管理权限到底由谁赋予和界定？是河南省政府还是郑州市政府？其中肯定存在模糊地带，运行中难免有摩擦，直通车制度实施过程中的问题，也证实了这种摩擦的存在。也是这个原因，《郑州航空港经济综合实验区条例》中关于航空港区管委会"行使省辖市级人民政府经济和社会管理权限"以及"管委会的工作部门行使省辖市级人民政府工作部门的行政管理权限"的规定，在实行中一定也会打折扣。

3.直通车制度运行乏力

省直直通车制度的建立，为航空港实验区与省直部门的连通提供了可能，缩减了航空港实验区与省直部门的行政层级，可有效提升航空港实验区行政效率。在省市各部门的大力支持下，不少直通事项和直通内容均已落实。但是也存在运行乏力问题，执行效果大打折扣。一方面，省直各厅局部门权力下放后，航空港实验区因机构设置不对应、人员编制过少等原因，难以对接，疲于应付。以航空港实验区经济发展局为例，目前在编的仅有30余人，但需要同时对接省发改委、省工信厅、省统计局等众多部门，而在郑州市，需由三四个部门来对接以上部门以完成工作任务。另一方面，直通事项和内容仍存在很大扩展的空间。随着航空经济的不断发展，实验区在土地开发、对外贸易、财政金融、税收优惠等方面需要更多的自主权，而目前的直通事项尚不能达到上述标准。

4.泛行政化现象加重

航空经济是以航空运输业、高端制造业和现代服务业为核心而发展起来的新经济形态。航空经济的打造除需要坚定有力的行政管理，也需要市场化要素的均衡配置。目前，航空港实验区行政管理和社会治理任务非常繁重,但"小政府、大服务"模式未完全建立,行政色彩浓重,如任其发展,管理体制不加以规范,就有可能逐渐与一级行政区类似。同时,航空港实验区支撑从审批制到备案制转变的行政能力尚且缺乏,事中事后的监管制度体系尚未建立,市场监督力量有限。如金融支持方式单一,机制灵活的离岸金融平台缺乏,没有开展离岸金融业务的平台,以致许多境外成员公司的外汇资金无法有效管理等。

5. 管委会与新郑机场公司横向关系复杂

河南省郑州新郑国际机场管理有限公司(简称"新郑机场公司")为大型国有企业,以经营民用航空地面勤务、候机楼、货站、航空客货销售代理等为主,同时兼营商贸、酒店、广告等业务。在行政级别上,新郑机场公司是正厅级单位,与实验区管委会是同等级别的。目前,航空港实验区管委会与新郑机场公司尚未形成明确沟通协调机制,权利义务关系不明确,从而导致日常工作中目标不一致、对接不顺畅、项目不统一,增加管理上的难度。在此之前就曾出现管委会下属公司投资兴建的建筑因不符合机场管理规定的限制性高度而被迫拆除的先例。

五 郑州航空港经济综合实验区体制机制完善的方向

(一)强化省级协调机制,助推区域增长极功能

按照我们的认识,航空经济是伴随着技术进步及产业结构、产品结构和新的全球分工体系形成,伴随着人们收入水平提升及生活方式现代化而出现的一种新型经济形态。用美国著名航空经济专家卡萨达教授的话说是"第五冲击波",是要逐步替代铁路运输、公路运输等传统运输方式在经济生活中的主导地位,引领经济结构演化方向的。河南省委、

省政府力推发展航空经济，并建立郑州航空港经济综合实验区，目的在于打造区域经济增长极，撬动整个经济结构由重型向轻型、由传统向现代转型，在新阶段实现高质量发展。这是一项重大的区域战略和区域政策布局，而绝不仅仅是增加一个大的新开发区。因此，强化省级政府的协调机制从头至尾都是至关重要的。强化省级政府协调机制的重要性至少体现在两个方面。一是重大交通基础设施建设。航空经济依托大流量的航空运输发展，要支撑大流量的航空运输，就必须有大容量、强功能的机场枢纽，也必须有支撑航空枢纽的强大地面交通系统，如高度现代化的公路、铁路系统。这些重大交通基础设施建设不仅需要大额投资，更需要上下左右全方位协调，尤其是与中央相关部门的协调沟通，这是一项高度复杂的系统工程，没有省级政府的强力协调是不可想象的。郑州航空港经济综合实验区建设谋划准备阶段和启动建设以来的一系列重大交通基础设施布局能够顺利落地，就是省级政府强力协调的结果，不论是功能强大的机场二期，还是牵涉面极广的"米"字形高铁及高铁南站建设，都是如此。二是跨市区域协调。这又涉及两个方面，首先是规划和建设管理协调，其次是产业布局协调。郑州航空港经济综合实验区作为航空经济发展的重要载体和省域经济增长极，其空间规模和空间区位选择显然不能受制于区划约束，在郑州、开封两市交界地区跨区域设置自有其合理性。但这必然产生规则摩擦和利益冲突，从而产生了跨市域协调问题，没有省级政府强力干预，单靠两市政府协商，也很难顺利达成一致。同样的道理，作为省域经济增长极和引领发展的龙头，产业培育是重中之重，合理的产业体系空间布局也非常重要。郑州航空港经济综合实验区的核心支撑是以智能终端制造为主的电子信息产业，龙头是富士康，但它需要一个庞大的配套体系支撑，比如金属机壳制造、各种电子组件制造，甚至包装材料制造等，不一而足，每一个单体组件都可以成为一个规模相当的企业或企业群，都需要按照成本最小化和效率最大化原则进行合理的地理空间布局，这些若没有省级政府高效率协调，迅速到位也是很难的。现在，遍布济源、商丘、周口、许昌、开封甚至南阳各地的富士康产品配套工厂，之所以能够围绕郑州航空港区富士康核心工厂的需要高效率协同动作，使庞大的电子信息产业能够良好运转，实在是得益于省级政府的强力协调。

现在的问题是，不少人认为，郑州航空港经济综合实验区谋划建设已经将近十年，各种重大交通基础设施已经基本布局到位，产业体系培育也已初见成效，省级行政协调的重要性已经下降了，甚至可以考虑退场了，这显然是认识上的误区。且不说以航空枢纽为核心的交通基础设施网络建设完善和顺畅运行仍存在繁重的协调任务，单说郑州航空港经济综合实验区建设所要达成的核心目标，即适航产业发展，还有很长的路要走。信息产业还在末端，生物医药产业才刚刚起步，航空制造业基本为零，这些短板都需要通过引进行业龙头企业和持续向技术链、价值链高端延伸来补足。产业扩张和空间布局调整都会受制于既定规则体系，仍处在市场化进程中，各种规则尚未定型的我国尤其如此。所以，特定产业在特定区域空间的布局、培育和成长，确实需要地方政府机构出面协调。

强化省级行政协调的办法，一是保留省政府航空经济领导小组设置并加以充实，由省政府主要领导担任组长，二是加强办事机构，恢复依托省发改委设置的领导小组办公室，从机构精简和效率的角度说，也可以将航空经济领导小组办公室与中原经济区、郑州国家中心城市及都市圈建设等领导小组办公室合署，但要明确职能、落实责任。

（二）推动区划调整，明确法定区域行政主体地位

从功能和目标定位角度说，郑州航空港经济综合实验区"不仅仅是一个大的开发区"，但从区域性质上说，它就是一个"开发区"。同

其他开发区一样，它的发展归宿也是要么成为一个独立的法定区划单元，要么成为某个行政区划单元的组成部分。前者如上海浦东新区，以及国内数十个经国务院批准依托省会城市建设的城市新区，甚至也包括"郑东新区"和河南省内依托各个省辖中心城市建设的"城乡一体化示范区"。后者如不同层级城市甚至城镇以产业聚集为目的拓展的非农发展空间，成熟后即成为城市行政辖区的有机构成部分。

之所以如此，是因为现代化所引起的结构演化与政府区划治理体系摩擦需要一个合理的解决方案。现代化是伴随着工业化和城镇化而发生的结构演化过程。既有产业结构演化，也有空间结构演化。前者表现为农业产出和就业比重在总量中比重不断降低，以及工业服务业等非农产业产出和就业总量不断提高。后者表现为非农产业和就业不断向特定空间聚集，以及乡村人口不断向城镇迁徙。由于特殊的历史地理条件，尤其是政府主导这一过程的体制机制，"开发区"模式在中国的工业化、城镇化过程中扮演了重要角色。自 20 世纪 90 年代初以来，随着工业化、城镇化的快速推进，各个省会城市、省辖中心城市乃至县城，都依托旧有城区，在其旁边切出原属于农村的区块，规划为"开发区"，大小从数平方公里到数十乃至数百平方公里不等，数量从一个到多个不等，用作制造业和服务业等非农产业聚集空间。为了加快产业聚集步伐，各城市政府一般都将"开发区"设置为直属的行政单元，单独管理，并给予较大的权限。但是，由于由地方政府行政赋权的"开发区"并非国家法定行政区划单元，"开发区"实际控制区总是处在一个或几个法定行政区划范围，按照国家治理体系规则，开发区内市场主体从事经济活动所涉及的很多行政审批事项，开发区管理机构作为非法定行政机关，往往无此权限，而必须走原法定行政辖区政府部门通道，这就导致开发区经济发展需要与行政审批通道错位，从而不可避免地导致某种程度的摩擦。土地审批最突出，按照国家土地用途管制的相关法律法规，农地转换成建设用地的政府征收环节和建设用地确定用途和使用单位环节，必须报自然资源部审批。这样，方案由开发区提出，具体程序却要由原法定行政区划范围政府机构负责，这种多环节转手交接和激励错位自然会带来效率损失。

郑州航空港经济综合实验区作为"大开发区"也不例外。其 415 平方公里管辖范围内，行政辖区不仅涵盖中牟、新郑和尉氏三个不同的县市，而且还横跨郑州和开封两市中心城市（中牟县和新郑市隶属于郑州市，尉氏县隶属于开封市），在郑州市辖区范围内，航空港区建设用地审批事项需要通过中牟县和新郑市自然资源局办理，同属一个城市，虽然也有摩擦，但系数不大。在开封市辖区范围内，相关行政审批不但要跨县，还要跨省辖市，而且还有管理权限界定和协调的难题要解决。如果调整行政区划，使"开发区"包括航空港经济综合实验区这种特殊开发区设置为独立建制法定行政辖区，或明确为某个法定行政辖区有机组成部分，就可以解决发展管辖权和法定职权的统一问题，从而消除摩擦，提高行政效率。

"开发区"最终以法定行政辖区为归宿，其必然性还在于，随着产业聚集和就业聚集，也会带动常住人口在同一空间聚集，这也是降低经济社会成本、提高经济社会活动效率内在规律驱使的结果。常住人口聚集会引发围绕人的生活需求的设施聚集，以及满足健康和发展需要的医疗、教育和文化设施的聚集，这就是所谓产城融合。所以，开发区从最初产业聚集的单一功能向生产生活并重的复合功能城市社区转化成为必然，从经济区向法定行政辖区转化也成为必然。

就郑州航空港经济综合实验区来说，应该借郑州正在紧锣密鼓推动的撤县（市）设区活动之机，将其设置为一个法定行政区。但仍要坚持"小政府、大社会"的原则，最大限度地缩小政府职能范围，让市场在资源配置中真正发挥决定性作用。

（三）引入市场化用人机制，构建开放特区

"开发区"虽不是法定行政区，一般也都有行政级别，并设有相应的行政部门。但"开发区"的主要职能毕竟是"开发"，即在规划的特定空间范围内整理土地，搬迁安置居民，投资进行基础设施建设，形成路网及水、电、气、暖等各种资源能源网络，并在此基础上推动产业聚集，从而不同于普通的政府系统。其履行和实现职能主要依靠市场，甚至履职过程中扮演的就是市场主体的角色。与一般的政府系统相比，这就产生了两个问题。一是行政编制人员总是尽可能精简，工作秩序性和程序性却有很大的不稳定性和不确定性，工作量也可能更大，开发区行政工作人员是否应当或可以获得额外的高收入？二是由于行政编制数量与实际工作量错位，大量看似应属于行政系统的工作往往需要非行政编制人员来做，这些人员在行政体系中的地位和待遇如何保障？

郑州航空港经济综合实验区在运行中就遇到了这两个问题，而且还比较突出。415 平方公里，近百万人口，未来潜在人口规模可能会达到数百万，又是处在开发过程中的区域，不但行政部门设置有限，各个部门人员编制也极其有限，工作量却非常大。为了应付工作需要，各个部门各个环节都招用了大量非行政编制人员，由于体制内容量有限，这些人员未来走向何方就成了问题。与此相关的问题是，行政职级岗位数量有限，大量行政编和非行政编人员职务升迁通道非常狭窄，很多人会被长期压在低职级上，却要做高职级的事情，并承担更大的责任。另一个问题是，郑州航空港经济综合实验区行政系统工作人员不但担负更繁重的工作任务，而且居住地距离工作地遥远，每天要在市区和港区之间来回奔波，实际工作时间和辛苦程度要远大于市内同级行政部门人员，但作为政府系统公务员，又很难享受差别待遇。

解决上述两大矛盾的办法，第一不可能大幅度增加行政系统工作人

员，第二不可能靠实行同性质行政人员的差别待遇。可行的方案有两种。一是认真梳理整个管理系统各种岗位的性质，将管理岗位分解为行政管理和市场管理两大类，前者纳入公务员管理体系，后者实行市场化聘任，待遇从属于市场规则，可以根据岗位职责水平给予相应的高收入待遇，也可以实行年薪制。二是对纳入公务员体系的人员，除了少数领导干部如党工委书记、主任等之外，绝大多数干部可以在保留职级前提下实行聘任制，即在郑州航空港经济综合实验区任职期间，按照岗位需要实行聘任制，受聘期间，工资待遇不受原职级约束，而是随行就市享受市场化工资待遇，一旦因工作需要调离航空港区到党政其他部门任职，就结束合同及相应工资待遇，实行新任职的职级待遇。这两种方案可能是解决政府与市场、贡献与待遇矛盾，强化激励机制的合适选择。

（四）科学界定权限边界，实现机场与港区良性互动

航空经济是由航空运输衍生并驱动的经济形态，所以，机场枢纽是核心。从历史演化秩序来说，是先有机场后有航空经济及航空经济区，机场枢纽能力发展到一定程度后，人们意识到可以利用航空枢纽的这种运输能力来带动周边产业发展，于是就开始主动谋划适合于航空运输的产业在周边的发展和布局，从而就有了航空经济区。郑州新郑机场枢纽和郑州航空港经济综合实验区的发展演化，就是沿着此轨迹进行的。2012 年谋划郑州航空港经济综合实验区之前，曾经经历两轮面积分别为几十平方公里和 100 多平方公里的航空经济区规划，到 2013 年被国务院批复的航空港经济综合实验区规划则达到了 415 平方公里的规模。与此同时，启动了机场二期建设并进行了新一轮机场规划修编，使郑州新郑机场进入国家大型枢纽机场行列，短中期运能达到客流超过 5000 万人次，货邮吞吐量超过 200 万吨，远期客流超过 1 亿人次，货邮吞吐量超过 500 万吨。机场枢纽对航空经济区的支撑能力也会大大增强。可

见，机场枢纽和航空经济区是相辅相成的关系。

但是，机场枢纽和航空经济区又是两类不同性质的主体。机场枢纽是企业，航空经济区是承载企业的特殊区域空间。机场枢纽的职能是承接航空公司落地并为其提供相应服务，吸引更多航空公司入驻，尤其是吸引大型航空公司作为基地运营平台，协助航空公司开辟更多航线，提升运能和运力，增大吞吐量，提升机场枢纽运输规模；航空经济区的职能是投资建设基础设施，以形成适应航空经济发展的条件，并吸引更多相关企业聚集入驻，做大航空经济规模。

机场枢纽和航空经济区职能和业务活动除了相互支撑之外，也有很多相互交叉的地方。比如，郑州新郑机场集团属于省属大型企业，正厅级行政级别，虽然运营空间在航空经济区内，但其活动权限并不受航空经济区管辖（属于同一行政级别）；又如，机场枢纽规划建设有行业自身设置的技术要求，这些技术要求适应范围很多超出机场枢纽自身的管辖空间，飞机起降飞行对一定范围内建筑物高度控制的要求就属于此类，这种超出机场枢纽控制边界的技术要求如果不及时沟通，就有可能与航空经济区根据发展需要所做出的建设规划相冲突；再如，机场枢纽内的配套商业活动和商业设施也可能与其范围外航空港区统筹规划的相应设施和相应活动发生冲突；等等。这些权限和业务活动的交叉不可避免地会产生摩擦，消除摩擦的办法，一是根据各自发展目标和客观活动规律清晰界定各自的权限边界，二是两者之间建立起常规性的协商沟通机制，及时沟通协商，把问题解决在事前或事中，而不要拖到最后造成损失。

第七章 | 航空经济建设 和发展的一般路径

一　引言

在《航空经济概论》一书中，通过对航空经济内涵的完全解析，将各种不同发展阶段和不同经济模式的航空经济高度概括，将"航空经济"的完整定义表述为"以航空枢纽为依托，以现代综合交通运输体系为支撑，以提供高时效、高质量、高附加值产品和服务并参与国际市场分工为特征，吸引航空运输业、高端制造业和现代服务业集聚发展而形成的一种新的经济形态"。在关于"航空经济"的定义中，不但明确了航空经济是代表着未来发展方向的新型经济形态，同时也明确了"航空运输""产业集聚""航空经济服务体系"等三方面的建设和发展，是航空经济建设和发展的基本框架组成及建设和发展主体。书中对航空经济的定义和对航空经济内涵的论述为航空经济建设和发展的研究提供了完整、明确且严谨的研究基点。本章所探究的关于"航空经济建设和发展的一般路径"，正是基于《航空经济概论》一书中对航空经济的定义与内涵，整理分析国际化的航空经济区建设和发展的轨迹，结合我国目前航空经济的发展状况，遵从市场，通过分析产业（企业）

在航空经济中的发展过程，采用"朴素的市场逻辑"分析方法，梳理设计具有一定适用性和特色性的"航空经济建设和发展的一般路径"，为我国航空经济的建设和发展提供新的思考角度。

在本章中，我们认为，在建设具有中国特色社会主义市场经济战略方针的指导下，我国航空经济建设和发展要以政府、机场、产业（企业）为主体，以先发产业（企业）的市场导向为战略导向，以实现"航空经济产业化、市场化、全球化"为战略目标有序推进；由此，我们根据建设和发展航空经济必需的市场资源条件及航空经济建设和发展进程中所产生的市场效应，将航空经济建设和发展进程分为五个有序推进的阶段，这五个阶段分别是"战略研究阶段""产业资源通道建设阶段""先发产业发展初级阶段""市场建设阶段""成果转化阶段"。为了使上述路径有一个更直观的整体表达，我们作了航空经济建设和发展的一般路径分析框架图（见图 7-1）。

二　航空经济建设和发展的一般路径框架

在"航空经济建设和发展的一般路径分析"图中，以"航空经济"分阶段建设和发展的进程和以"产业经济"的建设和发展为双主轴，概括梳理了航空经济建设和发展的"三大基本主体"和"三大基本要素"。

三大基本主体——政府、机场、产业（企业）主导航空经济的建设和发展，主导航空经济阶段战略目标的设定，主导航空经济与地方经济之间的融合，主导航空经济产业结构的规划建设，确定建设和发展的重要节点，控制建设和发展节奏，建设完善的服务体系等。

三大基本要素——资源、产业、市场在航空经济的建设和发展过程中依次呈正向递进、反向需求关系，没有资源就没有产业，没有产业就没有市场，反之，市场扩大对产业规模提出需求，产业规模扩大又对资

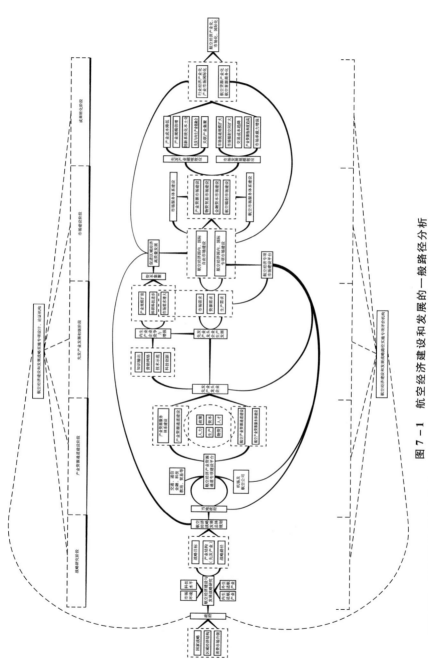

图 7 - 1 航空经济建设和发展的一般路径分析

资料来源：笔者根据相关信息绘制。

源的饱和度和强度提出需求，从此关系可以看到，航空经济建设的着力点是资源和市场，航空经济发展的动力源是资源和市场的强度和饱和度。

航空经济是一种集合性的新型经济形态，是在经济全球化背景下，高能级生产要素与资源重新配置的需求，是高能级生产、资源市场和区域经济量级突变的必然结果。

全球化的航空经济集合了市场经济中的物资资源、市场资源、基础资源、产业资源等，已经成为国家战略中的重要一环，承担着区域经济建设和发展的重任，单一路径的建设和发展模式不具备足够强度竞争力，也无法满足航空经济建设和发展需要的市场空间，未来的航空经济将是以基础资源市场为起点，导入、培育多元化的先发产业（外生龙头产业、内生优势产业），建设多元化的产业资源市场、共同利益平台及多领域路径，如图7-2所示。

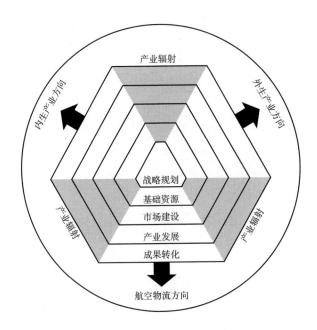

图7-2　航空经济多元化路径结构

资料来源：笔者根据相关信息绘制。

三 航空经济建设和发展的一般路径框架分析

（一）政府主导航空经济建设和发展的途径

政府通过"航空经济战略发展总体规划""航空经济建设和发展战略实施专项设计、论证机构""航空经济建设和发展战略路径实施专项评价机构""当地政府"四个主要平台主导航空经济的建设和发展。

（1）"航空经济战略发展总体规划"——以承接国家战略、发展区域经济等为出发点，综合区域经济的经济结构、产业布局、资源状况、经济发展水平等经济发展要素的战略纲领性文件，对航空经济的战略目标、阶段性战略目标、适航产业结构、入港先发产业（企业）、内外产业契合点、战略实施路径等方面提出明确的方向和要求。

（2）"航空经济建设和发展战略实施专项设计、论证机构"——独立的专项创新研究、技术性论证的商业机构，涵盖政策、经济、城市规划、产业规划、航空、法律、贸易等多方面航空经济相关领域的研究，以航空经济战略目标为导向，遵从市场，强调创新，对航空经济建设和发展过程中的重要节点、政策方向、市场建设、入港项目等进行专项研究和论证，创新研究共建平台，是执行航空经济建设和发展规划的重要载体，为政府、机场、产业（企业）的相关决策提供重要和翔实的市场研究报告、设计导向和论证报告。其主要的研究工作涉及航空经济建设和发展的方方面面，诸如土地的价值分配模式、多元主体"共生平台"、招商项目合作模式、产业政策导向等方面的创新设计和论证；航空港空间规划、先发产业甄选等方面的市场调研和论证；产业资源通道规划、市场规划等方面的市场调研、创新设计和论证等。

（3）"航空经济建设和发展战略路径实施专项评价机构"——独立的专项路径跟踪调研、市场效应评价、前景预估的商业机构，集合政策、经济、城市规划、产业规划、航空、法律、贸易等多方面航空经济相关领域的研究机构，以航空经济战略目标为导向，对航空经济建设和发展过程中的整体状况，各个阶段、节点、项目的实施推进等，遵从市场，进行路径实施跟踪调研及综合市场效应评价，为政府、机场、产业（企业）的相关决策提供重要和翔实的调研报告、设计导向和论证报告，为路径修正、产业（企业）导入、市场衔接、资源通道建设等提供重要的市场数据。

（4）"当地政府"——是政府职能的主要载体，同时具备一定程度的市场属性，以建设和发展主体的形式参与到航空经济建设和发展战略路径实施的全过程，以航空经济发展战略目标为导向，以"航空经济发展战略总体规划"为依据，遵从市场，主导战略路径的实施和阶段性战略目标的实现；主要在航空经济的"共生平台建设"、"产业资源通道建设"、"市场建设"、"服务体系建设"和"成果转化"中发挥政府职能并参与其中。

（二）航空经济发展战略规划

航空经济的建设和发展模式基于其在市场经济中的表现，大致可分为"交通枢纽型"（如美国亚特兰大航空经济区）、"制造经济型"（如荷兰史基浦航空经济区）、"物流经济型"（如美国孟菲斯航空经济区）、"金融贸易型"（如美国纽约航空经济区）等四大基础类型，亚洲范围内，还有一些成功的航空经济区采用了"复合型"的建设和发展模式，如香港是金融贸易型、物流经济型、交通枢纽型等三大基础类型形成的"复合型"航空经济区。

　　航空经济战略发展总体规划，是具有明确的国际视野、市场导向和路径选择的战略性规划，不具备市场普遍性，所以，航空经济区战略发展总体规划的首要任务是在综合分析发展航空经济的基础资源——区位优势、内生产业结构、科技水平、文化传统、产业市场环境、生产力水平、内生消费市场活跃度、航空辐射范围、国际市场空间、产业资源等的基础上，确定未来航空经济的基础类型，确定航空经济建设和发展"战略目标"、"产业结构"和"战略实施路径"。

　　航空经济战略发展总体规划在实施过程中，最重要的是要遵从市场，要对实施项目、进程和成果进行市场论证、市场检验和市场评价，敏锐捕捉市场信息变化和产业（企业）发展需求，动态性修正总体规划的阶段性目标和路径，以达到航空经济与市场的完全融合。在航空经济区建设和发展史上，新加坡樟宜航空经济区历经数十年的建设和发展是其中的典范，其先发产业从航运服务到石化制造，再到金融贸易，进而形成集合交通枢纽型、制造经济型、物流经济型、金融贸易型等四大基础类型的"复合型"航空经济区。

　　在战略总体规划中，除了政策性和市场性的研究外，还有三个方面的规划往往被忽略。一是要对"消费市场升级"这一航空经济发展的起因进行国内市场和国际市场的完全分析，为航空经济战略实施找准市场建设方向的市场论证基础；二是要将内生产业作为重点，纳入航空经济的产业规划中，内生产业市场才是航空经济的土壤；三是"先发产业（企业）"的选择，不但要在其自身的适航性、营销网络国际性、产能规模性、创新研发先进性等方面进行论证，还要在其与内生产业市场的融合性、产业吸聚效应、资源需求的广泛性等方面进行充分的论证，以保证"先发产业（企业）"对内生产业、区域经济等产生更大、更有效的市场效应，如荷兰史基浦航空经济区的先发产业——鲜花、美国孟菲斯航空经济区的先发产业——物流。

（三）城市空间、物资通道、产业空间布局

航空经济发展的推动力并不是城市经济的发展，而是来源于内在的产业经济发展和外在消费市场的升级，基于航空经济的这一特性，航空经济区的空间规划要依据航空经济发展战略，在理顺航空经济区与中心城市之间的城市功能关系，理顺航空经济区与次级城市之间的产业功能关系，理顺航空经济区与机场之间的物流互联互通关系的基础上，并在保证航空安全的基础上，保证"城市空间"、"物资通道"和"产业空间布局"规划设计的一致性。

在航空经济区的建设和发展中，产业发展是核心，物资通道是保障，城市功能是基础，三者之间既有有机融合、联动发展的关系，在空间上又有着完全不同的发展源点和发展路径。产业是以机场为中心，随着产业规模扩大和产业链的延伸，以不同的产业物资需求和城市服务需求指向，逐渐向贸易活跃度最高的城市和物资资源最丰富的区域扩展，在空间规划设计上强调的是产业的需求导向和市场导向，以及未来的发展空间等；城市功能是航空经济产业资源服务体系的基础性保障，以提供市场，以航空经济区的服务需求指向为规划设计方向，强调依托中心城市和次级城市，弱化航空经济区的城市功能，为产业的未来留出最大化的发展空间；物资通道则是以服务于产业和市场、促进产业和市场发展为宗旨，在城市、市场、机场和产业区之间建立无缝连接的通道，在规划设计上，强调的是其服务性和多样性等。

在"三规合一"的规划设计中，"资源通道"的规划和设计是其中的重点和难点，"资源通道"的规划和建设不是在一张白纸上作画，不但需要串联城市、机场和产业区，需要与原有的资源通道在形式和运营上保持互联互通，需要在最合理的路径上导引产业区、产业带的形成和发展，还需要在服务体系的建设上有充分的保障——多式联运和综合货

站的建设。

航空经济区的物资通道建设核心内容就是以解决物资运输的通达性和各种物资运输方式之间的转运衔接为服务本质，其建设途径主要有两个方面，一是加强地面物资通道和货站的建设，二是加强多式联运及综合货站的建设。

实现航空经济区地面物流通道，结合中心城市和航空经济区的产业布局、干线交通，大力进行公路、普铁的支线、货运通道专线和货站的建设，将陆港、空港、自贸区、产业区、物资贸易市场等物资集散地相互之间采用货运通道专线无缝连接，以市场和产业园为中心规划建设货场货站，做到有产业就有货站、有市场就有线路，形成物资通道与市场、产业等完全融合的物流网。

目前大多航空经济区在公路、高铁、机场等客运交通设施建设方面已趋于成熟，但对于普铁货运支线、综合货站等货运交通设施的建设，在现阶段呈现整体缺失的状态，普铁的运输方式、运载能力和辐射范围是极具兼容性和综合性的，产业园区的生产物资和生产设备，贸易市场的大宗货物和市场开拓都对普铁有着强烈的依赖，对于以产业经济为主的航空经济区来说，完善普铁货运支线建设的必要性是显而易见的。

对于中心城市来说，普铁干线的"十"字形交会枢纽是最被津津乐道的，但随着城市化运动推动城市规模向郊区扩张，公路、高速公路、汽车、高铁、航空等行业的高速发展，普铁承担的客运职能在逐步下降，集中在城市中心地带的"十"字形枢纽给城市带来的切割城市的整体性、道路拥堵、城市建设难度加大、城市景观死角等方面负面作用就更加显现，普铁交会枢纽的外移分化也越来越有必要，综合普铁的重要作用、城市建设和区域经济发展等几方面的因素，我们认为发展"⊕"形的普铁干线交会构型，将一个集中式的交会枢纽外移分化为五个交会枢纽，将会为城市群的建设和区域经济的发展带来不可估量的正面效应。

实现空地、地地物资转运货站的综合化，对公路、普铁、高铁、水港、海港、产业园、自贸区、机场等物转货站，采用"多站合一"的综合设计和运营理念，建设"综合性货站"，强调物资流通的通达性，简化物转流程，为企业减少物资流转过程中由于装卸、等待而增加的时间和资金成本。对于航空经济区，在机场货运区建设由公路、普铁、自贸区、机场等四种物资集散方式组合而成的大综合货站。

（四）以主体共同利益解困"三难"

目前，从国内航空经济的建设和发展状况来看，只靠政策推进的航空经济区建设无不陷入"三难"的困境：一是"港产城融合难"，二是"企业招商难"，三是"产业发展难"。从"三难"的具体表现来看，似乎存在协调机制不健全、市场竞争激烈、优惠政策力度不强等诸多外在因素。

若从航空经济建设和发展一般路径中分析，则发现以下方面问题。

"港产城融合难"产生的根本原因是航空经济建设和发展多元主体在"市场身份认同"、"利益共生"和"利益分配"等方面的认知偏差。

"企业招商难"实际上表现的是产业（企业）对"产业资源市场"建设成熟度的最直接否定。

"产业发展难"则是在航空经济的建设和发展中忽略了内生产业市场对航空经济的需求和贡献，失去创造区域经济基本面的内生产业市场，只靠优惠政策吸引外生产业（企业）的导入就如同沙漠植树——难。

解困"三难"，需要在遵从市场的前提下做到以下几点。

第一，充分发挥"设计"、"论证"与"评价"在航空经济建设和发展过程中的路径控制作用；从航空经济建设和发展的终极目标和阶段性目标出发，结合产业资源的现状和发展，对产业资源、市场建设、政策导向、合作平台和机制创新等方面进行"反向设计""双向（正向＋反向）论证""正向评价"，在不断自我否定和修正的过程中，走出最契合市场经济规律的建设和发展路径。

第二，遵从市场，确定"当地政府""机场及航空公司""产业（企业）"等航空经济建设和发展主体的市场角色；"当地政府""机场及航空公司""产业（企业）"这三者之间不是管理和被管理、利用和被利用、服务和被服务的"主从关系"，而是以自身资源优势为"股本"的市场参与者，是支撑和被支撑、促进和被促进的"共生关系"。

第三，在市场经济活动中，"共生关系"所对应的市场角色就是在共生平台上由共生主体集合而成的"市场共生体"，航空经济区就是市场共生体的典型市场参与模式。"共生平台"有两个基本特征，一是共生主体的市场属性、优势资源、利益诉求、发展路径等方面具有完全不同的市场指向，二是共生利益的"自然分配"和"市场需求分配"方式。

共生利益的"市场需求分配"是共生平台设计的主要导向，随着航空经济的建设和发展，当地政府的土地、市场、区位等资源，产业（企业）的资本、人才、技术、营销网络等资源，机场及航空公司的市场、服务等资源的市场价值不断提升，诸如财税收入、产销收入、服务运营收入等带有强烈个体化属性的利益被自然分配到政府、机场及航空公司、产业（企业）等共生主体，而诸如土地的升值等因"市场共生体"而产生的利益，则应以满足共生主体为适应市场需求增加而增加的建设和发展的需求为原则，按照"市场需求分配"的方式进行分配，以达到共生主体通过共生平台在市场竞争中"共生、共建、共享"。

在航空经济建设和发展的一般路径中，最大限度体现共生利益价值的主要有两个阶段。一是"产业资源通道建设阶段"，共生主体是当地政府、机场及其他（铁路、交通、市政、通信、金融等），需要的是基础建设开发型平台；二是"市场建设阶段"，共生主体是当地政府、机场及航空公司、产业（企业）及其他（铁路、公路、物流、贸易、金融等），需要的是具有国际视野的市场服务型平台。

四　航空经济要素建设及现代化效应

（一）产业资源通道建设

航空经济和城市经济之间是一个以建设高度市场化、产业化和国际化的区域经济为发展目标，以航空运输保障能力为先发优势，以核心城市为发展动力源，以产业资源为发展成本，以产业经济为发展路径，通过市场融合而形成的一种新型城城、城乡经济联合体。

在市场经济中，不论经济体的规模大小、发展方向、市场环境的优劣有何不同，产业（企业）对"政策、物资、人力、生产、资本、人才"这六方面资源的需求是推动产业（企业）发展、区域经济整体向前高质量发展产生直接效应的最重要的基础保障资源，其中"物资、人力、生产"方面的资源饱和度直接决定了产业（企业）的成本和利润，"政策、资本、人才"方面的资源饱和度则决定了产业（企业）发展的进程和方向。

航空经济建设和发展的关键就是关于"政策、物资、人力、生产、资本、人才"的资源通道建设，大航空经济活跃程度的各项指标也主要反映在"政策、物资、人力、生产、资本、人才"这六个直效资源的流通和集聚程度上，无论是个体经济还是群体经济，其发展的活力都来源于直效资源所产生的作用力，直效资源流通的高端表现是直效资源集聚的龙头效应的产生，通过对直效资源龙头效应的辐射从而实现推动区域经济整体高质量向前发展的终极目标。

在大航空经济的规划建设过程中，采用朴素的市场逻辑分析方法，通过对区域内中心城市之间的空间关系、社会关系、经济关系的分析，对规划区域中市场的空间逻辑关系和产业集聚的逻辑关系的分析，对规划区域外围经济的市场表现分析，以及对区域经济的空间和产业分布现状的研究和未来发展方向的预判，寻找对规划区域经济发展产生直接影响的直效资源——政策、物资、人力、生产、资本、人才，并以此作为对规划区域进行空间设计、产业设计和政策设计的着力点。

政策——为产业、市场建设制定具有明确目标指向的政策，通过土地、资金、财税等方面最惠于企业发展的产业政策，通过基础设施建设（普铁、公路、货站等），通过合纵联合扩展域外消费市场等综合政策的实施，降低产业（企业）成本，打开市场通道。

物资——既是生产资料也是交易商品，原生物资的商品价值是在产业链中提升、分化，在市场交易中体现，在快速的流通中获取市场地位，最终在超市中达到顶峰，在消费者手中终结，由此可以看出，物资所经历的产业链越长，产业种类越丰富，科技含量越高，流通速度越快，市场占有率越高，交易次数越多，物资价值也就越大，所以，衡量区域经济发展质量优劣的标准重在衡量物资在区域经济的产业链中一定时间内交易次数的多少。

在经济发展过程中，龙头产业、消费市场的重点培育，固然能对产业和市场的发展起到催化剂的作用，但过于片面追求龙头产业的发展和消费市场的发展（进口），其结果都将导致区域经济中产业链缩短和市场交易次数的减少，市场活跃度下降，所以，在发展龙头产业和培育消费市场的同时，重点布局域内产业、发展域内交易市场、链接域外消费市场才是区域经济发展之道。

人力——这是五大资源中最具保障性的一支流动大军，但背井离乡从来不是他们的终极目标，所以，人力资源的建设重在以城镇化保障稳定性。

生产——产业（企业）的生产过程是通过对物资资源和人力资源的消耗，并将之转化为具有市场价值的产品的过程，在这个过程中，一方面，需要水、电、气、暖、环保等生产必要条件的保障，另一方面，还需要有"生产研发"资源的保障，生产研发不同于科技创新研发，是生产过程中的技术改进研发，是先发产业（企业）技术输出最主要的方式，先发产业（企业）对市场在一定范围内的相关技术基础和基础制造能力有很强的保障需求。

资本——资本在市场中通过追逐利益而获取财富，利益是企业通过对物资、人力的共同创造进行交易所产生的利润的积累，一定时间单位内企业获得的利润的大小决定了资本的流向，所以，降低在一定时间单位内企业生产资源（土地、资金、人力、物资、公共设施等）的使用成本，增加一定时间单位内的交易量（物流、市场规模等）就成为资本选择的两个重要指标，这也是在城市经济建设过程中实现资本集聚的两个重要途径。

人才——管理人才随资本流动，科技人才被行业龙头的创新平台所吸引，商界领袖在市场竞争中产生，以此来看，人才不是通过政策手段抢来的，而是在城市的发展过程中通过建设具有强吸能力的市场、政策招商引资而来。

（二）市场建设

对于市场经济中的任何一种经济模式和经济体来说，市场就像空气一样，是广泛存在的，航空经济市场建设的本质是市场选择指向的确定和市场服务体系建设。

市场和产业并不是经济发展过程中两个独立的建设单元，它们的建设和发展始终纠缠在一起，航空经济的市场选择是以产业（企业）的消费市场和生产物资市场，以及航空经济区的物资通道指向为导向进行市场化选择；航空经济的市场服务体系建设是在同时服务于市场和产业（企业）基础上，重点在产业（企业）和市场之间建立彼此需求的纽带且促进需求向发展转化的建设。

航空经济市场建设应本着"本体之外皆市场"的泛市场概念，摒弃局限于自身行业优势的"不上机不市场不参与"的狭隘发展思路，要把航空市场的建设和发展放在区域经济建设的大格局中进行规划，唯有利用航空优势着力发展区域经济、扩大航空经济市场的定义范畴，以紧抓服务区域经济、享受区域经济资源为建设主题，以市场建设为目标，对市场进行多角度切入多方位渗透，才能在大经济、大市场的簇拥下完全发挥航空优势、发展航空经济、建设航空资源生态系统。若只把航空货运指向的市场作为唯一的发展方向，将导致航空经济的发展遭遇到资源匮乏、发展动力不足等方面的瓶颈。

无论是"域内市场"、"国内市场"还是"国际市场"，从市场交易后的物资流向看，我们认为航空经济的市场大致可以分为物资通道指向上下游的"贸易市场"、物资通道指向终端消费的"消费市场"和物资通道指向生产资料的"产业市场"三种类型。

围绕这三种类型市场所产生的物资流通，通过政策、金融、基础设施、龙头产业等方面的支持，打通市场物资通道，应是建设航空大市场进而推动实现大航空经济发展战略目标的优先实施路径。

我们认为，航空经济市场的建设应集中在以"外引内挖、域内集中、域外联合、海外拓展"的思路开拓市场。

外引——政策强吸高科技、高附加值等龙头型制造产业，引进大型物流企业、国际物流企业、国际航空公司、国际金融企业落地。

内挖——助力内生龙头型产业、发展内生集团化产业，开创以行业龙头企业为吸力的新型贸易市场建设模式。

域内集中——推进中心机场航空城建设，推进支线机场和通用机场的空港建设，成立域内航空经济大联盟，使资源集中、优势集中、市场集中。

域外联合——本体之外皆市场，利用自身区位、基础设施和资源等方面的优势联合域外资源市场，大力建设贸易市场，联合大型物流企业、互联网销售平台建设物流园区。

海外拓展——"一带一路"是我国参与世界贸易全球化的重要途径，在世界各经济体之间建立一种新型的战略伙伴关系，通过陆路和海路建设连接世界各经济体的大物流、开发覆盖世界各经济体的大市场，但由于海运和铁运的线性限制，其域面影响力稍显不足，而这方面正是航空物流的优势，在海外市场的拓展方面，我们可以基于自身在中国和亚洲的市场地位，充分利用"一带一路"创造的平台、机遇和市场，发挥航空物流的域面影响力，联合国际物流、国际航空企业，先行开拓发展服务于"一带一路"的国际市场，将区域经济的发展带向国际大市场，做中国、亚洲、欧洲的贸易中心和货运枢纽中心。

"经济发展的根本是物资的流通，物资流通的根本是自由贸易"，在市场经济活动中这是一个最朴素的市场逻辑，所以，在航空城建设阶段，综合航空港的综合保税区、机场候机楼经济区、物流园区、航空制造产区等建设自由贸易港，扩大市场交易的自由度是迈出建设航空城经济的第一步，自由贸易港的建设打通了国际物流的瓶颈，是大航空经济建设过程中，由以解决内部需求为主的阶段转向国际市场最为关键的一个步骤。

自由贸易港的确立，使在航空经济区内通过组合，发挥区域产业、区位、基础设施、优惠政策以及航空港建设取得的成功经验等方面的优势，升级改造航空港物流园区，联合航空港内产业龙头企业，建设

"具有某种垄断特性国际物资贸易大市场"成为可能，物资贸易大市场的建设不仅能为航空城带来大量的资金、客流、物流、商务等，还将为航空港及中心城市的企业提供充足的生产资源，为产业集聚创造优越的物资条件，也为中心机场和中心城市由国内枢纽迈向国际枢纽创造了参与竞争的必备资源。

向内摆脱航空港孤岛式发展的状况，以建设消费市场为目标，扩展中心城市触角，实现航空港与中心城市之间无差别的城市工作、生活体验，将航空港与中心城市的行政、商务、经济、文化、生活、交通、通信等城市职能通过廊道式建设在城市主发展轴上对接。在机场核心区、港城连接通道、核心产业区、物资贸易大市场等重要节点区域建设国际化的候机楼经济区，重点发展国际商务、总部经济、会展、免税店、酒店等高端服务型产业。

统一域内航空经济市场，将中心机场大航空经济建设的经验向域内重点城市移植，以中心机场的发展方向为核心，以支点城市的主导经济为基础，规划建设域内支线机场和通用机场的产业布局、市场、物资通道，扩大航空经济的覆盖面，在产业和市场方面，以强化支点城市优势产业、市场，发展中心机场链接产业、市场为主，在物资通道建设方面，普铁、公路、货运专线等与航空大都市对接，由点到面，在域内形成全覆盖的物资通道网络，加强机场集团化建设，在政策指导下，整合域内中心机场、支线机场、通用机场资源，联合运营，打造一个域内航空大联盟，增强域内航空经济在国内和国际市场的竞争力。

航空经济的发展采用的是产业、市场、物流的廊道式发展模式，但如果放弃或忽视廊道区间的发展，则会导致航空经济的经济构型出现头重脚轻、发展深度不足、覆盖面过窄等严重不均衡的弊端，进而导致区域经济的发展出现洼地，而廊道区间正是区域经济的重要基本面，我们认为在廊道区间内大力发展生态农业、高科技农业对于大航空经济来说，是一个优化产业结构层次、扩大市场规模、构建都市生活保障体系等的万全之策，"高科技生态农业"的发展也是乡村城市化、产业化、市场化的一个重要途径，成为大航空经济建设的重要组成部分。

中心城市货运交通枢纽的外移分化对航空经济大市场的建设具有放量倍增的促进作用，通过前站分流、后站集中、支线保障等措施减轻中心城市的超载负担，催生新的交通枢纽，使综合交通枢纽的概念不再局限于某一地某一城，而且随着受惠于交通枢纽效应地区的扩大、人口数量的增加、物资通达性的提高，新的枢纽城市和新的枢纽经济应运而生，以新枢纽为中心的辐射圈和新枢纽与中心城市、新枢纽与新枢纽之间的连接通道都将成为航空大市场的开拓空间，由此可将中心城市和数个新枢纽组成一个体量大、覆盖和辐射面积广、产业类型丰富、人力资源和物资资源充足的域内枢纽经济核心区。

通过一系列的"外引内挖、域内集中、域外联合、海外拓展"等市场建设的实施，未来的航空大市场将以中心城市为内核，以域内枢纽经济核心区为中核，以域内航空大联盟为外核。

（三）航空经济的区域现代化效应

经过改革开放 40 多年的高速发展，中国经济积累了丰硕的成果，综合市场规模、经济体量、科技水平、发展模式及方向等方面的因素，中国经济已站在了世界经济的最前沿，成为世界经济发展的动力源，由此，为了进一步发展，中国也正在以庞大的经济总量和巨大的市场伴随着现代信息革命、沿着"一带一路"的光辉道路引领世界经济开启第三次世界经济贸易全球化的新浪潮。

众所周知，前两次工业革命产生的全球化依靠的是技术和资本的垄断，走的是殖民和强权之路，在不同的经济体中实现的是有差别的发展；不同于前两次世界经济贸易全球化的是，中国引领的第三次世界经济贸易全球化将以现代信息革命开启序幕，依靠技术和资本的融合，走开放贸易之路，实现世界各经济体的共同发展。

在第三次世界经济贸易全球化开启之际，无论是经济体还是城市和企业都将处在有着更大机遇和风险，以及更加激烈的竞争的环境之中，在面临被淘汰的风险的同时，激烈的竞争环境也将催生出更加强大的生存法则，那就是"适者生存，快者发展"。

城市是企业生存的生命平台，是区域经济发展的活力因素，城市规模是区域经济体强弱最直接的体现，一直以来，城市的轮廓和命运都取决于交通运输方式，如今，是航空运输的时代。

民用航空业自诞生起，就带有两个基本属性——公共服务属性和市场经济属性，航空运输保障是民用航空公共服务属性的体现，而其公共服务属性对区域发展的航空经济效应则是民用航空市场经济属性的综合体现，这两个基本属性总是相互依存、相互促进。航空运输保障能力是以需求定强弱，需求决定了航空枢纽规模的大小，也决定了航空经济效应的强弱，同时，航空经济效应的反效应也决定了维持航空运输保障能力需求的大小。

航空运输保障能力具有强大的城市中心效应，航空港、航空城、航空大都市等皆以机场（航空运输保障能力）为中心集聚而成，进而通过辐射、融合、反哺等市场化效应，形成以航空经济为发展核心的航空大市场。

市场经济中，为获取利益"资本一定是在交易完成的地方（市场）集聚"，不论何种经济体的发展都是资本集聚产生的效应，资本的集聚虽是多种因素共同促成的，但其最重要的还是资本在市场中的逐利性产生的作用，在现代产业供应链条中，"资源产生成本，交易产生利润"，可见交易是催生市场产生和扩张最重要的手段，市场规模则是衡量区域经济体发展质量高低最重要的指标之一。将"航空大都市"的触角向四周延伸，政策性地建设"航空大市场"是通过航空优势发展区域经济的重要战略之一。

城市往往诞生在商业和工业的汇聚地，随着聚集的人口越来越多，城市出现扩张，城市之间也出现联合，进而形成生产、人口、资本高度集中，经济高度发达的大都市区。对于发展中的区域经济体来说，为获取更多参与世界贸易竞争的手段，聚集更多工业企业、人才和资本，充分发挥自身优势，突破地理区位的限制，遵循国家产业发展战略，链接航空运输，建设"航空大产业"和"航空大物流"，将域内与世界以一种比之前更迅捷的方式连接起来将成为一种必然选择，以航空经济为发展着力点的"航空大都市"代表着全球化的必然结果在城市上的体现，是我们未来的生活方式。

"航空大产业""航空大市场""航空大物流"是区域经济发展的三个重要动力和衡量指标，结合国际先发区域经济的经验和我国的发展之路，我们认为战略性建设"航空大产业"、"航空大市场"及"航空大物流"，开拓"大航空经济"的发展之路是我们发展区域经济最重要的指向。

五 推动航空经济建设和发展的机制

对航空经济规划建设方面的研究，我们要在"遵从市场"的理念下，通过对国内航空经济的发展状况和国外成功案例发展历程等方面的研究，总结"航空经济建设和发展的一般路径"，对应市场经济，并进行"朴素的市场逻辑"及"市场利益"分析，逐渐形成以"产业经济"的建设和发展为核心轴，以"当地政府""机场及航空公司""产业（企业）"为建设和发展主体，以市场经济中的"资源""产业""市场"等要素为着力点，以"产业经济"的建设和发展为核心主轴，寻求"航空经济"建设和发展之路的研究思路。

在世界范围内，有很多成功的航空经济建设和发展的案例，研究这些案例，应先抛开案例成功后的华丽的数据和完美的市场表现，应以寻找案例在建设和发展初始阶段的"源点"，以及研究"源点"在建设和发展过程中不断扩大和强化的路径为主要切入点。

在众多航空经济高质量发展的案例中，美国孟菲斯航空经济区与荷兰史基浦航空经济区是两个具有明显不同源点——先发产业（企业）和建设着力点的航空经济区。

美国孟菲斯航空经济区是以航空物流为先发产业，带动高端制造、金融等产业经济快速发展的典型案例，其建设发展历程呈现典型的五阶段周期递进式建设发展路径（见图7－3）。通过对其建设发展过程中建设发展阶段和战略节点的梳理，我们可以清楚地看到，其高质量快速发展的动力源，除了来自龙头企业的市场效应外，还有政府的周期性战略研究、战略目标设定和战略实施措施，对市场建设和产业发展产生了巨大影响。

荷兰史基浦机场的航空经济与本土产业、国际市场深度融合，以产业服务、市场服务为根本，以市场促贸易，以贸易促产业发展。通过对其建设发展过程中建设发展阶段和战略节点的梳理，我们可以清楚地看到，在其百年发展历程中，其五个阶段的发展始终保持与市场、产业、贸易的紧密关联是其高质量快速发展的根本成因（见图7－4）。

美国孟菲斯航空经济区是典型的通过以机场为主，集合港口、铁路和高速公路等多种交通运输方式，以"航空物流业"为源点而发展起来的航空经济区，并以此作为孟菲斯航空经济区发展的战略规划主线。从航空经济区的起步阶段发展到成熟阶段，无论是政府、机场还是联邦快递公司，对这一点的坚持从未改变。政府的战略规划、机场的建设管理和联邦快递公司的运营是孟菲斯航空经济区发展的三大关键要素。集

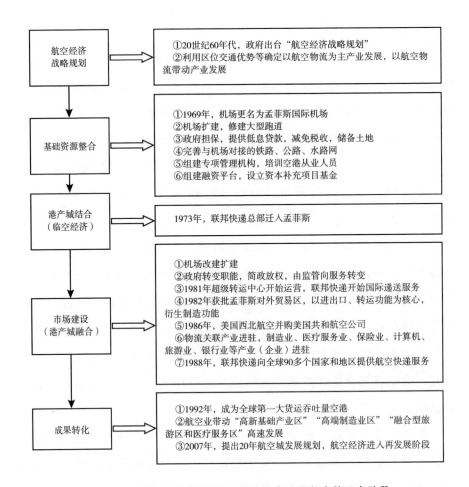

图 7 – 3　美国孟菲斯航空经济区建设发展历程中的五个阶段

资料来源：联邦快递官网，www.fedex.com；约翰·卡萨达（John D. Kasarda）、格雷格·林赛（Greg Lindsay）：《航空大都市：我们未来的生活方式》，曹允春、沈丹阳译，河南科学技术出版社，2013；张保平：《孟菲斯：物流带来的航空港》，《时代报告》2015 年第 3 期。

合专业的运作团队和创建市场化的运作平台，共同决定了孟菲斯航空经济区的发展。

　　荷兰阿姆斯特丹史基浦航空经济区则是依托内生产业驱动航空经济发展，同时航空经济反哺内生产业的典型案例，以"国际贸易"为源点的"机场城市"是航空经济区的战略规划主线。冷藏集装箱的出现，

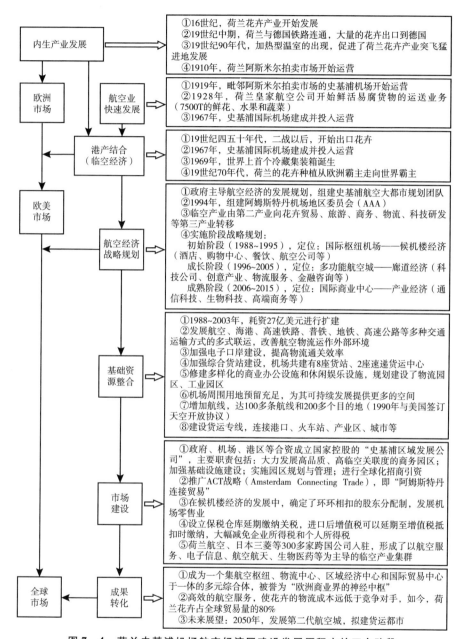

图7-4　荷兰史基浦机场航空经济区建设发展历程中的五个阶段

资料来源：约翰·卡萨达（John D. Kasarda）、格雷格·林赛（Greg Lindsay）：《航空大都市：我们未来的生活方式》，曹允春、沈丹阳译，河南科学技术出版社，2013；《荷兰阿姆斯特丹斯基辅航空城》，https：//wenku. baidu. com/view/e72f38f2cd2f0066f5335a8102d276a200296006. html。

成功地把花卉贸易、海港贸易、国际旅游等内生产业嫁接到航空经济的发展路径上，形成了以国际贸易为龙头的航空经济发展模式；在尊重市场的前提下，通过阿姆斯特丹机场地区委员会（AAA）的统筹协调，将政府的战略规划、机场的建设管理和史基浦区域发展公司的市场化运营等融合为一体，并使之成为史基浦航空经济区——"机场城市"健康稳定发展的核心。

通过梳理以上两地航空经济区的发展历程，结合前面对"航空经济建设和发展的一般路径"的论述，可以看出，尽管两地的航空经济区从起步到成熟，在背景、起点和节奏等方面具有明显的区别，但两地在发展过程中在航空经济区建设开发模式的创建，以及对整体和重要节点的把控等方面具有高度的一致性，并且都是符合"航空经济建设和发展的一般路径"的典型案例，主要表现在以下几个方面。

第一，航空经济是以政府、机场、先发龙头企业等具有共同利益基础的单位为基本建设主体，围绕航空经济的战略规划主线——先发产业，以政府的战略规划、机场的建设管理和先发龙头企业的市场化运营为支撑的综合性建设开发。

第二，在航空经济战略规划实施过程中，筹组具有统筹协调、规划设计、市场开拓等职能的，集合航空经济建设和发展主体共同利益的、具有高度市场化性质的专业机构或平台，是航空经济健康稳定发展的关键保障。

第三，基础资源整合是以满足航空经济的战略规划主线——先发产业的生产需求和市场建设为中心的建设和开发。

第四，航空经济战略规划实施的关键节点有两个方面，一是战略规划实施的阶段性，二是打开阶段成果转化的市场化途径。

鉴于目前我国航空经济蓬勃发展的态势，借鉴国际上一些成功的航空经济发展的经验是一个非常有必要的选择。但同时必须注意的是，在国际上，许多一行、一城或一司模式的航空经济即可带来巨大的经济效应，进而带动区域经济的快速发展；但目前我国经济还处在发展中阶段，一定区域内的经济发展程度、产业基础的广泛性、产业链的科学性、基础资源的饱和度，以及国内国际市场的契合度等，都还存在需要提升和改善的方方面面，同时面临巨大的社会需求以及社会需求的复杂性等。因此，我国的航空经济不但一定要具有独特的建设模式和发展路径，更要不断地探索和创新，只有这样，才能在最大限度上与国内市场契合，与国际市场接轨，进而满足更广泛的社会需求，并带动区域经济的高质量发展。

第八章 | 区域航空经济
竞争态势与发展策略*

一 引言

区域的发展与其所处区位及其与外部联系沟通的方式密不可分，"交通—物流—产业—区域发展"关系密切。随着航空运输方式的发展，以之为核心的航空经济也应运而生。

相较于"临空经济"这一概念对近机场范围这一高物流时效区域概念的强调，"航空经济"概念从航空运输实际操作中所集疏客货来源角度出发，基于其为一种现代化交通运输方式的本质，深入经济主体的成本—收益核算现实，强调航空运输方式对以机场为中心辐射更广空间范围内的相关社会经济活动内在结构演变和演化，即对腹地①经济的影

---

* 2020 年新冠肺炎疫情全球蔓延这一外部需求侧冲击使全球民航业遭受了自有民用航空运输以来的最大打击，而疫情的不断反复阻碍了民航业的恢复。这导致 2020～2021 年民航业数据异常，不能反映民航业的正常发展趋势。故本部分的分析，主要采用疫情发生前的年份数据进行分析。

① 对机场腹地的界定，目前有同心圆法、等时圈法、加权 V 图法以及 Huff 模型法等。同心圆法是指采用简单的直线距离法来界定机场腹地范围，即采用一定的半径，以机场为中心，画同心圆；等时圈法是使用旅行时间来界定腹地范围，即以机场为中心，以交通网络为基础，用一定的时间阈值来界定机场腹地范围；加权 V 图法则考虑到（转下页注）

响。从两者概念出发，我们可以清晰地看到，目前相关研究和政策文件中提到的"临空经济区""空港经济区"等与航空经济核心区所表之意相同。企业基于物流等成本的切实考虑，在空运前往往已采用了至少一种其他运输方式，表现为普遍存在的空铁联运、空陆联运、空海联运。就航空客运而言，除高净值的商务出行对时效性要求极高外，长途旅游的人们对时效性的要求并不十分苛刻，现实中我们便看到了提前多日购票的价格优惠、红眼航班、转机、多式联乘的普遍存在。机场作为一种高成本运营的公共交通设施，特点之一是具有极强的公共产品性质。机场所在地的各级政府通常希望从这一公共设施中获得更多正外部性，带动所在区域的经济社会发展。加之机场发展的现实需要，随着国际交通运输结构的重大变化，航空运输和航空业在各国经济发展中发挥越来越重要作用的同时，我们也看到国内外对各机场周边航空经济核心区如火如荼的开发。这使航空经济核心区日益成为世界各国和地区经济发展中最活跃的区域，其在区域航空经济发展中的重要性也得到极大提升。

此前在《航空经济概论》的研究中，依据某类经济活动和产业是否依赖航空运输而存在，航空运输对其分工水平、空间分布的影响度等，将产业划分为航空经济基本产业和航空经济辐射产业，且对全球主要区域航空经济发展水平的考察可以发现，航空经济发展水平与该区域的综合经济发展水平密切相关，尤其是依赖所在城市的发展水平。据此，结合航空经济的概念，可知很难将航空经济与用 GDP 表示的综合性的经

（接上页注①）了机场服务水平、机场集疏运条件、机场吸引力等因素对机场腹地界定的影响；Huff 模型法更多地考虑了机场的综合吸引力，其属于概率模型，要通过计算行政单元内旅客机场选择的概率，划定机场的腹地范围。鉴于本章选择的三个机场等级比较相近，机场的服务水平等因素差距不是很大，故选择了应用较为广泛的等时圈法来界定机场腹地范围，考虑到这三个机场提供的多是跨境服务，因此按照民航客机 900 公里/小时的飞行速度，选择 2 小时为时间阈值来确定各机场的腹地。

济活动进行严格区分。故本章我们选择核心机场及核心机场所在的航空经济核心区的发展水平两个维度对特定区域航空经济的发展水平进行分析。

二 国际典型区域航空经济发展案例分析

通过梳理，我们发现可根据机场集疏客货源的空间范围将其机场的发展模式分为枢纽驱动型机场和腹地与枢纽双驱动型机场。顾名思义，枢纽驱动型机场如爱尔兰香农机场、迪拜国际机场、新加坡樟宜国际机场等，它们所属城市或国家经济体量相对有限，作为核心机场它们依托其在国际运输中优越的地理位置，发展成为国际客货流转运中心。腹地与枢纽双驱动型机场，如香港国际机场、阿姆斯特丹史基浦机场，以及北京首都国际机场和成都双流国际机场等，它们所在区域即为经济能级较高的区域，对航空运输需求较高，该类型机场集疏的货源多直接来自所在区域，为所在区域旺盛的经济活动提供高时效的客货流运输是其发展的原始动力。与此对应，我们将枢纽驱动型机场所在区域的航空经济发展模式，称为枢纽驱动型航空经济。该模式下区域经济充分利用大型枢纽机场优良的空运区位、强大的中转功能和巨大的容量所带来的航空旅客及货物在航空经济区内大规模集散形成的要素流动、重组、整合和运作，进而吸引相关产业入驻和培育本地相关产业。同理，我们将腹地与枢纽双驱动型机场所在区域的航空经济发展模式，称为腹地与枢纽双驱动型航空经济。该模式下区域经济自身已具有较高能级，机场的发展主要源于区域经济对航空运输的内在需求，该区域航空经济的发展多为自身经济形态演进的结果。得益于强大的腹地经济能级，该类型机场发展出大规模的航空流量和发达的航线网络，形成良好的通达性进而成为航空枢纽。基于这样的交通优势又进一步促进相关产业的发展，促进区域内经济形态的演进。

（一）枢纽驱动型航空经济区域

基于以上分析，我们以迪拜国际机场和新加坡樟宜国际机场为例对其所在区域的枢纽驱动型航空经济进行分析。它们都具有得天独厚的空间地理位置，位于国际运输关键转运位置。

1. 迪拜国际机场

（1）机场及其所在城市概况

迪拜位于阿拉伯半岛东南端，波斯湾南岸，地处"五海三洲"的重要节点，是连接亚、非、欧三大洲的交通枢纽，也是欧亚非大陆间的天然中转点。其西连 7 亿人口的欧洲市场，东接拥有 5 亿人口的中东市场，北通俄罗斯，南有非洲和印度次大陆。其空运在 4 小时之内便可以到达世界 1/3 人口的国家和地区，8 小时航程可以覆盖超过世界 2/3 人口的国家和地区，这使迪拜成为国际旅客的绝佳中转地，迪拜国际机场的中转率达到 60%。

迪拜的面积约为 4114 平方公里，人口约 332.51 万人[①]，约占阿联酋全国人口的 41.9%，为阿拉伯联合酋长国人口最多的城市，其外籍人士来自全球 200 多个国家和地区。2019 年上半年，迪拜 GDP 达到 566.92 亿美元，同比增长 2.1%。从各行业对 GDP 贡献看，批发和零售业同比增长 3.3%，对迪拜 GDP 贡献占比达 25.5%，其次为制造业，同比增长 0.3%，对迪拜 GDP 贡献占比为 9.5%，接着是房地产业，同比增长 2.1%，对 GDP 贡献占比达 7.4%，酒店和餐饮业增长 2.7%，对 GDP 贡献占比为 5.1%。同时，在对外贸易增长的强势带动下，迪拜

---

① 该数据为截至 2019 年 10 月的迪拜人口。

贸易部门实际增长 3.3%，其转口额达到 571.82 亿美元，增长 3%，运输和仓储部门增长了 6.2%。①

在迪拜的经济转型中，航空经济发挥着不可替代的作用。在 20 世纪 50 年代，迪拜还只是一个沿阿拉伯海湾的滨海小镇，依靠珍珠和捕鱼为业；1966 年，阿联酋发现了石油，迪拜因石油资源而获得"第一桶金"，这个阶段其发展主要依靠石油；而 20 世纪 80 年代，由于石油资源的不可再生性，迪拜走上了多元化经济发展道路，在这一次经济转型中，迪拜以基建为核心突破口，大力发展航运业，建立起世界级别的海/空港，通过发展物流、建自由港和自由贸易区等方式，取得经济上的快速发展。总结来说，迪拜的发展模式以基础设施建设为基石，以自由区的建设为支撑，以金融、地产、旅游、物流为主导，形成这样一个 1 + N + 4 的模式。到 2008 年全球金融危机爆发前，迪拜非石油产业占其 GDP 的 95% 以上。

迪拜国际机场是阿拉伯联合酋长国的主要枢纽机场，占地 2900 万平方米，拥有 2 条跑道、5 条平行滑行道，可供目前所有的机型起降，连接世界的航线网络 150 余条，其航线中货运航线 50 余条，通往美洲、西欧、东南亚和中东非洲的全货运航线 10 余条。民航站坪共设 37 个 F 类机位，为 F 类机位最多的机场。运输机队均为宽体式货机，运输距离长，运载量大。2008 年建成的 T3 航站楼是目前世界上最大的航站楼，占地超过 171.3 万平方米，是我国新建成的北京大兴国际机场航站楼面积的两倍有余，仅人工值机柜台就设有 232 个，每年可容纳 4700 万人次的乘客。2018 年迪拜连续第 5 年国际旅客量全球第一。印度为迪拜国际机场最主要的目的地国家，沙特阿拉伯排名第二，英国第三，其他

---

① 《2019 年上半年迪拜经济增长 2.3%》，商务部网站，http：//www. mofcom. gov. cn/article/i/jyjl/k/201911/20191102916745. shtml。

主要目的地国家还包括美国、中国和俄罗斯。伦敦、孟买及科威特为迪拜国际机场旅客量最大的三座城市。迪拜国际机场的主基地航空公司为阿联酋航空，其在最新、基础设施最好的 T3 航站楼运行，这里有 10 个专为阿联酋航空常旅客飞行计划高级会员设置的值机柜台，阿联酋航空也是迪拜国际机场通航地区最多的航司。二者在运营中配合默契，对迪拜国际机场发展成为国际一流的航空枢纽发挥了重要的促进作用。机场服务的航空公司共有 87 家，其中国际或地区航司 83 家，占服务的总航司的 95.4%。通航机场 259 个，其中国内机场 12 个，国际或地区机场 247 个，占总通航机场的 95.37%[①]；通航全球的 238 个城市，航线数量为 245 条。[②]

迪拜国际机场对于迪拜经济方面贡献非常大，其雇用约 9 万人，间接创造了 40 万个就业岗位，对经济贡献约 267 亿美元，占迪拜国内生产总值的 27% 和就业的 21%。据预测到 2030 年，迪拜航空业对经济的贡献预计将增长到 881 亿美元，支持 195 万个工作岗位，GDP 和就业总人数占比将分别达到 44.7% 和 35.1%。

从表 8-1 及图 8-1 可以看出，迪拜国际机场的货邮吞吐量虽然有过负增长，但总体来说是上升的，近几年稳定在 260 万吨左右；旅客吞吐量增速整体保持着正数，说明其旅客吞吐量整体在保持着增长，而且在 2011 年就突破了 5000 万人次，2016 年更是突破了 8000 万人次。2018 年迪拜国际机场的旅客吞吐量为 8914.94 万人次，仅次于亚特兰大国际机场与北京首都国际机场，居世界第 3 位；货邮吞吐量 264.14 万吨，居世界第 6 位，其中国际货邮吞吐量为 264.14 万吨，占货邮吞吐量的 100%，居第 4 位，都是处于国际前列。2019 年，迪拜国际机场

① 数据截止时间：2020 年 4 月 21 日，参见飞常准大数据网站。

② 数据来源于飞常准大数据，数据截至 2020 年 11 月。

因跑道维修、印度捷特航空破产、全球停飞波音 737MAX 等因素影响，航班减量，旅客吞吐量相对于 2018 年小幅下降到 8640 万人次，被洛杉矶国际机场赶超，世界排名下降 1 位，居第 4 位，但稳居全球国际旅客吞吐量第一大机场。

表 8 - 1　2008 ~ 2019 年迪拜国际机场旅客、货邮吞吐量及起降架次

年份	旅客吞吐量(万人次)	货邮吞吐量(万吨)	起降架次(万架次)
2008	3744. 14	182. 50	—
2009	4090. 18	192. 75	—
2010	4726. 00	222. 00	30. 73
2011	5097. 80	219. 43	32. 63
2012	5768. 46	227. 96	34. 42
2013	6643. 15	244. 36	37. 00
2014	7047. 39	242. 37	35. 35
2015	7801. 48	250. 61	40. 35
2016	8365. 43	259. 25	41. 97
2017	8824. 21	265. 45	40. 95
2018	8914. 94	264. 14	40. 83
2019	8640. 00	252. 46	37. 33

资料来源：Wind 数据库。

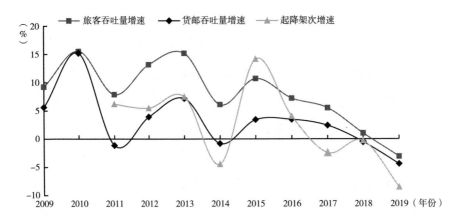

图 8 - 1　2009 ~ 2019 年迪拜国际机场旅客、货邮吞吐量及起降架次增速

资料来源：Wind 数据库。

（2）航空经济核心区概况

迪拜国际机场自贸区成立于1996年，由迪拜政府全权拥有，拥有190000平方米办公空间（共15栋办公楼），90651平方米仓库（共256个仓库），入驻企业达1600家，超过15000名投资商及雇员。

截至2017年，已入驻迪拜国际机场自贸区的投资商分布在世界各地，40%来自海湾国家和中东地区，29%来自欧洲，17%来自亚洲，8%来自美洲。入驻的企业所属行业中，16%为电子信息，11%为消费品，9%为工程及建材，8%为航天、航空及相关产业，8%为物流运输，这些都是航空货运的主要运输范围，还有其他的食品饮品、通信、咨询顾问、制药、营养保健品及医疗器材、电脑、互联网及IT技术、煤矿、石油及天然气、发动机及机械、汽车及车辆、塑料化工及石油副产品、金融服务和保险、包装印刷及设备等。

再者，迪拜国际机场自贸区有着世界一流的基础设施和最佳投资激励与免税政策，比如100%免公司税、100%免个人所得税、100%外资全资拥有、100%资本及投资利润管控，免关税、货币可自由兑换，不受限制、24小时通关及快捷货物清关服务等，加上优越的地理位置，完善全面的服务、先进的管理制度等优势，使对外直接投资企业得以实现更高效益并降低经营成本。

（3）机场及航空经济区优势分析

优越的地理位置。地理因素是迪拜航空枢纽发展的首要因素，优越的地理位置促进了迪拜航空运输的发展。迪拜国际机场位于中东地区，而中东地区是"一湾两洋三洲五海"之地，不仅连接亚、欧、非三大洲，而且还沟通印度洋和大西洋，是连接西方和东方的交通要道，也是欧洲经北非到西亚的枢纽和咽喉，这里有飞往六大洲大部分主要城市的直达航班。如此优越的地理位置，为中东航空枢纽建设奠定了基础。最近十年以来，中东地区的航空运输量增长了300%，成为全球增长速度最快的一极，该地区也因此获得了"全球空中交通十字路口"的美誉。

完善的基础设施。一方面，迪拜国际机场拥有七个货站、一个机场自贸区，毗邻迪拜花卉中心，迪拜世界中心更有专门的物流城，基础设施完善，硬件配置齐全。迪拜国际机场几乎可以运送所有品类的货物，如普货、危险品、贵重物品、易腐物品、活动物等，其冷链物流优势最为突出，有专门的冷链仓库、冷藏板车和控温袋，可以提供全程冷链服务。另一方面，迪拜国际机场内部的标识系统非常清晰，随处可见查询台，查询很方便，可以让旅客时刻知道自己在什么地方，通往下一目的地怎么走。而连接到达大厅与出发大厅的几部电梯一字排开，可以满足旅客在不同楼层的通行。电梯同时开放，且内部空间非常宽敞，即使在繁忙时段，也很少出现拥堵现象。

强大的政策支持。迪拜政府方面，正是注意到了其地理位置的优越性，于是对本国航空业的发展高度重视，并且大力支持航空领域的发展，使迪拜国际机场短时间内很快发展成为国际著名的航空枢纽之一。比如迪拜政府为了适应国际航空运输的发展需求，于 2000 年底完成了 5.4 亿美元的扩建项目之后，又拨款 41 亿美元用于迪拜国际机场的扩建项目，这是迪拜国际机场历史上最大的一次扩建工程。阿联酋政府为了推动航空业的发展实行"天空开放"政策，以此来吸引航空公司入驻迪拜国际机场。此外，迪拜政府还不断改善国内服务设施，吸引旅客来此中转。

巨大的中转需求。迪拜国际机场凭借优越的地理位置，吸引了来自世界各地的旅客来此中转，迪拜国际机场中转率为 60%，2018 年通过迪拜中转的旅客主要前往印度，其数量达 1230 万人次。其次是前往沙特阿拉伯，中转的旅客数量达到 650 万人次。接下来是前往英国，中转旅客数量为 630 万人次。而作为全球最繁忙的机场——亚特兰大国际机场的中转率仅为 30% 左右。旅游业的发展也为迪拜国际机场吸引了越来越多的国际旅客。迪拜拥有 9000 平方米的免税店, 24 小时敞开着大门, 设施华丽, 免税店汇聚全世界最时髦的商品, 但价格又绝对是市场上最低的, 并常有超值礼品赠送, 而且购物支付方式多样, 每年都会有大量的全球旅客来此购物, 因此迪拜国际机场连续几年蝉联 "全球最佳机场" 的称号。

2. 新加坡樟宜国际机场

（1）机场及其所在城市概况

新加坡毗邻马六甲海峡南口, 北隔狭窄的柔佛海峡与马来西亚紧邻, 并在北部和西部边境建有新柔长堤和第二通道相通, 南隔新加坡海峡, 与印度尼西亚的民丹岛和巴淡岛等岛屿都有轮渡联系。新加坡的土地面积是 724.4 平方公里, 海岸线总长 200 余公里。2019 年其 GDP 为 3667.06 亿美元, 同比增长 0.7%, 人均 GDP 达 6.5 万美元, 排名位居世界前列。新加坡属外贸驱动型经济, 以电子、石油化工、金融、航运、服务业为主, 高度依赖美、日、欧和周边市场, 外贸总额曾是 GDP 的 4 倍。2019 年新加坡建筑业增长 2.8%, 扭转了 2018 年萎缩 3.5% 的局面, 服务业增长 1.1%, 但是制造业收缩 1.4%, 与 2018 年 7.0% 的增长形成逆转。同时, 由于受国际贸易摩擦以及电子产业全球性低迷的影响, 2019 年其商品贸易进出口总额约为 5075.68 亿美元, 同比下降 3.2%, 其中进口总额下降 2.1%, 出口总额下降 4.2%。

作为世界重要的转口港及联系亚、欧、非、大洋洲的航空中心, 新加坡是世界最繁忙的港口和亚洲主要转口枢纽之一, 也是世界最大燃油供应港口。其有 200 多条航线连接世界 600 多个港口。新加坡拥有 8 个机场, 其中新加坡樟宜国际机场（简称 "樟宜机场"）及实里达机场是国际民航机场, 其余则用于军事用途。樟宜机场周边部署许多与航空相关的产业, 包括飞机检修和维护、服务于区域市场的航空产业, 以及物流和供应链管理。同样，新加坡也是亚洲首屈一指的飞机维护、维修和大修中心，有大约 100 家航空企业入驻，雇员超过 2 万人，工业产值超过 65 亿美元，占整个亚洲地区 1/4 的市场份额。

凭借得天独厚的地理位置和明确的发展定位，航空业如今已经成为新加坡国民经济的重要组成部分，在新加坡经济结构转型过程中扮演着十分关键的角色，其航空交通及航空港等周边产业贡献大约 7% 的国内生产总值，创造大约 17 万个就业岗位。而航空产业对新加坡 GDP 的直接和间接贡献约为 142 亿新元，占比达 5.4%。航空业直接雇员及产业链相关企业雇员总数约 12 万人。① 在新加坡实里达航空工业园拥有大型维修企业 40 余家，占亚太地区航空维修市场近 1/4 的份额。此外，借助 ASL 计划②和极为优惠的双边税收协定，新加坡已成为全球最重要的航空金融租赁中心之一，世界前十大飞机租赁巨头都已进驻。再者，在政府的大力推动下，新加坡正试图从亚洲飞机维修中心转型成亚洲飞机发动机制造中心。2016 年 1 月，新加坡政府宣布，从 4 月起，在未来 5 年内将安排 130 亿美元预算，用于鼓励和支持高端制造业尤其是航空制造业的发展。

樟宜机场位于新加坡樟宜，占地 13 平方公里，距离市区 17.2 公里。樟宜机场始建于 1975 年，1981 年投入运营，是新加坡主要的民用机场，也是亚洲重要的航空枢纽。2009 年樟宜机场集团成立，樟宜机场脱离新加坡民航局政府部门开始企业化运作，专注于机场运营管理、空运中心开发、商务活动以及机场应急服务等主要职能。其为飞往约 100 个国家和地区 380 个城市的航空公司提供服务，每星期有 7400 次航

---

① 《小国家的大战略——新加坡航空产业发展的启示》，中国经济网，http://www.ce.cn/aero/201604/27/t20160427_ 10970584. shtml。

② 根据该计划，在新加坡企业上缴 17% 所得税的基础上，针对飞机租赁业务收入的适用税率可在 5 年间降至 10%，甚至 5%。同时，在 2017 年 3 月 31 日前用于购买飞机或飞机发动机的贷款可享受预扣税豁免。

班，为新加坡创造了超过 4 万个就业机会。

樟宜机场是新加坡航空、胜安航空和捷星亚洲航空的主要运营基地，酷航在樟宜机场通航的目的地也是比较多的，而除了这 4 个之外的其他航空公司的通航目的地数量相差不多，大多为 1～3 个。机场服务的航空公司有 97 家，其中国际或地区航司 83 家，占服务的总航司的 85.57%；通航机场 176 个，其中国内机场 39 个，国际或地区机场 137 个，占总通航机场的 77.84%①。

截至 2019 年，新加坡樟宜机场连续 7 次摘得 Skytrax "全球最佳机场" 桂冠，总共 10 次获得该殊荣，刷新连续蝉联该项大奖的最长年限纪录。而且，在 Skytrax 的世界机场星级排名中，樟宜机场是全球唯一的五星级机场。截至 2022 年 5 月，樟宜机场的累计获奖总数达到 649 项②。

樟宜机场不论是旅客吞吐量还是货邮吞吐量，抑或是起降架次，都是在增长的，虽然 2014 年、2015 年其增速几乎为 0，但随后两年取得持续快速增长。2018 年其旅客吞吐量达到 6560 万人次，世界排名第 19 位，货邮吞吐量为 219.5 万吨，世界排第 12 位，其中国际货邮吞吐量为 215.5 万吨，占货邮吞吐量的 98.18%，世界排第 8 位③（见表 8－2）。同时，这里也诞生了 2018 年最繁忙的航线——吉隆坡—新加坡航线，一年内飞行 30537 架次航班。从图 8－2 来看，2019 年樟宜机场旅客吞吐量增速有所下降，但仍保持了 4.1% 的增速，高于全球最繁忙 TOP50 机场的平均增速（2.17%），世界排名相较 2018 年上升 1位。货邮吞吐量方面，因受 2019 年经济下行和贸易争端的影响，全球

---

① 数据截止时间：2020 年 4 月 21 日，参见飞常准大数据网站。
② 资料来源于樟宜国际机场官网。
③ 此处货邮吞吐量、国际货邮吞吐量及排名的数据来源于中国民航网《国际机场理事会：2018 年世界机场货邮吞吐量 20 强排行榜》，与表中来自 Wind 数据库的数据有些微出入。

大部分货运枢纽机场的货邮吞吐量出现下滑，樟宜机场也出现了 2013 年以来的首次负增长，货邮吞吐量 205.67 万吨，同比下降 6.3%。

表 8-2　2008~2019 年樟宜国际机场旅客吞吐量、货邮吞吐量及起降架次

年份	旅客吞吐量(万人次)	货邮吞吐量(万吨)	起降架次(万架次)
2008	3770.00	188.39	21.78
2009	3720.00	166.09	22.35
2010	4200.00	184.10	23.48
2011	4650.00	189.89	23.48
2012	5120.00	184.19	26.85
2013	5372.50	188.60	30.63
2014	5409.30	188.01	32.72
2015	5544.90	188.70	34.68
2016	5869.80	200.63	34.72
2017	6222.00	216.47	35.13
2018	6560.00	219.50	36.55
2019	6830.00	205.67	37.84

资料来源：Wind 数据库。

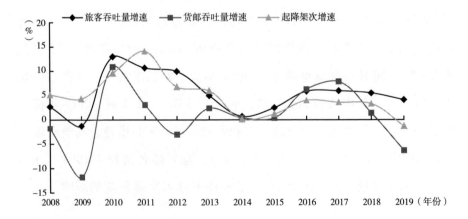

图 8-2　2008~2019 年樟宜国际机场旅客吞吐量、货邮吞吐量及起降架次增速

资料来源：Wind 数据库。

（2）航空经济核心区概况

樟宜机场面积约 13 平方公里，相距市中心约 17 公里，其在新加坡民用机场中占有比较重要的地位，同时也是亚洲重要的航空枢纽。樟宜机场凭借优越的位置及空港的集聚功能吸引了大量的国际资本。随着樟宜机场的发展，其周边逐步发展了樟宜商业园、新加坡空港物流园、樟宜国际物流园、新加坡白沙芯片园和淡滨尼芯片园等工业园区以及展览中心、物流、国际商务、高科技制造、康体休闲等相关产业。

樟宜机场自贸区于 1981 年与樟宜机场共同建成、投入营运，目前总面积 73 平方公里，是与城市相隔离的围栏式园区。1981 年自贸区一期——航空货运中心建成，总面积 47 平方公里，主要从事货物的快速装卸与转运、简单的分类包装与重组等物流功能。2003 年自贸区二期——机场物流园建成，总面积 26 平方公里，增加了物流企业的商务功能、商品的部件组装修理等非深度加工功能。在生活服务方面，自贸区内只配套了职工食堂，其他服务则全面依赖城市。在空间利用方式上，樟宜机场自贸区主要采用租赁的方式，包括用地的直接租赁，以及办公楼、仓库等设施的租赁。在管理模式上，采用公私合作的方式，政府负责监管，企业负责实际的开发营运。2009 年开始，新加坡民航局将自贸区的管理权移交给私人企业——樟宜机场集团；而机场集团进一步通过专营权的模式，将实际的货物处理、设施设备建设等业务下放给航空公司、地勤公司、货运代理商等，集团本身主要负责维护秩序与安全、发放专营权执照、考核工作效率等。

（3）机场及航空经济核心区优势分析

优越的地理位置。新加坡毗邻的马六甲海峡是沟通太平洋与印度洋的咽喉要道，通航历史达 2000 多年。它是亚、非、欧以及大洋洲沿岸国家往来的重要海上通道，许多发达国家从外国进口的石油和战略物资，都要经过这里，这造就了樟宜机场得天独厚的地理位置。截至2022年5月，樟宜机场运营超过100家航空公司的航班，通航约100个国家和地区的逾400个城市。樟宜机场每周处理大约6700个航班，平均每90秒就有一个航班起降。

新加坡凭借其地理位置、国际贸易、商务旅游的优势，使樟宜机场扮演着航空枢纽的角色，2017年其旅客运输中约30%是中转旅客。另外，樟宜机场近一半的旅客需求来自东南亚，其次是亚洲东部以及西南太平洋。目前中短程航线是其主要市场，随着机场主要客源市场中国、印度及印度尼西亚中产阶层的日益壮大，对飞行的需求日益增加，亚洲市场仍是樟宜机场航线网络发展的重点。2018年，樟宜机场将近10%的客流来自中国。

先进的智慧科技。在信息弱电技术的建设和应用方面，樟宜机场是走在世界机场业前列的。自助退税、自助值机、自助行李托运、自助边检、毫米波安检门、自动行李回筐系统、自助登机等旅客流程新设备、新系统的使用，成为樟宜机场 T4 航站楼提高通行效率、降低人工成本的最大亮点，为建设"智慧机场"提供了保障。比如，樟宜机场的旅客自助值机设备由机场统一提供，采用 SITA 硬件产品，离港平台使用 SITA 产品，不但可以办理登机牌，还可打印行李条，由工作人员指导或通过信息提示屏粘贴行李条码。另外，樟宜机场自助行李托运硬件设备为澳大利亚 ICM 产品，均为人工/自助可转换产品（正常情况下使用旅客全自助行李托运方式，在旅客高峰或设备故障时可随时转换为工作人员办理托运方式），T1 ~ T4 航站楼共投用了150台，此设备集成了登机牌扫描、护照识别、逾重付款、行李托运凭证回执、人脸识别等功能。

卓越的服务管理。这主要体现在以下几个方面。一是理念先进。樟宜机场早期即提出"樟宜机场是世界最顶尖的机场，以高效率和卓越服务素质著称"的服务品牌认知。二是开展全面质量绩效持续改进的闭环监控。在服务的主流程上（含值机、安检、出入境、登机现场及卫生间等主要场所），均布有旅客评价反馈系统。该系统不仅有收集旅客信息供后台数据分析以利于决策的功能，而且还能够在第一时间让现场服务保障人员纠偏现场服务缺失。三是提供多样化多层次服务产品。航站楼的园艺景观布置是该机场的一大特色，令人流连忘返，母婴室、儿童乐园、游戏室、电影院、免费手机充电站、高速上网等适应各种年龄层次需求的设施一应俱全。四是全员服务理念得到全方位覆盖。员工的职业化、专业化是提供高品质服务的前提。只要是在樟宜机场工作的员工，无论是外包单位员工，还是海关或出入境工作人员，入职上岗前都必须接受严格的服务培训，都必须按照"一个平台、一个理念、一个标准"的原则，为旅客提供高品质的服务。

（二）腹地与枢纽双驱动型航空经济区域

承前所述，我们以香港国际机场为例对其所在区域的腹地与枢纽双驱动型航空经济进行分析。其所依托的腹地除了香港这一发达的自由经济区域外，毋庸置疑，还有珠三角这一高能级经济区域。

1. 机场及其所在城市概况

香港位于中国南部、珠江口以东，西与中国澳门隔海相望，北与深圳市相邻，南临珠海市万山群岛，区域范围包括香港岛、九龙、新界和周围 262 个岛屿，陆地总面积为 1106.34 平方公里，海域面积 1648.69 平方公里。截至 2019 年末，总人口约 750.07 万人，是世界上人口密度最大的地区之一。2018 年其地区生产总值为 3629.93 亿美元，同比增长 3.0%，高于过去十年平均 2.8% 的增长率，2019 年地区生产总值为 3583.06 亿美元，同比下降 1.3%，人均 GDP 约 4.8 万美元。

香港是国际金融、航运和贸易中心，经济比较发达，具有强大的国际竞争力。2019 年 3 月发布的全球金融中心指数（Global Financial Centre Index）中，香港居第 3 位，仅次于伦敦与纽约。美国传统基金会（Heritage Foundation）发布的《2018 年全球经济自由度指数》报告显示，香港连续 24 年被评为全球最自由经济体，得分为 90.2 分，与世界上大多数国家和地区保持着紧密的经贸往来。2014 年麦肯锡发布的互联互通指数①中，中国香港仅次于德国（110%），排全球第 2 位，其数值在 100% 以上。麦肯锡全球研究院认为：全球仅有 6 个城市可称为互联互通的主要枢纽，依次是纽约、伦敦、香港、东京、新加坡和迪拜。

香港国际机场是香港目前唯一运作的民航机场，到市中心距离约 34 公里，占地 12.55 平方公里。机场拥有 2 条跑道，2 个航站楼，1 个货运楼，设有跨境旅游车和跨境渡轮服务，可经机场前往海外，有 4 条快速公路可与其他地区联系，还有 1 条机场快线，这是去往香港国际机场最快捷的交通方式，全长 35.3 公里，全程只需 24 分钟。截至 2016 年，香港国际机场的经济贡献超过 940 亿港元，占香港地区生产总值的 4.6%，提供就业岗位 14.82 万个，占本地就业人数的 4.1%。

到 2019 年 6 月，香港国际机场拥有基地航空公司 5 家，分别为国泰航空、国泰港龙航空、香港华民航空、香港航空、香港快运航空，均在香港设立总公司。机场服务航空公司有 111 家，其中中国航司 12 家，国际或地区航司 99 家，占服务的总航司的 89.19%；通航机场 191 个，

---

① 互联互通指数：麦肯锡全球研究院自 1995 年开始，对全球 131 个经济体的经济活动中，跨境的商品、服务、金融、人力和数据流动进行数值测算，然后计量出该数值在 GDP 中所占比重，以反映跨境的经济流强度，称之为互联互通指数。

其中国内机场 47 个，国际或地区机场 144 个，占总通航机场的 75.39%[①]；航线总数超过 220 条，通航城市超过 220 个。[②]

香港国际机场建设有占地约 8 公顷的亚洲空运中心，总楼面面积约 17 万平方米，货运站具备特货处理设施、冷藏及冷冻库、危险品储存库、放射物品室等；同时还能提供中港快线一站式往来珠三角的直通货运服务；还有占地约 17 公顷的 DHL 中亚区枢纽中心，总楼面面积约 33 万平方米，这是亚太地区首个大规模自动化速递枢纽；此外，机场还设有香港空运货站，占地约 17 公顷，这里具备最先进的自动化货物处理系统，以及特殊货物处理设施，如鲜活货物、牲畜、马匹及贵重货物处理中心，冷藏及危险物品货运中心；香港国际机场还具有每天可处理 70 万件邮件的空邮中心，提供全面的物流服务，如仓储管理、订单处理及延迟装配等的商贸物流中心等。

香港国际机场初期的发展多有波折，但是，2010 年之后进入平稳发展阶段，旅客吞吐量、货邮吞吐量及起降架次方面保持着增长趋势（见表 8 - 3、图 8 - 3）。2018 年其货邮吞吐量为 512.1 万吨，比上年增长 1.4%，在世界机场货邮吞吐量排名中居第 1 位，其中国际货邮吞吐量为 501.8 万吨，占货邮吞吐量的 97.99%，同样居世界第 1 位。2019 年受贸易争端和政治形势影响，香港国际机场受到较大冲击，旅客吞吐量同比下降 4.2%，跌出全球前 10 位，列第 13 位，货邮吞吐量同比减少 6.1%，但仍居全球首位。值得一提的是，同在粤港澳大湾区的深圳宝安和广州白云两大国际枢纽机场货邮吞吐量均逆势上扬，这也从侧面反映了珠三角腹地对香港国际机场的支撑。深圳宝安国际机场加大国际航线的引进力度，甚至取得了国际航线货邮吞吐量 16.9% 的高速增长，

---

① 数据截止时间：2020 年 4 月 21 日；数据来源于飞常准大数据网站。
② 数据来源于香港国际机场官网。

表 8 - 3　2008～2019 年香港国际机场旅客吞吐量、货邮吞吐量及起降架次

年份	旅客吞吐量(万人次)	货邮吞吐量(万吨)	起降架次(万架次)
2008	4789.20	365.67	30.10
2009	4556.10	338.48	28.80
2010	5041.08	416.84	31.60
2011	5331.42	396.84	34.44
2012	5606.83	406.29	36.13
2013	5990.60	416.17	37.20
2014	6312.18	441.60	39.10
2015	6828.34	446.01	41.69
2016	7030.59	461.52	42.21
2017	7266.40	504.99	43.24
2018	7451.74	512.10	43.92
2019	7141.52	480.95	43.03

数据来源：Wind 数据库。

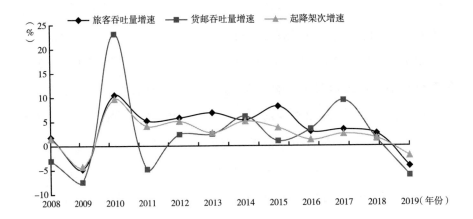

图 8 - 3　2008～2019 年香港国际机场旅客吞吐量、货邮吞吐量及起降架次增速

资料来源：Wind 数据库。

总体增速 5.3%，居全球前 30 大机场第 3 位。并且于 2019 年 4 月 16 日正式批复的深圳机场的第三跑道扩建工程，已于 2020 年 3 月 17 日正式开工建设，可以预见深圳宝安国际机场将在粤港澳大湾区机场群中发挥更加重要的作用。

2. 航空经济核心区概况

香港航空城以香港国际机场为核心，总占地面积约 13.1 平方公里，重点包括机场飞行区、航站区、货运区、站前商务区等几大功能区。随着港珠澳大桥的开通，新建总占地约 1.64 平方公里的港珠澳大桥香港口岸，位于香港航空城的东部，与香港国际博览中心一水之隔。香港航空城的发展具有显著的国际航空枢纽带动型特征，依托香港独特的地理区位和腹地城市国际金融贸易业高度发达，香港航空城临空产业发展以高端服务为主，形成 "1 + 3" 的临空产业体系。

而香港临空经济区是指以香港国际机场为中心的新型区域经济形态，也是以香港国际机场为核心，通过开发和利用本地区的关键资源与能力，在不断地发展完善中形成的以航空物流业、会展业、金融服务业、旅游业为主导产业，包括商务中心、酒店、文娱及康乐中心在内的经济区。香港特区政府在区内提供各种便利设施，加强海、陆、空运输基础设施建设，并制定相关配套措施，如简化海关税制、减免关税等，为不断增长的贸易提供服务，使香港成为亚洲主要国际和地区航空及航运枢纽。

香港国际机场的一号客运大楼占地 57 万平方米，大楼内设有登机柜位、接机区及购物廊，购物廊共占地 3900 平方米，内有提供多种设施及服务的商店，合计逾 150 间零售店铺，另设有各类食肆，包括美式快餐 Burgerking、日式料理及港式食店等；二号客运大楼占地约 14 万平方米，内有多种商业服务设施，其中翔天廊是大楼内的综合休闲娱乐中心，商铺楼面积达 3.5 万平方米，包括 110 间商铺及 23 间食肆，更设有 4D 超立体巨幕影馆、航空探知馆等娱乐设施。

完善的商务配套设施正是香港空港的优势所在，香港国际机场世界贸易中心附近矗立着一栋 7 层楼高的甲级写字楼，其中有 1 个会议中心、2 个会议室、5 个培训室和 1 个可以 360 度俯瞰机场的餐饮俱乐部，写字楼可以按小时和按年租赁单个工作站或者设施齐全的办公室，为优质商户提供全方位一站式的商务设施和服务，比如前台接待、秘书和翻译服务、现场 IT、邮件收集和转发，以及高速无线连接打印、扫描和传真，最大限度地满足客户的多样化需求。

除了有离旅客航厦不远处占地面积 125 英亩、建筑面积达 100 万平方米的航空城满足往来游客的各项需求，香港国际机场附近还建有以机场为中心的综合商业设施，提供休闲娱乐、展览、酒店等服务，可以发现，香港国际机场及其附近地区已经具备了城市的各项功能，可以看作比较完善的航空大都市。

3. 机场及航空经济区优势分析

优越的地理位置。香港得天独厚的地理位置为香港国际机场货运发展奠定了坚实的基础，香港北连中国内地，南邻东南亚，东濒太平洋，西通印度洋，位居亚太地区的要冲，为东西半球及南北的交汇点，处于欧洲、非洲和南亚通往东南亚的航运要道，同时又是美洲与东南亚之间的重要转口港，也是欧美、日本、东南亚进入南中国的重要门户，因此成为国际经济与中国内地联系的重要桥梁。

香港所处的位置同样是北美到欧洲，或北美到中亚地区及南亚的中间位置，是理想的中转位置。香港位于亚、美、欧的三角航线上，大型客机从香港起飞可中途不加油直飞世界各主要城市，同时还是澳大利亚、新西兰等南太平洋国家经香港利用北方航线去欧洲的捷径。因此香港国际机场具有地理位置上的竞争优势。2017 年，香港国际机场的中转旅客占比为 1/3 左右。2018 年上半年，香港空空中转量达 466.77 万人次，每天中转约 2.5 万人次①，居中国第 1 位。2018 年全年香港国际机场国际旅客吞吐量居中国第 1 位、世界第 3 位。

腹地经济发达。香港的经济腹地优势突出，拥有良好的内地资源。香港国际机场所处的珠江三角洲地区是我国经济最发达、发展速度最快的地区，同时也是我国最大的制造业中心。2019 年珠三角 9 市 GDP 达到了 8.68 万亿元，增长约 7.1%，占广东全省经济总量的 80.7%，占中国 GDP 约 8.8%。2018 年，珠三角便有超过半数的城市人均 GDP 都突破 10 万元的门槛。

2015 年 1 月 26 日，世界银行报告显示，珠江三角洲超越日本东京，成为世界人口和面积最大的城市群。包括珠三角 9 市和港澳在内的粤港澳大湾区，是与美国纽约湾区、旧金山湾区和日本东京湾区并肩的世界四大湾区之一，已建成世界级城市群。在珠三角地区，一些高新技术产业快速发展，许多国内名企甚至外资企业在珠三角地区投资建厂，投资领域涉及电子信息、生物制药、计算机及软件、新材料产业、通信及微电子等。比如以富士康为代表的台湾代工企业，在珠三角布局了全球最重要的生产核心基地，拥有数百万名员工，产出全球近 90% 的手机、台式机和笔记本电脑。这些高科技产品的市场销售及服务对时效性的要求非常高，成品及配件运输多通过快捷、安全的航空运输完成，这为香港国际机场提供了雄厚的资源基础。

在珠三角地区还有广州白云国际机场、深圳宝安国际机场、珠海三灶机场及澳门国际机场，这些机场运往欧美和东南亚地区的部分货物通过香港国际机场转口；除此之外，香港国际机场借助其在珠三角地区的有利位置，发展海空联运，从香港国际机场码头可以往来珠三角地区的18 个港口，可以安排转口货物由珠江三角洲各港口船运至香港国际机

---

① 《我国千万级机场空空中转数据浅析》，民航资源网，2018 年 12 月 24 日。

场再空运至世界各地，也可以从世界各地空运至香港国际机场再船运至珠江三角洲各港口。这些因素都为香港国际机场吸纳了珠三角地区70%的货运量提供了保障。据香港特区政府统计，2018年，香港57%的转口货物原产地为内地，而55%的则以内地为目的地。据商务部统计，香港是内地第六大贸易伙伴和第四大出口市场。2018年，内地与香港货物贸易额为3105.6亿美元，同比上升8.4%，占内地对外货物贸易总额的6.7%。

快捷的通关流程。快速高效的通关流程对于香港及其经济尤其重要，香港国际机场的目标是提供"一站式"服务。为了提供顺畅的航空货运服务，机场的空运货物处理系统与海关的空运货物清关系统互相连接，香港国际机场以综合电子数据联通，与八个主要货运营办商及香港海关的系统连接，以加快清关程序，其好处包括：所有货物都可在运抵3小时之前办理清关手续，并可推展至分单层面拆货程序；提供"优先货物"设施，自动编定预设的限制代码；协助特许运营商提供往中国内地的跨境转关货车服务。

严格的服务标准。香港国际机场物流模式的优点是效率高，服务质量可靠。香港空运货站有限公司的货车轮候时间不超过30分钟，货物接收时间不超过15分钟，每10000次处理不超过一次差错。由于航空货运的服务优质高效，香港国际机场连续3年成为航空货运杂志 *Air Cargo News* 评选的全球最杰出货运机场。作为香港国际机场主要的货运物流服务商，香港空运货站有限公司根据相关的企业管理法规和制度，相应编制了自己完整的管理手册，明确了工作职责。如在货运现场，其一切操作均有严格的规定，无论是现场车辆行驶与停放，打板挂网的操作与规范，还是收货配载的时间规定，都在其运营管理手册中以科学准确的文字进行了明确阐释，体现了手册管人的先进理念。员工自觉按照手册进行规范操作，大大提高了工作效率和质量。

三 国内区域航空经济竞争态势分析

前文所举航空经济发展的典型国际区域多数具有重要国际海港、处于国际运输关键位置，可通过空海联运、国际转运实现更大范围的客货源集疏。当我们的视线转向国内，更能体会到航空时代的到来为内陆区域打破交通制约与区位禀赋条件，参与国际分工、融入国际产业链发展提供的新思路。本部分我们选择国内主要机场及代表性的航空经济核心区作为区域航空经济发展的表征，对我国区域航空经济发展水平进行对比分析，并通过对国内典型内陆区域航空经济发展情况的分析，明晰其间存在的竞争关系与竞争态势。

（一）我国主要枢纽机场发展分析

民航机场的发展水平与所服务腹地的经济发展水平和结构、人口因素及其构成、地面交通情况以及区域机场的布局和功能定位等密切相关。2019 年我国旅客吞吐量前 10 的机场中，有 6 个位于东部，其余 4 个位于西部，中部地区表现最好的郑州新郑国际机场也仅居第 12 位。

1. 客货邮吞吐量对比

客运方面，2019 年我国有 9 个机场进入全球机场客运吞吐量 TOP50，相比 2018 年增加 2 个。继 2017 年正式成为航空旅客亿级"俱乐部"城市以来，北京航空旅客吞吐量进一步增加。2019 年，在投入使用 61 年后，满负荷运行的北京首都国际机场连续 10 年稳列全球第二繁忙机场，连续两年成为全球继美国亚特兰大国际机场后第二个客运吞吐量突破 1 亿人次的机场，当仁不让地独占我国民航旅客吞吐量鳌头。而于 2019 年 9 月 25 日正式投入通航运营的北京大兴国际机场，已分担了首都国际机场部分负荷（2019 年旅客吞吐量为 313.51 万人次）。

2020 年 3 月 29 日起首都机场多家航空公司陆续转场至大兴机场运营，北京市"一市两场"的双枢纽运营格局更加明显。第二位的上海浦东国际机场旅客吞吐量为 7615 万人次，2019 年世界排名仍为第 9 位。第三位的广州白云国际机场 2019 年旅客吞吐量为 7338 万人次，增速达 5.2%，排名上升 2 位，居全球第 11 位。上海虹桥国际机场得益于航线网络航班时刻优化，增速相对前两年的疲软有所回升，重回全球机场客运吞吐量 TOP50。继 2018 年旅客吞吐量突破 5000 万人次，排名第 4 位的成都双流国际机场增长势头依然强劲，2019 年旅客吞吐量突破了 5500 万人次。重庆江北国际机场以 7.7% 的增速首次跻身全球 TOP50 行列。杭州萧山国际机场以 4.9% 的增速，成为全国第 10 个旅客吞吐量突破 4000 万人次的机场。南京禄口国际机场以 7.0% 的增速迈过 3000 万人次大关（见表 8 - 4）。值得一提的是，2019 年限制其发展的城市净空环境得到改善，武汉天河国际机场以 10.8% 的增速拔得国内机场旅客吞吐量 TOP20 的增速头筹，超越长沙黄花国际机场和青岛流亭国际机场，排名跃升至第 14 位，吹响了"中部突围"的号角。2020 年武汉天河国际机场将迎来空域管制面积扩展、高峰小时容量提升、第三跑道建设和 T2 航站楼改造等一系列利好，中部第一之争势必更加精彩激烈。

货运方面，2019 年受经济下行和贸易争端的影响，全球大部分货运枢纽机场的货邮吞吐量出现下滑，我国货邮吞吐量 TOP20 的机场因货邮来源结构不同，受到的影响不尽相同，其中西安咸阳、杭州萧山、重庆江北等 9 家机场取得了超过 5% 的增长，北京首都、上海浦东、昆明长水等 5 家机场吞吐量下降。百万吨级机场、50 万吨级机场相对于 2018 年保持不变仍分别为 4 个和 3 个。上海浦东国际机场虽相比 2018 年下降 3.6%，但仍以 363.4 万吨的货邮吞吐量居第 1 位，这已是 2017 年以来浦东国际机场连续两年货邮吞吐量下降。分列第 3、4 位的仍是珠三角机场群的重要枢纽广州白云国际机场和深圳宝安国际机场。得益于跨境电商

第八章　区域航空经济竞争态势与发展策略 //

表8-4 2019年我国主要枢纽机场吞吐量排名

排名	机场	旅客吞吐量（万人次）			货邮吞吐量（万吨）				起降架次（万架次）			
		2019年	2018年	同比增速（%）	排名	2019年	2018年	同比增速（%）	排名	2019年	2018年	同比增速（%）
1	北京首都	10001	10098	-1.0	2	195.5	207.4	-5.7	1	59	61	-3.2
2	上海浦东	7615	7401	2.9	1	363.4	376.9	-3.6	2	51	50	1.4
3	广州白云	7338	6972	5.2	3	192.0	189.1	1.6	3	49	48	2.9
4	成都双流	5586	5295	5.5	6	67.2	66.5	1.0	5	37	35	4.2
5	深圳宝安	5293	4935	7.3	4	128.3	121.9	5.3	4	37	36	4.0
6	昆明长水	4808	4709	2.1	9	41.6	42.8	-2.9	6	36	36	-1.0
7	西安咸阳	4722	4465	5.7	11	38.2	31.3	22.1	7	35	33	4.6
8	上海虹桥	4564	4363	4.6	8	42.4	40.7	4.0	10	27	27	2.3
9	重庆江北	4479	4160	7.7	10	41.1	38.2	7.5	8	32	30	5.9
10	杭州萧山	4011	3824	4.9	5	69.0	64.1	7.7	9	29	28	2.1
11	南京禄口	3058	2858	7.0	12	37.5	36.5	2.6	11	23	22	6.3
12	郑州新郑	2913	2733	6.6	7	52.2	51.5	1.4	12	22	21	3.2
13	厦门高崎	2741	2655	3.2	13	33.1	34.6	-4.3	16	19	19	-0.2
14	武汉天河	2715	2450	10.8	15	24.3	22.2	9.8	13	20	19	8.2
15	长沙黄花	2691	2527	6.5	18	17.6	15.6	13.0	15	20	19	5.1
16	青岛流亭	2556	2454	4.2	14	25.6	22.5	14.1	18	19	18	2.1
17	海口美兰	2422	2412	0.4	19	17.6	16.9	4.1	22	16	17	-0.2
18	乌鲁木齐地窝堡	2396	2303	4.1	21	17.3	15.8	9.6	19	18	18	1.1
19	天津滨海	2381	2359	0.9	16	22.6	25.9	-12.6	20	17	18	-6.4
20	贵阳龙洞堡	2191	2009	9.0	28	12.0	11.2	6.9	21	17	16	5.4
	全国合计	135163	126469	6.9		1710.0	1674.0	2.1		1166	1109	5.2

资料来源：中国民用航空局，《2019年民航机场生产统计公报》，http://www.caac.gov.cn/XXGK/XXGK/TJSJ/202003/t20200309_201358.html。

· 245 ·

的快速发展，杭州萧山国际机场以 7.7% 的增速强势超越成都双流国际机场，进入国内货邮吞吐量 TOP5。郑州新郑国际机场增幅进一步收窄，以 1.4% 的小幅增长仍列全国第 7 位，拿到 50 万吨级机场最后的入场券，相对于第 8 位的上海虹桥国际机场优势明显。重庆江北国际机场以 7.5% 的较高增速成为我国第 10 个迈入 40 万吨级行列的机场。而 2019 年表现最抢眼的当属西安咸阳国际机场，其得益于跨境电商综试区出口包机政策补贴，实现了货邮吞吐量 TOP20 中最高的增速 22.1%，排名上升两位居第 11 位。由于时刻和空域局限，2019 年天津滨海国际机场货邮吞吐量降幅相比 2018 年持续扩大，达 12.6%，排名下降两位，为第 16 位。

国际化方面，出入境旅客吞吐量是机场所在腹地跨国商务数量和境外旅游人数的良好表征。近年来我国出境旅游以及商贸往来正处于快速发展阶段，许多机场争开国际航线，机场出入境旅客吞吐量持续快速增长，在国际航线开拓上不断取得突破。从 2018 年数据看，我国出入境旅客吞吐量过百万人次的机场共 25 家。乌鲁木齐、福州、郑州以及西安的机场，同比增幅都在 30% 以上，其中乌鲁木齐地窝堡国际机场以高达 83.33% 的增速，2018 年突破 100 万人次。上海浦东国际机场以 3840 万人次雄踞第一，占其旅客吞吐总量的比重高达 51.86% 尤其引人瞩目。这与上海两机场的分工有关。往返上海的国际航班 92% 由浦东机场接待，其中一半以上为出境航班。而虹桥机场以境内航班为主，有一些航班飞往香港、台湾和澳门以及首尔和东京。[①] 旅客吞吐量更高的北京首都国际机场出入境旅客吞吐量为 2685 万人次，占总吞吐量的 26.59%，远远落后于上海。最后一家出入境旅客吞吐量过千万人次、占比超过 20% 的机场是广州白云国际机场（见表 8-5）。2019 年西安咸阳国际机场在国际化方面表现抢眼，新开国际/地区出港航线 19 条，为千万级机场之最。

---

① 范玉贞：《论上海浦东机场和虹桥机场的分工与合作》，《城市发展研究》2009 年第 7 期。

表 8 - 5　2018 年我国民航机场出入境旅客吞吐量（百万人次以上）

单位：万人次，%

排名	机场	出入境旅客吞吐量	增长率	占比
1	上海浦东	3840	7.87	51.86
2	北京首都	2685	—	26.59
3	广州白云	1730	1.53	24.81
4	成都双流	599.82	11.11	11.34
5	杭州萧山	547.63	14.6	13.43
6	深圳宝安	458	27.22	9.28
7	上海虹桥	410	—	9.4
8	昆明长水	409	20.29	8.69
9	厦门高崎	367.3	19.18	13.86
10	青岛流亭	363	14.15	14.79
11	南京禄口	342.3	14.1	11.62
12	重庆江北	324	20.49	7.79
13	天津滨海	302	—	12.8
14	武汉天河	290	2.47	11.84
15	西安咸阳	270	33	6.05
16	长沙黄花	263.4	10.3	11.08
17	福州长乐	230	39.56	15.98
18	大连周水子	180	19.52	9.59
19	郑州新郑	180	38.46	7.41
20	宁波栎社	135.53	11.18	11.56
21	济南遥墙	125	—	7.53
22	南宁吴圩	120	1.18	7.85
23	海口美兰	114.85	—	4.76
24	乌鲁木齐地窝堡	110	83.33	4.78
25	无锡硕放	101	—	14.01

　　资料来源：《2018 年中国大陆各机场出入境旅客吞吐量》，https：//tieba.baidu.com/p/6008347232？red_tag = 2038711137。

　　注：占比为出入境吞吐量占该机场旅客吞吐量比重。

2. 通航能力对比

　　机场的航线网络通达性对机场客货流量的增长至关重要，这里我们以在机场运营的航空公司和开辟的通航点、航线的数量为其表征来进行对比分析。

对各个机场的航司及通航点数量进行对比，可以发现，与各机场的运量能级相对应，2019 年我国航司超过 80 家同时通航点超过 200 个的机场仍为北京首都国际机场、上海浦东国际机场和广州白云国际机场 3 家，但较 2018 年均有小幅下降。首都机场境外通航点最多，占比最高，达到 151 个，占比为 48.4%，较 2018 年小幅上涨。国际/地区航司最多的是浦东机场，达到 73 个，占比为 73.74%，仅次于首都机场（见表 8－6）。西安机场为千万级旅客吞吐量机场中新开国际/地区出港航线最多的机场，国际/地区通航机场占比相较于 2018 年的 21.56% 大幅提升为 25.89%，但相对于同等体量机场仍然较低，更多的是作为西部连接中东部地区的主要转运机场的角色存在。

从通航国际化程度看，2019 年客运量前 20 位的民航机场中国际/地区航司占比超过 50% 的机场由 2018 年的北京首都、上海浦东、广州白云、成都双流、杭州萧山 5 家上升为 7 家，新增南京禄口和武汉天河。境外航点占比超过 1/3 的只有北京首都、上海浦东、广州白云 3 家机场。超过 1/4 低于 1/3 的机场相较于 2018 年的成都双流、深圳宝安、昆明长水、重庆江北、杭州萧山、武汉天河和长沙黄花 7 家，新增西安咸阳、南京禄口 2 家。

航线方面，英国 OAG 公司[①]发布的 2017 年 2 月至 2018 年 2 月全球最繁忙航线 TOP20 中有 14 条从亚洲起飞和降落的航线。最繁忙的为吉隆坡—新加坡航线，一年内共有 30537 班次航班。飞常准发布的《国内机场最繁忙航线 TOP20》报告显示，2017 年 8 月至 2018 年 7 月，我国机场最繁忙航线 TOP20 多为北京、上海、广州、深圳、昆明、成都、重庆等地的大型枢纽机场之间的往返航线。往返北京首都国际机场的航线数最多，为 8 条，其次是广州白云国际机场和深圳宝安国际机场，分别有 6 条、5 条。最繁

---

① 全球权威的航空数据信息管理公司。

表8-6 2019年我国客运量前20位民航机场通航、放行准点率情况

机场	航司（家）	国际/地区航司占比（％）	通航点（个）	境外航点占比（％）	实际出港航班量（万班次）	出港准点率（％）	出港准点率排名	出港准点率同比提升（百分点）	起飞平均延误时长（分钟）
北京首都	93	77.42	312	48.4	28.62	70.83	16	2.31	31.43
上海浦东	99	73.74	283	46.64	23.29	74.55	13	3.38	28.63
广州白云	86	68.6	252	38.49	23.34	78.50	5	7.84	26.87
成都双流	74	54.05	239	31.38	17.91	78.10	9	1.57	28.44
深圳宝安	54	48.15	214	31.78	17.19	73.71	14	0.63	32.72
昆明长水	56	39.29	191	29.84	17.71	79.02	4	3.7	25.96
西安咸阳	62	45.16	224	25.89	16.98	81.31	1	-1.62	24.94
上海虹桥	30	33.33	115	6.09	13.43	78.21	7	-0.75	26.71
重庆江北	62	43.55	205	26.34	15.60	79.92	2	-0.47	24.24
杭州萧山	66	56.06	184	30.98	13.29	66.76	18	-0.83	37.43
南京禄口	64	51.56	151	28.48	10.96	64.06	20	-2.11	41.74
郑州新郑	59	42.37	139	24.46	10.36	76.45	10	3.2	29.14
厦门高崎	46	43.48	144	23.61	9.43	65.05	19	0.12	35.14
武汉天河	63	52.38	140	30	9.93	78.37	6	1.69	23.83
长沙黄花	57	36.84	152	26.32	9.58	76.06	11	1.33	27.21
青岛流亭	52	36.54	148	21.62	9.11	73.67	15	4.75	28.14
海口美兰	60	45	147	23.81	8.14	78.17	8	3.98	25.69
乌鲁木齐地窝堡	34	17.65	128	25.78	8.84	79.48	3	-4.21	26.28
天津滨海	58	41.38	171	24.56	8.02	68.89	17	-3.93	36.10
贵阳龙洞堡	44	29.55	134	17.91	8.25	75.99	12	4.48	28.91

注：机场顺序为2019年国内各机场客运量排名；出港准点率排名为在国内机场客运吞吐量前20位机场中的排名。

资料来源：由飞常准大数据《2019全球机场＆航空公司准点率报告》整理得到。

忙的航线是北京首都—上海虹桥的航线，实际往返航班量达到28825班次，空域较为拥堵平均出港准点率较低，仅为63.5％，且竞争激烈，由8家航司执飞，虽可以为消费者提供便利的飞行频次和具有竞争力的价格，但也增加了航司的运营成本和准点率压力。紧随其后的是上海虹

桥—深圳宝安（实际往返航班量为 27417 班次）、上海虹桥—广州白云（实际往返航班量为 24317 班次）的航线，其平均出港准点率也均未超过 70%。成都双流国际机场至深圳宝安国际机场的航线执飞航班量增速最快，同比增速为 11.6%，其运力增速也最快，达到 16.8%。

出港准点率方面，2019 年全球机场航班实际出港准点率为 75.58%，日本新千岁机场凭借高达 89.16% 的出港准点率摘得 2019 年全球大型机场出港准点率桂冠。中国西安咸阳国际机场和重庆江北国际机场进入 2019 年全球大型机场出港准点率 TOP10，出港准点率分别为 81.31%、79.92%。重庆江北国际机场已连续 4 年居全国前 3 位。

2019 年我国境内机场整体出港准点率为 69.39%，出港平均延误时长为 28.16 分钟。39 家千万级旅客吞吐量机场出港准点率超过 80% 的机场只有西安咸阳国际机场 1 家，19 家为 70% 以上，相较 2018 年年均减少 3 家，出港准点率最低的千万级机场为烟台蓬莱国际机场，仅为 49.52%。客运量前 10 位机场中杭州萧山国际机场出港准点率最低，仅为 66.76%，值得注意的是，客运量前 20 位机场中出港准点率最低的南京禄口国际机场更是只有 64.06%，较 2018 年有较大下降，长达 41.74 分钟的平均延误时长也是千万级机场之最。[1]

3. 综合分析

结合表 8-4、图 8-4、图 8-5 可以看到，随着我国经济社会的不断发展，航空运输也得到了极大的发展。在 2003 年机场属地化管理后，各个机场的客货邮吞吐量增速都有明显提高。从我国加入 WTO 的 2001 年起，截至 2019 年的客运量前 20 位的 2000 万级机场[2]，在 19 年间均取得

---

[1] 飞常准《2019 年境内民航机场发展报告》。

[2] 其中南京禄口国际机场于 2019 年客运吞吐量突破 3000 万人次，达到 3058 万人次，但与排名第 10 位的杭州萧山国际机场 4011 万人次仍有较大差距，故此处将其仍归入 2000 万人次级别机场内进行分析。

了大幅的运量增长。其中天津滨海国际机场客运吞吐量增长超过 24 倍，郑州新郑国际机场增长超过 18 倍。货邮吞吐量 30 万~70 万吨级的 9 家机场除上海虹桥国际机场（由于定位调整小幅下降）、昆明长水国际机场外其余 7 家的增长均超过 3 倍，郑州新郑国际机场增长达到惊人的 26.5 倍。下面我们通过进一步对比说明，郑州新郑国际机场这些年的运力提升。

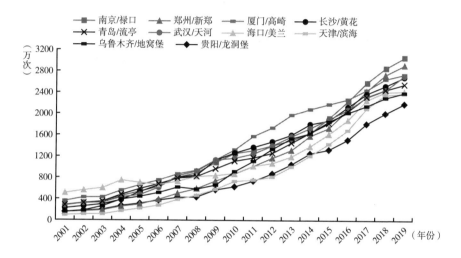

图 8 - 4　2001 ~ 2019 年我国客运量前 20 位 2000 万级机场旅客吞吐量变化情况

资料来源：Wind 数据库。

2001 ~ 2019 年的 19 年间，郑州新郑国际机场持续发力，客货运吞吐量均取得了大幅增长，从同梯队①机场的胶着竞争中脱颖而出，逐渐形成了相对稳定的竞争优势。客运方面，从 2001 年的排名第 25 位，152.34 万人次，增速仅为 0.45%，发展为 2019 年排第 12 位，2913 万人次，仍然保持前 20 位机场第 5 的增速，成绩卓著。货运方面更加优秀，其从 2001 年排名第 28 位的 1.9 万吨，增速甚至为 - 5.5%，发展

①　此处客运方面以 2019 年客运量处于全国第 11 ~ 20 位的 10 家 2000 万人次以上机场为同一梯队。货运方面，以 2019 年货邮吞吐量处于 30 万~70 万吨级的 9 家机场为同一梯队（见表 8 - 4）。

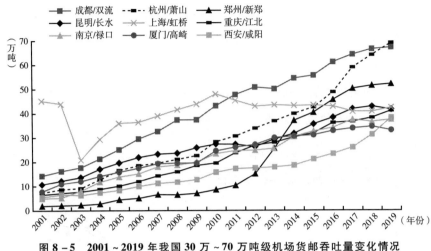

图 8 - 5　2001～2019 年我国 30 万～70 万吨级机场货邮吞吐量变化情况

资料来源：Wind 数据库。

到 2019 年的 52.2 万吨，排第 7 位。这其间有河南经济发展的支撑，也有省市政府积极战略布局决策的实施。

与此同时，武汉民航在积极寻求"中部突围"。在湖北省委、省政府的大力支持下，武汉市妥善解决了天河机场净空问题，解除了机场运行的限制。同时，出台一系列政策举措，加大政策支持力度。湖北机场集团加大改革发展力度，理顺体制机制，弥补货运短板，打破发展壁垒，使民航运输迅速呈现恢复性增长态势，进入追赶模式。2019 年 1 月 15 日经中国民航局批复，天河机场每小时航班编排时刻容量，由原来的 33 架次调增至 39 架次。2019 年新开伊斯坦布尔、纽约、仰光、曼德勒等国际航线，加密新加坡航线，使国际航线达 63 条，完成国际及地区旅客吞吐量 310.6 万人次，连续 7 年蝉联中部第一，同比增长 15%。与此同时，天河机场长期"重客轻货"的发展短板也在加速补齐。已完成快件监管场所等一批航空物流基础设施建设，2019 年 1 月 21 日顺利开启了跨境电商业务，航空货运增长迅速。新开通至卢森堡、比利时列日、韩国首尔 3 条国际全货机航线，国际及地区航空货邮吞吐量同比增长 112.2%，实现翻番。打造跨航司中转平台,在不同航线上试点"行李直挂、一票到底"业务,为旅客人均节约中转时间至少30分钟,2019年"空空中转"旅客达200万人次以上,同比增长33%。全方位的提升,使2019年武汉天河国际机场实现旅客吞吐量2715万人次、货邮吞吐量24.3万吨,分别较上年增长10.8%(增幅居全国20个大型机场第一位)、9.8%。

而我国西部门户——西安咸阳国际机场,在疫情冲击下,2020年依然新开及加密7条全货运航线,新开通达卡、阿拉木图、法兰克福等国际货运航点和临时包机160余班;累计开通全货运航线35条,通达全球11个国家的30个主要枢纽城市,推进"空中丝绸之路"货运航线网络越织越密。2020年7月22日机场三期扩建工程动工,预计建成投运后,将形成4条跑道、4座航站楼,东西航站区双轮驱动的发展格局。

同属中部六省的南昌昌北国际机场、合肥新桥国际机场和石家庄正定国际机场也纷纷发力,加大补贴等政策力度。江西制定了《江西省航空物流发展补贴实施办法》,补贴包括国际洲际货运。货运定期航线载40吨及以上机型每航班奖励60万~70万元,同时按照舱单进出港货量每公斤奖励4元等。南昌昌北国际机场货邮吞吐量2018年达8.26万吨,增速高达58.1%,2019年高速增长48.3%达到12.25万吨。合肥新桥国际机场2019年货邮吞吐量同比增速达24.8%,达到8.7万吨。石家庄正定国际机场2018年旅客吞吐量达1133.25万人次,同比增速为18.3%;2018年、2019年货邮吞吐量增速分别达到12.5%、15.4%。山东的济南遥墙国际机场2018年全年旅客吞吐量达1661.18万人次,增速达到16%,2019年货运吞吐量增速小幅下调,但仍达到19%。中部机场货运竞争持续白热化,各地机场纷纷采取纯航线、航线+货量补贴等形式对航空公司或包机人进行补贴,还有对货运代理人的直航货量、中转货量、卡车货量补贴。对于有限货源的竞争,导致航线与货源的分流。对于机场来讲,从高强度、可持续性差的粗放补贴竞争中提升货运能力，形成规模效应及对适空产业的连带效应，练就核心竞争力，进入高质量发展状态势在必行。

（二）我国主要航空经济核心区分析

随着我国经济发展方式转变步伐的不断加快，各地开始意识到发展航空经济的重要性，纷纷将航空经济核心区作为带动区域经济发展的重要区域进行开发。目前国内相关实践、研究与政策文件中出现的航空经济核心区有"临空经济区""临空经济示范区""空港经济区""航空港经济综合实验区"等不一而足，其内涵基本一致，本部分对它们的发展情况进行统一的对比分析。

截至 2020 年 11 月，我国已有 60 余座城市规划了不同级别、层次的临空经济区，不同层次批复了 17 个国家级临空经济示范区。2015 年 7 月，为推动临空经济示范区健康有序发展，高起点、高标准、高质量建设一批临空经济示范区，国家发改委、中国民航局联合出台了《关于临空经济示范区建设发展的指导意见》（发改地区〔2015〕1473号），明确了临空经济示范区建设发展的总体要求、设立条件、申报程序、建设任务、职责分工和监督考核。① 国务院于 2013 年 3 月批复了郑州航空港经济综合实验区。其余 16 个均为国家发改委和中国民航局联合批复。开展临空经济区试点示范，有利于发挥各地航空经济比较优势、挖掘内需增长潜力、促进产业转型升级、增强辐射带动作用，对于促进航空经济发展、优化我国经济发展格局、全方位深化对外开放、加快转变经济发展方式具有十分重要的意义。

1.综合评价

2019 年 11 月 3 日，中国城市发展研究会空港城市发展委员会发布

---

① 指导意见对临空经济示范区的申报，明确了四个条件，其中刚性条件就一点：所在地机场年货邮吞吐量应在 10 万吨以上或年客流量 1000 万人次以上。

《中国空港经济区（空港城市）发展指数报告 2019》。报告总结了当前中国空港经济区发展的 8 个特征，通过 22 个项目综合评分为全国 37 个空港经济区进行排名，形成了中国空港经济区综合竞争力排名（见表 8－7），以及航空物流竞争力、政府力、发展潜力等四个专项排名。其中，综合竞争力排名前十的依次为：北京、上海（虹桥）、上海（浦东）、广州、重庆、成都、深圳、天津、郑州和杭州的空港经济区。专项排名方面，航空物流竞争力排名前五依次为上海（浦东）、北京、广州、深圳、上海（虹桥）的空港经济区，政府力排名前五依次为郑州、上海（虹桥）、成都、广州、北京的空港经济区，发展潜力排名前五依次为北京、上海（浦东）、上海（虹桥）、广州、郑州的空港经济区。

表 8－7　中国空港经济区综合竞争力排名

空港经济区	总分	排名	空港经济区	总分	排名
北京空港经济区	91.34	1	贵阳空港经济区	33.12	20
上海（虹桥）空港经济区	82.92	2	乌鲁木齐空港经济区	31.9	21
上海（浦东）空港经济区	81.92	3	沈阳空港经济区	30.79	22
广州空港经济区	77.45	4	福州空港经济区	30.38	23
重庆空港经济区	66	5	长春空港经济区	29.97	24
成都空港经济区	65.6	6	南昌空港经济区	28.07	25
深圳空港经济区	64.88	7	海口空港经济区	27.23	26
天津空港经济区	55.93	8	石家庄空港经济区	26	27
郑州空港经济区	52.46	9	济南空港经济区	25.74	28
杭州空港经济区	52.39	10	南宁空港经济区	25.1	29
武汉空港经济区	49.63	11	哈尔滨空港经济区	23.68	30
西安空港经济区	46.38	12	兰州空港经济区	22.79	31
南京空港经济区	46.22	13	温州空港经济区	22.53	32
昆明空港经济区	45.89	14	合肥空港经济区	21.87	33
青岛空港经济区	44.86	15	珠海空港经济区	20.95	34
长沙空港经济区	43.21	16	太原空港经济区	20.8	35
宁波空港经济区	38.81	17	呼和浩特空港经济区	20.75	36
厦门空港经济区	35.96	18	三亚空港经济区	20.59	37
大连空港经济区	35.15	19			

　　《中国空港经济区（空港城市）发展指数报告2019》中对中国空港经济区综合竞争力的评价将政府力作为重要部分。空港经济区的行政级别是相应区域航空经济发展中政府力的重要体现。我国现有的 17 个国家级临空经济示范区中，机构规格与所在城市平级的只有郑州、贵阳，都为正厅级。青岛、重庆、广州、长沙、西安等城市的临空经济示范区机构规格，基本比所在城市低一级，相当于市直部门级别。北京、上海、成都、杭州、宁波等城市的临空经济示范区机构规格，基本比所在城市低两级，一般为区（县、市）下属机构，虽然有一些为副区级，但仍然受所在区（县、市）辖制与管理，获取土地、资金、人才等资源要素的能力有限（见表8-8）。

表 8-8　17 个国家级临空经济示范区面积、行政级别等情况对比

名称	批复时间	面积（km²）	所在城市行政级别	机构规格		与所在城市相比	所处地区	核心机场
				已明确	预判			
郑州航空港经济综合实验区	2013 年 3 月 7 日	415	正厅级	正厅级	—	平级	中南地区	郑州新郑国际机场
北京新机场临空经济区	2016 年 10 月 12 日	150	省部级	—	副厅级	低两级	华北地区	北京大兴国际机场
青岛胶东临空经济示范区	2016 年 10 月 20 日	149	副省级	正处级	—	低一级	华东地区	青岛胶东国际机场
重庆临空经济示范区	2016 年 10 月 20 日	147.48	省部级	—	正厅级	低一级	西南地区	重庆江北国际机场
广州临空经济示范区	2016 年 12 月	135.5	副省级	副厅级	—	低一级	华南地区	广州白云国际机场
上海虹桥临空经济示范区	2016 年 12 月	13.89	省部级	—	副厅级	低两级	华东地区	上海虹桥国际机场
成都临空经济示范区	2017 年 3 月 3 日	100.4	副省级	—	正处级	低两级	西南地区	成都双流国际机场
长沙临空经济示范区	2017 年 5 月 17 日	140	正厅级	—	正处级	低一级	中南地区	长沙黄花国际机场
贵阳临空经济示范区	2017 年 5 月 18 日	148	正厅级	正厅级	—	平级	西南地区	贵阳龙洞堡国际机场

续表

名称	批复时间	面积（km²）	所在城市行政级别	机构规格		与所在城市相比	所处地区	核心机场
				已明确	预判			
杭州临空经济示范区	2017年5月23日	142.7	副省级	副局级	—	低两级	华东地区	杭州萧山国际机场
宁波临空经济示范区	2018年4月	82.5	副省级	—	副局级	低两级	华东地区	宁波栎社国际机场
西安临空经济示范区	2018年4月25日	144.18	副省级	副厅级	—	低一级	西北地区	西安咸阳国际机场
首都机场临空经济示范区	2019年2月	115.7	省部级	—	—	—	华北地区	北京首都国际机场
南京临空经济示范区	2019年2月	81.8	副省级	—	—	—	华东地区	南京禄口国际机场
长春临空经济示范区	2020年7月21日	91.3	副省级	—	—	—	东北地区	长春龙嘉国际机场
南宁临空经济示范区	2020年7月21日	118	正厅级	—	—	—	中南地区	南宁吴圩国际机场
福州临空经济示范区	2020年11月27日	145	正厅级	—	—	—	华东地区	福州长乐国际机场

资料来源：《十年，16个国家级临空经济示范区》，https：//baijiahao.baidu.com/s？id=1681780152575796209&wfr=spider&for=pc。

2. 国内典型航空经济核心区

如今，国内各省份越来越重视机场发展，纷纷在航空枢纽建设方面发力。人们清晰地意识到，机场不仅能极大地方便当地人民群众出行，进一步提高人民群众的生活质量，更是加快转变经济发展方式、调整经济结构的重要抓手，是发展现代服务业和新兴产业的平台。枢纽机场周边以及邻近区域已越来越成为特色经济、优势产业尤其是新兴产业聚集的区域，形成了航空经济快速发展的局面。当前，已有越来越多的地方政府行动起来，结合本地区实际，探索出多种模式的航空经济形态，在机场所在区域内规划临空经济区，建设航空城。区域间航空经济发展竞争激烈、胶着。

（1）重庆临空经济示范区

2016年10月，国家发改委、中国民航局联合印发《关于支持重庆临空经济示范区建设的复函》（发改地区〔2016〕2209号），支持重庆临空经济示范区建设。重庆临空经济示范区成为西南地区首次申报成功的国家临空经济示范区。2017年5月，重庆市人民政府印发了《重庆临空经济示范区建设总体方案》，提出紧紧围绕国家赋予重庆的功能定位，将临空经济示范区建设成为中国（重庆）自由贸易试验区、中新（重庆）战略性互联互通示范项目落地实施的重要载体平台和集中展示区，成为产业结构转型升级的引领示范，努力建成内陆开放空中门户、低碳人文国际临空都市区、临空高端制造业集聚区、临空国际贸易中心和创新驱动引领区。

重庆临空经济示范区依托区域为国家级新区两江新区，以重庆江北国际机场为核心，包括空港工业园区、创新经济走廊、空港新城、重庆江北国际机场总体规划区、悦来会展城、保税港区空港功能区、两路老城区及其他区域，总面积147.48平方公里，其中重庆江北国际机场总体规划区面积36.68平方公里。按照核心引领、区域联动的发展思路，以12个功能平台为支撑，着力构建"一核五区"①的产业空间和"一主轴、三核心、九廊道"的生态空间格局。

紧扣建设西部国际综合交通枢纽和国际门户枢纽目标，2020年11月25日，江北国际机场T3B航站楼及第四跑道工程正式开工，建成后将形成4条跑道、4座航站楼布局，能满足年旅客吞吐量8000万人次、飞机起降58万架次、货邮吞吐量120万吨的需求，运行保障能力将进一步提升。同时，吸引多家航空公司入驻，并与重庆航空、南方航空在

---

① 指临空经济示范核心区、临空制造区、临空商务区、临空物流区、临空会展区、临空保税区。

飞机维修、飞机训练、航空食品等方面展开全方位深度合作。春秋航空、重庆航空共计9架租赁飞机落地，华夏航空飞机维修基地成功落户。同时，渝北区与两江新区、保税港区联动开启重庆自贸区"保税＋飞机租赁"新业态。

自获批以来，作为临空经济示范区的核心组成部分，整体规划面积仅2平方公里的仙桃国际大数据谷全面提升数据谷产业规划，构建以数据为驱动的"1＋3＋5＋10＋N"创新生态圈，致力于打造具有国际影响力的中国大数据产业生态谷（见图8-6）。以智慧谷、创新谷、生态谷为发展理念，以大数据为基础，重点发展物联网、集成电路设计、人工智能等核心产业，形成了"一带、两翼、九园"的创新生态圈发展格局，在智能产业发展、智能生态布局、创新生态圈发展等方面取得了积极成效。大数据、软件信息、智能网联汽车、集成电路设计等产业蓬勃兴起，长安汽车软件中科创达、创通联达、黑芝麻智能科技等智能汽车产业重点企业快速集聚，ARM、物奇、矩芯、线易等集成电路龙头或新锐企业落地开花。截至2021年5月已完成投资83亿元，集聚企业1024家，聚集各类创新创业人才5000余人，累计实现产值215.51亿元。未来3～5年，仙桃国际大数据谷将集聚100家软件企业、1000家行业企业，软件年产值超过500亿元，带动1000亿元相关产业发展，成为地区经济增长的新引擎、产业转型的助推器、未来发展的新高地。

临空前沿科技城抢占国际创新前沿，瞄准智能制造高点，着力引进智能终端、智能装备、消费电子、汽车核心零部件等科技前沿产业，全力打造智能制造创新示范基地。以OPPO、传音龙头整机品牌为抓手，着力引进其核心配套企业，助推智能终端"整机＋核心配套"全产业链发展，蓄力推动千亿级智能终端产业集群发展。截至2021年8月中旬，园区落户项目共69个，协议总投资约583亿元、达产总产值约1152亿元、达产总税收约37亿元。创新经济走廊建成区集研发、制

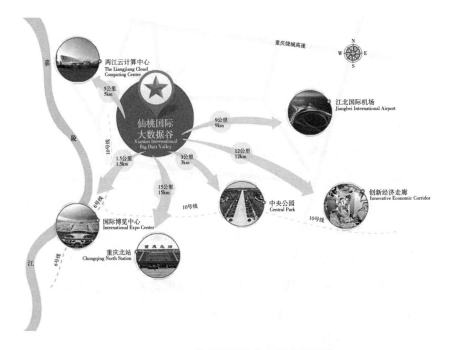

图 8 - 6　仙桃国际大数据谷位置示意

资料来源：《重庆仙桃国际大数据谷案例》，https：//www.sohu.com/a/254339002_350221。

造、检测、服务于一体的机器人产业基地正在形成。空港工业园引进亚洲最佳、世界知名航空培训企业——海南天羽飞训公司，打造面向全球的重庆航空飞行训练培训中心。中国国际货运航空有限公司拟注册国货航在国内的第一家分公司，将投放 3 架宽体全货机开展运营。

重庆为直辖市，处在"一带一路"、长江经济带等重大发展倡议和发展战略的节点上，承东启西、连接南北，是衔接和联动以上倡议和战略等的重要枢纽。临空经济示范区的建成将充分释放重庆机场片区的发展潜力，有利于重庆市整合枢纽、口岸与自贸试验区资源，打通贸易通道，实现投资多元化与便利化，助推其航空经济发展，促进重庆内陆开放高地建设。重庆市实现了临空经济区示范区与自由贸易区在空间上的套合，使其在对外开放资源的整合方面具备先发优势。

2019 年 8 月 15 日，国家发改委下发《关于印发〈西部陆海新通道总体规划〉的通知》（发改基础〔2019〕1333 号），西部陆海新通道总体规划重磅出炉，标志着该通道建设正式上升为国家战略。陆海新通道对西部大开发的支撑作用开始显现。在加强物流设施建设方面，重庆、成都、广西北部湾港、海南洋浦港将成为通道两端枢纽。未来随着该国家战略的逐步实施，其将为重庆临空经济区的发展注入更强劲的动力。

（2）西安临空经济示范区

2018 年 4 月 25 日，国家发改委、中国民航局正式批复西安临空经济示范区建设。西安临空经济示范区位于西咸新区空港新城，面积144.1 平方公里，其中机场规划面积 26.4 平方公里，规划建设管理主体为西安市人民政府。与重庆经济示范区一样依托于国家级新区，该示范区与陕西省的自由贸易试验区在空间上存在一定范围套合（见图 8-7）。其建设目标为加快构建国际航空枢纽，主动服务和积极融入"一带一路"建设等，为陕西省乃至西北内陆地区开放发展提供有力支撑和典型示范。其将重点推进体制机制创新，探索临空经济发展新路径、新模式；推进绿色发展，培育壮大临空特色产业体系；推进军民融合，深化示范区与周边地区的合作互动和协同发展等。其中，"军民融合"在已获批的国家级临空经济示范区中首次被提及，也是西安临空经济示范区承担的特色使命。

围绕这些重点任务，2019 年 10 月 30 日，《西安临空经济示范区发展规划（2019～2035 年）》正式印发实施。规划提出了全球高端要素链接中枢、内陆临空经济创新典范、陕西追赶超越新动力源的总体定位，通过培育壮大航空枢纽保障业、临空先进制造业、临空高端服务业三大主导产业，统筹推进"港产城人"四位一体融合发展，深度激发"自贸+保税+跨境+口岸+航权"五大优势，聚焦提升国际枢纽地位、打造临空产业集群、加大改革创新力度、强化开放带动能力、推动军民

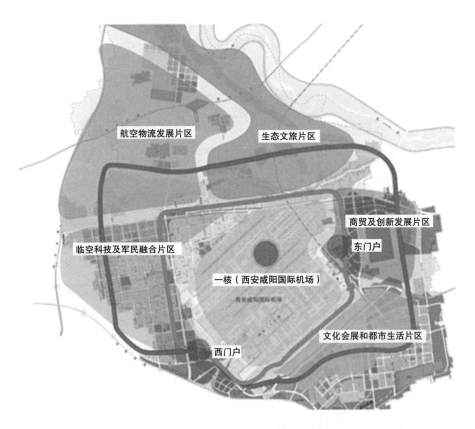

图 8 - 7 西安临空经济示范区布局示意

资料来源：陕西省发展和改革委员会，《西安临空经济示范区发展规划（2019～2035年）》，2019 年 8 月。

融合发展、完善城市服务功能六大重点任务，着力将西安临空经济示范区打造成具有国际影响力的国家级临空经济示范区。2020 年 7 月 22日，西安咸阳国际机场三期扩建工程正式开工，总投资 476.4 亿元，以2030 年为目标年，按照年旅客吞吐量 8300 万人次、货邮吞吐量 100 万吨的目标进行设计，建成投运后，将形成 4 条跑道、4 座航站楼、东西航站区双轮驱动的发展格局。

近年来，空港新城加快构建临空经济全产业链，重点聚焦飞机维修、航材制造、电子信息、生物医药、跨境电商、物流运输、国际会展、总部经济、文化创意等产业。截至 2020 年 8 月已有东航、南航、深航、川航等 14 家航空公司基地总部落户，东航—赛峰起落架深度维修、梅里众诚生物疫苗、海航技术部附件维修等世界 500 强项目落地，聚集了普洛斯、丰树、日立、"三通一达"等 176 家现代物流企业，为西安临空经济区建设提供了强有力支撑。

陕西省作为我国西部门户也在积极将西安打造成国际航空货运枢纽，发展现代化的物流产业。2018 年西安咸阳国际机场与郑州新郑国际机场一样获批第五航权。西安同时具有航空航天等高科技产业的先天优势。依托该政策，西安可为美光、三星、中兴等西安大型出口加工制造企业打通国际物流通道。同时，西安早在 2014 年便获得了 72 小时过境免签权，为其拓展航线网络弥补直航航班客、货源不足，避免运力浪费，增加营运收入提供了潜在空间。

（3）郑州航空港经济综合实验区

自 2013 年设立，郑州航空港经济综合实验区便以高速、高质量的发展为河南省域经济的发展注入强大动力。2020 年，郑州航空港经济综合实验区生产总值首次突破 1000 亿元，同比增长约 7.8%；规模以上工业增加值达到 568 亿元，增长 10.8%；外贸进出口总额突破 4000 亿元，跨境电商业务同比增长 91.72%，直接推动了郑州市经济总量的跨越。我国第一部航空经济区创制性地方立法《郑州航空港经济综合实验区条例》于 2020 年 11 月 28 日经河南省第十三届人民代表大会常务委员会第二十一次会议审议通过，2021 年 3 月落地实施，有效解决了郑州航空港经济综合实验区建设发展中的管理体制不顺畅、法律地位不明确、权力责任不清晰、先行先试无依据等问题，还将前期探索形成的一些经验做法固定下来，实现立法与改革相衔接，用法治手段保障全区各项工作顺利开展。2019 年 9 月，郑州入选为首家空港型国家物流枢纽，与 2020 年 10 月入选的北京空港型国家物流枢纽、深圳空港型国家物流枢纽一起成为全国仅有的三家空港型国家物流枢纽。

郑州新郑国际机场立足于打造国际货运枢纽，持续完善货运枢纽航线网络，成为河南打造中部开放高地、深化对外合作的重要载体和平台。2020 年，新引进 9 家货运航空公司，新开通 18 条货运航线，新增 21 个通航城市，新引进桂林航空、乌鲁木齐航空和江西航空设立郑州运营基地，过夜客机达 55 架，进一步强化了枢纽航线网络优势。面对新冠肺炎疫情对国际航空业带来的沉重打击，实现了货运逆势高速增长，2020 年全年完成货邮吞吐量 63.94 万吨，全国排名提升到第 6 位，实现对"国内航空第四城"成都的超越。客运方面 2020 年完成吞吐量 2140.67 万人次，全国排名提升至第 11 位，实现对第二经济强省江苏省会南京的超越，运输规模连续 4 年保持中部"双第一"。推进航空物流信息化，获批全国唯一的航空电子货运试点，大幅提升货运保障效率，经受住了货物激增的考验，单日保障货运量多次超 3000 吨，最高单日达 3300 余吨，创历史新高。

在机场航空货邮吞吐量增长中，基地货航发挥着关键性的驱动作用。2019 年 5 月 18 日，河南省属航空产业投融资平台河南民航发展投资有限公司收购广东龙浩航空有限公司控股权，重组成立中原龙浩航空公司，以郑州新郑国际机场和广州白云国际机场进行"双基地"运营，结束了中原本土基地货航缺失的历史。2020 年 5 月 10 日，河南首家以郑州新郑国际机场为主运营基地的货运航空公司中州航空正式开航，迈出了发展河南本土航空的坚实一步，这将进一步提升河南省航空货运能力，助力打造郑州国际航空货运枢纽，增强河南省物流行业竞争力。

截至 2021 年郑州航空经济已走过 8 个年头，在城市量级相对较小的背景下，逆势赶超，勇于探索创新，不断将航空经济的发展推向纵深处，从日益激烈的竞争中脱颖而出，成为带动区域经济发展的增长极。

郑州航空经济从中西部区域看，可谓首屈一指，从发展速度看，同样可圈可点，堪称样本。

四　我国区域航空经济发展策略建议

通过上述对国际、国内区域航空经济发展情况的分析，可以看到以下三个方面对于机场及其周边航空经济的发展起到重要作用。第一，对机场发展影响最大的因素是地理位置，它是一个机场发展的决定性条件；第二，随着信息技术的发展，"智慧机场"建设是机场提升服务质量、提高经营效率的重要手段，也是机场优化航线网络、提升运输保障能力的技术基础，是机场竞争力的重要体现；第三，政府政策支持是机场和区域航空经济发展的重要支撑，它一方面可以就机场基地航空公司培育等促进航空枢纽建设，另一方面可通过具有竞争力的政策优惠吸引国际产业链分工体系内的企业落地机场腹地，为机场注入可持续的发展动力。基于此我们提出以下发展策略建议。

（一）依托区位优势，健全交通网络，发展多式联运

地理位置是一个机场发展的最初决定因素。比如爱尔兰香农机场处于大西洋航线的中轴，是连接美国、欧洲及中东的重要交通中转站，其设立就是因为当时飞机加油维修的需求；而香港国际机场是美洲与东南亚之间的重要转口港，也是欧美、日本、东南亚进入南中国的重要门户，这使在香港国际机场中转成为必然。这种区位上的优势为机场的发展提供了基础。而依托区位优势形成的交通网络为机场的进一步发展提供了动力，比如孟菲斯发达的公路、铁路和水路的运输网络在一定程度上扩展了其航空运输的腹地资源；仁川机场借助韩进集团形成了集航空运输、海路运输、铁路运输、公路运输4种运输方

式于一身的多式联运系统，为运输节约了大量的时间与成本。各种交通运输方式之间的补充与完善，为企业提供了灵活的运输方式组合，二者相辅相成，最终会促进其中作为运输方式一种的航空运输的发展，进而推动机场的升级。

我国的多数内陆城市具有高速铁路和高速公路贯穿的优势，需要充分依托现有区位交通条件，构建陆空对接、内捷外畅、多式联运的现代综合交通体系，提高机场自身可达性，为航空客货流的集散打下坚实基础。在航空经济核心区内交通基础设施更加完善的前提下，积极探索发挥核心区的耦合带动作用，形成分工合作、区域联动发展的新格局。

（二）善用信息技术，打造智慧机场，提高服务质量

航空经济核心区的发展离不开机场竞争力的提升，在航空服务大众化的趋势下，"智慧机场"建设是机场提高服务质量、提高经营效率、实现规模经济的重要手段，也是机场优化航线网络、提升运输保障能力的基础，是机场竞争力的最终体现。孟菲斯机场的联邦快递成功地开发和使用了 Cosmos 中央计算机系统、DADS 数码辅助公派系统、cosmosila 包裹扫描系统、Dowership 自动托运系统、ASTRA 自动化标签系统、EDI 电子通关系统等高科技手段，确保了航空货运的快速高效。在旅客服务方面，仁川机场积极推广应用"你的机场"（U-Airport）概念，致力于将电子和生物技术应用于值机、安检、登机、边检等环节，以改善旅客在机场的服务体验。例如，通过自助通关审查服务，旅客可以将电子护照放在扫描器，通过指纹或面相识别技术验证身份，实现了在边检环节不到 20 秒内完成，中转旅客可以在 9 秒内完成。而樟宜机场 T4 航站楼使用自助退税、自助值机、自助行李托运、自助边检、毫米波安检门、自动行李回筐系统、自助登机等旅客流程新设备、新系统来减少旅客等待时间，提高通行效率。香港国际机场的空运货物处理系统与海关

的空运货物清关系统互相连接，以简化清关程序，同时，为提升服务质量，香港国际机场制定了严格的服务标准。

（三）借助政策支持，培育基地航司，引入关联企业，增强腹地经济

目前世界各国都高度重视航空经济的发展，将其作为参与国际竞争的筹码，给予相应的优惠支持政策。政策支持是机场初期发展的一个重要动力，也是机场吸引企业入驻的一个重要因素。在机场面对技术进步带来的困境时，爱尔兰政府成立了香农自由机场发展有限公司，并赋予其较高的自主权限，提高办事效率，同时政府还给予入驻企业税收优惠，给予其就业、研发、培训等方面的财政补贴。这些优惠政策不仅为香农自贸区吸引了大批跨国公司，也为香农机场的发展提供了货运保障。而迪拜政府出于对本国区位优势的明确认识及航空业的重视，多种举措并行，使迪拜国际机场短时间内发展成为国际著名的航空枢纽之一。此外，美国联邦快递将孟菲斯作为其世界枢纽及总部，不仅为孟菲斯机场提供了大量的货源，也丰富了其航线网络，吸引了大批相关企业入驻。香港国际机场处于我国经济最为发达的粤港澳大湾区，其中的电子信息、生物制药、计算机及软件、新材料、通信及微电子等产业为其提供了雄厚的货源基础。

航空枢纽的本质功能是方便中转，航空公司是航空港枢纽建设的主导力量。航空公司与机场均为具有追求利润最大化的企业属性，在经营性业务开展中存在一定的利益竞争关系，客观上会削弱枢纽建设推进的力度。对于航空经济核心区的发展而言，基地航空公司可以更好地与枢纽机场达成航空枢纽建设的战略认同，更易于在建设航空枢纽的远期战略目标下形成合力。近年来枢纽机场对区域经济的带动作用日益显现，国内各枢纽机场所在地政府纷纷发力，普遍采用见效快却缺乏可持续性

的针对航线、航班等的补贴措施，进一步造成了国内机场枢纽发展竞争的白热化状态。要从这样的竞争态势中脱颖而出，需要从航线网络架构、运输保障能力、基地航司培育等软实力方面下功夫，同时进一步在财税、口岸建设及通关便利化、金融、产业发展、要素保障与人才保障等方面给予航空经济发展政策支持。通过综合保税区、保税物流中心、出口加工区等的集中布局，跨境贸易电子商务服务试点等的推进，为临空经济区加快开发建设提供强大动力。同时借助相应优惠政策，结合区域经济的发展特色，依托既有产业发展格局，发展特色产业链，建设根植性关联临空产业集群，提高腹地经济发展水平。

参考文献

白杨：《航空物流系统的概念模型与结构分析》，《企业经济》2009年第 1 期。

蔡爱书：《我国航空货运市场结构及企业行为分析》，东南大学硕士学位论文，2005。

陈海永：《我国航空物流体系的运作模式研究》，浙江工商大学硕士学位论文，2008。

杜群阳等：《"网上丝绸之路"对"一带一路"战略的意义》，《浙江经济》2014 年第 24 期。

耿明斋、张大卫：《航空经济概论》，人民出版社，2015。

黄俊武：《美国西部开发中的铁路大发展》，《中国铁路》2000 年第 7 期。

姜德琪：《近代美国西部铁路建设的投资方式》，《南通师范学院学报》（哲学社会科学版）2004 年第 1 期。

交通运输部科学研究院编著《交通运输业经济统计暨城市客运交通线路及站点专项调查报告》，北京出版社，2017。

金真、许刚、张砺文：《空中丝绸之路与跨境电商发展新机遇——"第三届中国国际航空物流发展大会 2018"综述》，《郑州航空工业管理学院学报》2018 年第 4 期。

李春香、荣朝和：《从时空视角分析美国早期（1830～1917）的铁路产业政策》，《综合运输》2016 年第 6 期。

李伟达：《交通运输结构发展演变规律的理论分析》，《水运管理》2000 年第 7 期。

李一丹：《网上丝绸之路对区域经济的影响研究》，中国社会科学院研究生院博士学位论文，2017。

梁晶：《借鉴孟菲斯航空物流发展经验加快我国航空快递业发展》，《港口经济》2014 年第 6 期。

刘宏谊：《产业革命和西欧交通运输的变革》，《世界经济文汇》1990 年第 6 期。

刘璐：《我国高速铁路对民航客运的影响研究》，北京交通大学硕士学位论文，2018。

刘明君、刘海波、高峰、刘智丽：《国际机场航空物流发展经验与启示》，《北京交通大学学报》（社会科学版）2009 年第 4 期。

Michel Savy、June Burnham：《货物运输与现代经济》，王建伟、付鑫译，人民交通出版社，2016。

钱笑公：《管道输煤与晋煤外运》，《煤炭加工与综合利用》1987 年第 1 期。

秦芬芬：《我国公路货物运输结构特征研究》，《交通世界》2018 年第 32 期。

荣朝和：《对运输化阶段划分进行必要调整的思考》，《北京交通大学学报》2016 年第 4 期。

荣朝和：《各国运输政策变化及其对我们的启示》，《北方交通大学学报》1994 年第 3 期。

荣朝和：《交通运输：重新认识与发展构想》，《经济研究》1988

年第 4 期。

荣朝和：《论交通运输在经济时空推移和结构演变中的宏观作用》，《地理学报》1995 年第 5 期。

荣朝和、李瑞珠：《欧盟铁路丧失货运市场的教训与启示》，《铁道学报》2001 年第 3 期。

舒姚涵：《中国航空货运市场货机需求研究》，上海市航空学会 2012 年学术年会论文集，2012。

唐建桥：《区域运输结构优化研究》，西南交通大学博士学位论文，2007。

王麟：《铁路传奇》，山西教育出版社，2015。

王颖：《我国中小型国际货运代理企业发展策略探讨》，《商业现代化》2019 年第 29 期。

吴云云：《机场物流设施布局研究》，西南交通大学硕士学位论文，2007。

亚当·斯密：《国民财富的性质和原因的研究》，郭大力、王亚南译，商务印书馆，1979。

郁志翔、任斌：《发展跨境电商助力中国航空物流业高质量提升》，《空运商务》2019 年第 6 期。

赵文娟：《各种运输方式技术经济特点比较》，《合作经济与科技》2017 年第 3 期。

郑琳：《传化与顺丰合作 推出"空陆联运"》，《杭州日报》2017 年 10 月 18 日。

朱前鸿：《国际空港经济的演进历程及对我国的启示》，《学术研究》2008 年第 10 期。

后　记

　　即将付梓出版的这本《航空经济：理论思考与实践探索》，是我们继《航空经济概论》（2015 年 7 月人民出版社）之后，关于航空经济研究的又一成果。航空经济的新一轮研究，是在中国国际经济交流中心副理事长兼秘书长张大卫博士提议和督促下启动的，并得到了航空经济践行者、河南机场集团时任董事长李卫东同志的支持，他系统分析了航空运输在航空经济运行中的枢纽地位，开阔了团队的研究视野，加深了团队对航空经济的认知。河南机场集团副总经理康书霞、企业发展部副部长赵姝锦为团队调研做了大量协调工作，规划建设部主管胡敏华同志还作为团队成员承担了相关专题研究和稿件撰写任务。该项研究是在我的主持下完成的，从研究主题和研究思路及结构框架拟定，到团队组织、调研安排，再到通稿审稿，都由我统筹。其中的不足和问题，责任自然在我。

　　该项研究于 2018 年 3 月启动，至 2022 年 2 月底截稿，历时整整 4 年。其间多次考察调研，不断更新数据，反复讨论，数易其稿，内容和思路观点也不断丰富完善，团队成员付出了极大心血。各章研究及撰稿人分别是：导论（耿明斋）、第一章（张建秋）、第二章（刘涛）、第三章（胡敏华、李辉、杨舒）、第四章（秦敏花）、第五章（李燕燕）、

第六章（耿明斋）、第七章（李辉、胡敏华）、第八章（刘琼、王雨晴）。学术秘书刘琼尽职尽责，为该项研究的顺利进行和著作出版付出了不懈努力。

张大卫副理事长始终关注此项研究的进展，提供了很多真知灼见，也提出了不少批评性意见，对提升研究质量贡献不菲。尤其是其为本书所作"序言"，梳理了航空经济发展的前沿形态，浓缩了他关于航空经济理论的最新观点，一定程度上弥补了本书研究存在的缺憾，增加了本著作的魅力。在此向张大卫副理事长表示特别的谢意。

感谢团队成员为本项研究贡献的智慧和付出的辛劳。

感谢李卫东、康书霞等同志的支持。

该项研究也得到了郑州航空港经济综合实验区管委会、河南机场集团、郑州航空大都市研究院等相关部门与单位的支持。社会科学文献出版社编辑张超等认真负责，保证了本书的顺利出版，在此一并表示感谢。

航空经济发展迅速，受时间、知识面和眼界的局限，书中疏漏和错误在所难免，恳请广大读者、学界与业界朋友提出批评，以便将航空经济领域研究引向深入。

耿明斋

2022 年 2 月 9 日于河南大学明德园

图书在版编目（CIP）数据

航空经济：理论思考与实践探索 / 耿明斋等著 . --
北京：社会科学文献出版社，2022.6
ISBN 978 - 7 - 5201 - 9882 - 0

Ⅰ.①航… Ⅱ.①耿… Ⅲ.①航空运输 - 运输经济 -
经济发展 - 研究 - 中国 Ⅳ.①F562.3

中国版本图书馆 CIP 数据核字（2022）第 042876 号

航空经济：理论思考与实践探索

著　　者 / 耿明斋　张大卫　等

出 版 人 / 王利民
责任编辑 / 张　超
责任印制 / 王京美

出　　　版 / 社会科学文献出版社·皮书出版分社（010）59367127
　　　　　　地址：北京市北三环中路甲 29 号院华龙大厦　邮编：100029
　　　　　　网址：www. ssap. com. cn
发　　　行 / 社会科学文献出版社（010）59367028
印　　　装 / 三河市龙林印务有限公司

规　　　格 / 开　本：787mm × 1092mm　1/16
　　　　　　印　张：18　字　数：241 千字
版　　　次 / 2022 年 6 月第 1 版　2022 年 6 月第 1 次印刷
书　　　号 / ISBN 978 - 7 - 5201 - 9882 - 0
定　　　价 / 128.00 元

读者服务电话：4008918866